本著作出版获得河海大学211工程建设三期项目经费资助

Role Transformation, Value Replacement and
Compensation of Affected Persons by Resettlement in Suburban Areas

"十二五"国家重点图书出版规划项目
移民研究文库·城市化移民系列

移民研究文库·城市化移民系列

城市郊区征地拆迁移民置换与补偿安置

王慧娟 施国庆 ◎著

社会科学文献出版社
SOCIAL SCIENCES ACADEMIC PRESS (CHINA)

丛书总序

移民已经成为世界性的难题，也已经成为世界性的科学研究前沿领域之一。在国内，移民问题已经成为中国改革开放30年以来最热点的社会问题研究领域之一。

移民是人口在不同地区之间迁移及其社会经济恢复重建活动的总称。移民包括工程移民、生态移民、灾害移民、扶贫移民、环境移民、经济移民等多种类型的移民活动。

移民学是一门运用人口学、社会学、经济学、管理学、工程技术科学、资源科学、环境科学、数学、统计学、心理学、人类学、政治学等多学科理论与方法专门研究各类自愿性及非自愿性移民活动的科学。移民学研究的对象是工程建设、生态、环境、自然灾害、战争、社会冲突、经济、扶贫等各种原因引起的人口迁移活动及其相关的社会、经济、文化、生态、环境、资源、政治系统。研究内容包括因各类原因而引起的人口迁移、社会经济系统恢复重建问题，以及移民的经济、管理、政策、社会、文化、资源、环境、心理、民族、宗教及工程技术等问题。移民学可以揭示移民活动全过程及相关人口、社会、经济系统的变迁、恢复、重建、发展的机理与客观规律，对移民系统的识别、调查、分析、解释、预测、规划、评价、监测、控制、管理提供理论和方法，从而为移民活动的管理和移民系统建设提供科学依据。移民学是一门综合性很强的由多学科交叉产生的边缘学科，是自然科学、工程技术科学与社会科学交叉产生的一门新兴科学，极具复杂性、长期性和系统性，正受到越来越广泛的重视。

从全世界范围看，在 1990～1999 年的 10 年中，产生了约 1 亿因为开发活动导致的非自愿移民，而在 2000～2009 年的 10 年中，则增加到 1.5 亿人。

1949 年以来，中国已经产生工程建设征地拆迁移民 7000 多万人，其中 1949～2008 年间动迁水库移民 1930 万人。1998 年长江大水后进行了 246 万人移民建镇，黄河滩区和淮河行蓄洪区均需要通过移民方式解决防洪问题。汶川、玉树地震、舟曲泥石流以及全国各地大量的地质灾害也产生了大量灾害移民安置问题。2011 年，全国有 2.2 亿农村人口正在逐步向城市（镇）和发达地区流动和迁移。国家正在实施的生态移民，2030 年前约迁移 1000 万人。根据估计，移民也是适应和应对气候变化问题的重要手段。许多大中城市正在开展污染企业搬迁，河流、湖泊、海洋、草原等自然环境保护也导致大量的人类经济活动形式的变化。

移民按照迁移人口能否自愿选择可以分为自愿性移民和非自愿性移民。

自愿移民是人类为了改善自己的生存和发展条件而自主决定的人口迁移活动。无论是世界上，还是在中国，自愿移民都伴随着人类几千年的文明史而不断发生。中国历史上的湖广填四川、闯关东、走西口等都是典型的较大规模的自愿性移民活动。而新中国成立以后特别是 1980 年以来，在城市化、工业化进程中，更有大量人口在地区和城乡之间流动和迁移。第六次全国人口普查表明，全国流动人口规模已经达到 2.6 亿人，而我国城市化率在 2011 年已经达到近 50%，这意味着,大量的人口从农村迁移至城市(镇)。另外,人口在不同国家间的迁移也随着全球化浪潮而不断发展。

非自愿移民是尚未很好解决的世界性难题。从全球视野看,无论是中国、印度、巴西、俄罗斯等社会经济发展迅速的人口大国,还是非洲、东南亚、南美、中亚等地区的大量发展中或者欠发达国家,非自愿移民都步履艰难。欧美发达国家已经进入后现代化阶段,在其现代化过程中虽然也积累了一定的非自愿移民政策、经验与教训,但是由于政治、社会、经济、文化、宗教、资源、环境等差异,也并不能够为发展中国家所照搬甚至借鉴。

非自愿移民活动极为艰巨复杂,尤其当它与以年轻人或为有专门技能的中年人为主、为寻求新的发展或者生活质量提高的机会而自主进行人生选择的自愿移民比较时。人口的非自愿迁移对任何人来说均非一个简单的过程,要人们迁离世代居住的家园,离开熟悉的土地、社区和环境,解体原有的社会经济系统和社会网络,重构个人和家庭可持续的生计系统,改变千百年世代形成的生产和生活方式,经历与亲邻分离的精神痛苦和心灵煎熬。它具有利益相关人群的不可选择性,其群体由各种年龄、不同性别、多种社会阶层的人所组成,其观念与谋生能力各不相同。非自愿移民的迁移、安置与生计恢复工作是一项庞大而复杂的系统工程,涉及社会、经济、政治、文化、人口、资源、环境、民族、宗教、心理、工程技术诸多领域。随着人口的增加,各种资源减少,人地关系更加紧张,社会阶层分化加剧,非自愿移民的迁移与妥善安置也越来越困难,已经并将继续成为世界性的难题。

移民问题的解决,必须依靠科学的理论指导,采用科学的方法，有大批高素质的专业人才具体筹划、决策与实施。因此，移民科学研究、学科建设和人才培养作为基础性工作就极为重要了。

20 世纪 80 年代后期，河海大学在国内率先开展了移民科学研究活动，1992 年经水利部批准创建了世界上第一个非自愿移民研究机构——（水利部）水库移民经济研究中心，后创建河海大学中国移民研究中心。20 多年来，中国移民研究中心既承担大量的移民基本理论、方法的研究，也结合三峡、小浪底、南水北调、西部水电开发、首都机场扩建、高速公路和铁路等大型基础设施建设，生态移民、扶贫移民、城市污染企业迁移，以及结合中国快速的城市化进程进行各类不同类型的城市化移民问题研究，所完成的成果在国内外产生了广泛的学术影响。目前，在国际上，河海大学被认为是研究非自愿移民问题最好的大学之一，特别是在工程移民、生态移民和环境移民等方面研究。中国移民研究中心已成为世界银行、亚洲开发银行推荐的贷款项目移民业务咨询机构，以及移民业务培训方面在中国最主要的合作机构。

河海大学在不断推动移民科学研究的同时，还不断加强学科建设和人才培养，逐渐创立、开拓和初步形成了移民学学科体系。1988～1992 年培养了中国乃至世界上第一批移民专业本科毕业生（水资源规划与利用专业水库移民专门化），1992 年首创移民学博士、硕士研究方向，先后在技术经济与管理二级学科内设立了工程移民科学与管理方向、在社会学学科设立移民社会学方向、在人口学学科设立人口迁移与流动方向、在土地资源管理学科设立建设征地拆迁管理方向、在行政管理学科设立移民管理学方向、在社会保障学科设立移民社会保障方向，形成了不同学科的移民分支研究领域。2004 年，经过国务院学位办公室备案同意，在国际上首次在管理学门类、管理科学与工程一级学科设置了移民科学与管理二级学科。施国庆教授 1999 年在国际上首次提出建立水利水电移民学的学科设想，2002 年在南京举行的移民与社会发展国际研讨会上进一步系统地提出了"移民学"学科建设总体框架。20 多年来，河海大学不仅在移民科学学科的创立和建设方面作出了自己的贡献，也为政府部门、研究机构、规划设计单位、咨询机构、大中型建设项目单位、实施机构、高等学校和科研机构等培养了一大批移民专业或者方向的博士、硕士和本科毕业生，这些毕业生活跃在中国各个行业的移民领域，大多数已经成为中国移民行业的专业学（技）术带头人或者学（技）术骨干。

河海大学在移民科学领域的国际学术交流与合作方面，有广泛的影响和合作。已与世界银行、亚洲开发银行、欧洲投资银行、国际水电协会、国际水资源学会、英国海外开发署等国际机构建立了长期双边或多边合作关系，与德国、英国、美国、法国、南非、加拿大、荷兰、印度、土耳其、日本、韩国、印度尼西亚、孟加拉国、哥伦比亚、乌干达等国家移民机构或者学者建立了学术联系，并进行了多次富有成效的双边或多边国际学术交流，与世行、亚行合作举办了20 多次移民研讨会（班）。

为了进一步推动具有中国特色的移民学学科的建立和发展，推动移民科学研究为中国社会经济可持续发展、以人为本的和谐社会的建设服务，社会科学文献出版社和河海大学中国移民研究中心携手合作，以"城市化移民系列专著"

形式，将近年来国内学者有关城市化移民的研究成果予以出版，以供国内外从事移民研究的学者、政府官员、规划设计人员、实际工作者和相关专业的研究生、本科生分享和参考。

施国庆

河海大学中国移民研究中心主任、教授、博士生导师

2011 年 10 月 8 日于南京

目　　录

图 目 录

表 目 录

前　　言

　　目前，我国城市化已进入快速发展阶段，并取得了令世人瞩目的成就。城市郊区是距离城市最近的农业区域，具有随时转变为城市区域的基础条件，因此天然地成为城市化的发生地点。国家通过行政手段低成本获得城市郊区土地，强制性迁移农村人口，城市郊区由此发生空间变换，导致城市郊区移民原有财产重组、角色转换、生计方式改变、农村社区解体、城市社区重组等。

　　城市郊区作为城市的外围，在自然资源、人力资源、社会资源等方面具有得天独厚的优势，相当于城市的资源补给区，吸引了大量的外来人口、企业、店铺前来从事生产经营活动，活跃了郊区租赁市场，充实了人力市场，并且带动了郊区农村经济的发展。城市郊区移民是城市化不可避免的过程，也是一个整体的过程。在此过程中，受到移民影响的不仅是农村居民，还包括从事生产经营的企业和店铺。对农村居民来说，受影响的是一个家庭，而对企业来说，受影响的是企业全部员工，还可能会间接影响员工家庭的经济收入。

　　城市郊区移民具有特殊性，是一个整体的过程，不仅包括有形的土地置换和房屋置换，还包括无形的移民群体角色置换。然而现行的移民补偿安置政策以及学术讨论，一方面，未考虑到城市郊区移民除了土地征收和房屋拆迁以外所发生的一系列变化；另一方面，未将移民群体当作一个整体来对待，仅仅聚焦在农村居民的利益得失上，忽视了企业和店铺在移民过程中的得失。由于现行移民补偿安置政策存在不足，郊区移民群体在置换过程中遭受的损失大于获得的补偿安置收益；他们在失去土地和房屋的同时也失去了可持续发展的手段，因而难以实现角色转变，生产、生活状态堪忧，这是城市化过程中不可回避的问题。这种实质上以牺牲移民群体利益换来的城市化，造成社会贫富差距拉大、阶层差距显化，严重阻碍了社会公正的实现，于是就发生了一系列的移民问题，可能导致社会不安定。

城市化过程中的农村集体土地征收补偿问题、集体土地上房屋拆迁补偿问题和农村人口非农化问题，都是现阶段中国转轨与经济发展到一定阶段必须面对的问题。在每个问题上，学术界已经分别进行了相当多的研究，然而在城市郊区移民过程中，以上三个方面构成一个整体，相互之间紧密关联，需要用整体思路进行分析，更需要在此基础上给出具有可操作性的解决方案。本书试图从置换角度对移民补偿安置政策提出改进建议，将置换概念引入解决移民补偿问题的理念，构建了置换理论，综合运用经济学、管理学、社会学等相关知识，构建基于置换理论的移民补偿安置研究框架，在框架内分析移民群体在土地置换、房屋置换和角色置换过程中的成本和收益，充分认识城市郊区土地、房屋的价值，对补偿安置制度的合理性进行评价并提出基于置换理论的制度创新的路径，以期实现城市郊区移民补偿安置的公正性和可持续性。

第1章
绪论

1.1 研究背景和研究意义

1.1.1 研究背景

长期以来，各地在大力兴建基础设施、加快城市化进程、促进经济水平不断提高的同时，产生了大量的社会问题，其中与城市化进程相伴而生的城市郊区移民补偿问题尤为突出。据农业部的数据统计，仅2006年，农业部办公厅信访处共受理土地信访5689件（人）次，其中涉及土地征占的超过半数，达到3057件（人）次。另据一项对全国2749个村庄的调查，村民上访反映最集中的问题也是土地问题，其中因土地征收、征用问题上访的占40%。我国农村近年来群体性冲突事件中，有一半与土地问题相关，而这其中的大部分为征地问题所引起。根据国家信访办的统计，截至目前，有40%以上的信访案件与拆迁有关，而各地不断出现的因对补偿安置不满而抗议拆迁的"钉子户"和开发商的"暴力拆迁"现象，也大部分集中在城市郊区。城市化进程在城市郊区产生的影响不再是单纯的失去土地和就业无门的"失地农民"问题，而是逐步演化升级为围绕城市郊区农民、企业、店铺整个群体的土地、房屋和角色等一系列置换问题。

（1）城市化进程中，郊区移民不可避免。

城市化发生的地点是城市郊区，并通过对郊区农村的征地拆迁实现，因此其影响的主体即为城市郊区农村土地上的利益相关群体，包括郊区的农民、企业和店铺。城市化使他们成为郊区移民，这是与城市化进程相伴相生的一种现象，不可避免。特别是在"大郊区"概念指导下的城市发展规划需要大量征用集体土地，如北京、上海等大都市的"绿道"规划已经使大量的郊区转变为城市。

郊区农民不仅是城市化的主体，也是客体，他们虽然得到了城市化带来的收益，即转变为城市居民，共享城市经济的发展，获得居民身份所带有的一切权利，但是，同时也要为此付出代价，即失去土地、房屋和农民身份。当城市化对农民的损益比大于 1 时，这种城市化是不均衡的，存在对农民利益的损害，势必影响郊区农民城市化的积极性，有可能阻碍城市化进程，使城市化进入减速发展状态，甚至是倒退；当等于 1 时，农民刚好用土地、房屋财产置换到城市居民身份，付出的成本与获得的收益相当，有可能使城市化进入一种匀速发展状态；当大于 1 时，郊区农民在城市化过程中的成本得到了较高的补偿，在身份转变的同时得到了相对公平的保障，并被赋予了可持续发展的能力，于是，这种置换获得的收益大于付出的成本，有可能推动城市化进程，使城市化进入加速状态。

郊区的企业和店铺是城市化进展到一定阶段时出现的不容忽视的主体。改革开放以来，国家允许个体私营经济和中小企业充分发展。城市郊区是各种个体私营经济、中小企业的聚集区，这里有良好的区位、便利的交通、低廉的成本、充足的劳动力，众多企业在郊区扎根。这也带动了郊区商业、服务业的发展，吸引了大量的外来劳动力，于是也繁荣了郊区农村的非农经济，最典型的就是郊区农户的房东经济和郊区农村集体土地的租赁经济。因此，在农业资源贫乏且土地利用率不高的郊区，能够有如此繁荣的经济，一方面是由于城市经济的辐射作用，另一方面，也是更为重要的，是由于这些企业和店铺的联动作用。然而，城市化给这些群体带来了什么？他们并不能从城市化中获得直接收益，自身性质也没发生变化，在城市化这场无悬念的土地之战中，他们利用郊区土地低廉租金的优势被摧毁，只能向距离城市更远的郊区地带转移，而他们的到来，也再次繁荣了更加边远的郊区，将经济发展的优势传递给这里的郊区农村。在此过程中,企业和店铺面临巨大的风险。第一,重新选址要花费大量的精力和成本,而选址是今后企业经营能否恢复的关键。第二,过渡期面临重重困难。若选址未在拆迁前敲定,则需要进行过渡,企业不仅需要花费大量成本储存设备,还面临熟练工人流失的风险。有些在选址敲定后变得人财两空。第三,无形资产无形地损失。在拆迁评估中,政府及相关部门并未考虑企业和店铺的无形资产损失,包括声誉、人才、关系网络等损失。特别是店铺,由于员工有限,人才的流失并不明显,而声誉和关系网络的损失比之财产损失来说是致命的。一家店铺要在新的选址建立良好的声誉和忠实的顾客群,需要投入大量的成本,而且必然需要经历一段时期,少则半年,多则无限期,甚至可能由于当地竞争激烈或者选址不当,根本无法恢复到从前的经营状态。因此,对于企业来说是规模大小的问题,而对于店铺来说就是生死攸关的问题。最后,是法律风险。由于国家对集体土地的用途管制,我国农村存在许多潜在的违法用地。据北京市集体土地产权调查,农村集体建设用地(不含宅基地)中80%以上属于违法用地。

(2)城市化进程中移民补偿问题突出。

第一,经济体制引发的移民补偿问题——置换产生巨额增值收益,但产权残缺使移民群体无法参与增值收益的分享。计划经济体制下,全部建设在国家计划控制之下,城市化处于萌芽期,并且征地拆迁过程中并未发生巨额的土地增值,也没有哪一方获得超额利润,因此计划行为下移民补偿问题不明显。随着经济体制转轨时期的到来,国家逐渐退出市场经济活动,但是将计划经济的影子留在政策制度的制定中。市场经济体制下,城市化加速发展,市场行为下依然延续计划补偿思路,导致移民补偿问题激化。

第二,补偿制度引发的移民补偿问题——社会经济福利提高,但现行制度使移民群体无依无靠。联合国在《2006年世界发展报告》[①] 中认为"征收土地(有偿)可能是破坏性最大的再

---

① 世界银行:《2006年世界发展报告:公平与发展》,清华大学出版社,2006,第17页。

分配工具"。我国的补偿制度经历了从无补偿阶段到不完全补偿阶段的转变，无论在哪个阶段，补偿制度都直接关系到郊区移民群体的利益得失。计划经济体制下的城市化需要建设用地，可以直接无偿从农民手中获得，并无偿给企业使用（当时企业都属于国家所有），中间并未发生土地增值。虽然土地被无偿征用，但是坚持"谁征地、谁安置"的原则，即通过招工安置、农转非等方式落实农民失地后的生计问题，在当时严格城乡二元结构体制下，农民市民化的成本大部分由国家承担，因此并未引发过多的冲突。而且当时城市郊区土地用途受到严格管制，流转严格受限，私营企业和个体店铺尚未出现。然而，社会主义市场经济体制下，城乡差距不断拉大，郊区土地不断升值，企业、店铺繁荣了郊区经济，使农转非不再具有吸引力，国家也不再负责就业保障，原来的招工安置变为货币补偿，这种不完全的货币补偿和不合适的安置方式带有强烈的牺牲色彩，即牺牲了农民享受增值分配的权益，牺牲了农地价值，牺牲了农民身份享有的权益。征地拆迁使郊区企业、店铺受到移民影响，国家对其采取一次性货币补偿，标准远不足以搬迁重建和弥补无形资产损失，这不但牺牲了企业、店铺的经营成果和发展机会，而且损害了郊区经济。于是，由郊区移民引发的利益冲突，导致了一系列严重的社会问题。

第三，价值观念引发的移民补偿问题——城市化进程加快，但收入下降使移民群体被边缘化。从计划经济到市场经济，转变的不仅是经济体制，还包括价值观。价值观的转变分为两个层次，第一个层次是人们普遍的价值观的转变，即人们共同的价值观从计划经济时期的集体主义的价值观转变为市场经济时期强调个体主观能动性的发挥和个人利益的价值观；第二个层次是城市郊区农民价值观城市化的转变，即从小农思想转变为追求经济利益最大化。现行的土地制度滞后于人们价值观念的改变，没有将土地产权下放到真正的土地使用主体，仍然用集体主义的计划思维控制市场经济下的征地行为。现行的土地制度规定使国家征地时面对的是集体，而不是农户个体。在同样转变为强调个体价值观的情况下，依旧对农户个体权益视而不见，弱化其实现个体价值的能力，"这是与城乡住户搬迁最不同的地方"①。《土地管理法》规定"征地补偿金归集体所有"，赋予了集体对征地补偿金的支配权，而对于集体如何对丧失土地承包权的农户进行补偿，却没有进行规定，实践中的做法往往"因地制宜"，而农民无法与村集体抗衡，在以往价值观下，农民会被草草打发，只能忍气吞声。但是在强调个人利益至上、实现个人经济利益最大化、公平竞争的市场经济价值观下，城市郊区农民会主动关注相关法律法规，增强法制与权利意识，在法规范围内申诉、上访，当法规无法解决矛盾时，便转向非制度性越级上访、集体上访、暴力上访，为争取自身权益与政府对峙，最终往往导致群体性事件，成为大规模社会冲突的导火索。在当今社会以人为本、和谐发展的价值观下，城市化也要和谐推进，移民补偿问题如果不解决好，将严重阻碍和谐城市化进程。

以上提出了一个重大的两难性问题：是不惜以土地非农转让和农村房屋拆迁中的利益冲突为代价来继续加速城市化，还是抑制城市化来缓解其中的利益冲突？无论哪种选择——要么继续损害移民群体的利益，要么抑制经济发展速度，解决起来都是一个零和博弈。

1.1.2　研究意义

根据我国国情，对我国城市化可以理解为：以社会经济发展为动力的，发生在城市郊区的，以人口非农化、土地非农化、经济非农化和社会生活非农化为特征和实现形式的，以城市规模扩大、人口增加、经济和社会生活方式变革为结果的，以城乡一体化为最终目标的过程。目前，我国的快速城市化已经取得了令世人瞩目的成就，同时，由郊区移民引发的各种社会问题和矛盾也在不断增加，维护国家安定团结的社会成本也越来越高，已经到了重视增长质量、兼顾效率和公平的发展阶段，到了弥补过去被征地农民所付出的巨大代价的发展阶段，否则违反科学规律的发

---

① 周其仁：《农地产权与征地制度——中国城市化面临的重大选择》，《经济学（季刊）》2004 年第 10 期。

展将会让社会付出同样的代价。因此，我国的城市化不仅应当考虑经济发展，还要兼顾公平、效率，坚持"以人为本"，保护每个公民享受城市化收益的权利。

首先，城市化进程的推进是历史发展不能阻挡的潮流，是人类进步、走向现代化的必然道路，因此不能通过减慢城市化步伐来减轻移民问题带来的压力。虽然在这个过程中必然会产生郊区移民，并引发移民问题，但是可以妥善处理城市化与郊区移民的关系，让郊区移民群体得到合理补偿，充分享受到城市化发展的收益，按照统筹城乡发展的思路和要求，不断完善各项法律法规和政策制度，从而合理解决郊区移民问题，减少冲突，为城市化铺平道路。万不可逆经济发展规律，人为地加快或减缓城市化进程，那样只会造成社会的倒退和人们利益的损失。

其次，由于城市郊区移民的特殊性，现有研究仅仅从被征地农民征地拆迁补偿角度进行，无法涵盖整体、凸显重点，故本书将城市郊区受影响的农民、企业和店铺作为移民群体，将置换概念引入城市郊区移民补偿研究，提出针对城市郊区移民补偿的置换理论（VR-RT 理论），建立基于置换理论的城市郊区移民补偿研究框架，从土地置换、房屋置换和角色置换角度，评估郊区移民在征地拆迁前后拥有财产价值的变化，并对移民群体在置换过程中的收益和成本进行分析。对于农民来说，失去土地、房屋财产和农民身份后，要恢复重建的不仅是有形的生存资本，即房屋，还包括无形的生存能力，即就业，以及无形的生存保障，即养老。对企业和店铺来说，要恢复重建的无形资本包括顾客群、声誉、销售网络和人力资本。基于上述分析，本书对现行补偿制度提出了改进建议。

1.2　研究概念界定

1.2.1　城市郊区

城市化发生的地点在郊区，该区域的土地和房屋具有巨大价值潜力的特点和传统征地拆迁补偿政策仅按照原用途予以低标准补偿的巨大反差，显示了补偿政策在保护农民利益方面的制度缺陷，这必将成为城市化进程中的一颗毒瘤。如果能够在早期将其革除，则不但有利于城市体系的健康发展，而且对即将被划入城市化范围的郊区有示范作用，有利于促进城市化的发展；否则，将成为城市化发展的障碍，即使将其他郊区划入城市，也同样是有害影响蔓延，是不健康的城市化。基于此，本书选择郊区作为研究对象。

城市郊区是一个地域概念，既是一个地理范围，又是相对于城市的概念。有关郊区的定义主要有两种类型。第一种类型中，"非城即郊"。这是根据我国历史沿袭下来的"城—郊二分法"的城市地域结构划分方法，这种定义下的"郊区"只是相对于城区而言的一个概念，没有对郊区的特点、形态、人口、社会经济环境等作出任何解释，并且将郊区与农村两个概念混在一起。第二种类型中，郊区是一种过渡。从 19 世纪末中欧地理学提出的"城乡过渡地带"概念，到 20 世纪中叶美国学者威尔文（George S. Wehrwein）[1]提出的"工业用地和农业用地的转换地区"的概念，都说明郊区是一种过渡地带，是一个独特的地域，既不同于城市，也不同于传统的乡村，具有动态性和不稳定性。在我国近现代，不同学科的学者分别从地理历史学、城市规划学、行政区划学等方面对郊区定义进行了尝试，从郊区的地域范围及郊区与城市经济、社会意识、生态系统之间的联系等角度进行了界定，各有侧重。周一星[2]对郊区作了较为全面的定义，他认为郊区是城市和乡村的交错地带，位于城市外围一定纵深的地域，在物质外貌上既不同于典型的城市又不同于典型的乡村，具有城乡过渡的特征，并且认为郊区是城市不可缺少的有机组成部分。他还根据郊区与城市中心的关系和郊区本身的特点，将郊区分为近郊区和远郊区。该定义在国内被普遍接受。

本书认为，城市郊区的主体特征虽然仍旧是乡村，土地是集体土地，人口是农民，但城市郊区已经在城市规划区内，属于城市管理，随时可能因为城市化建设的需要而被划入城市。而"郊

---

[1] George S. Wehrwein, "The Rural-Urban Fringe," *Economic Geography*, vol. 18 (1942): 217 – 228.

[2] 周一星、孟延春：《中国大城市的郊区化趋势》，《城市规划汇刊》1998 年第 3 期。

区"这一术语历史久远，早期曾定义为属于城市管理、农业编制的地区，这类地区随时可能被划入城市，可以看作一种城市资源的供给区，还可以看作城市经济发展的一个载体，在城市发展中担负着提供资源、接纳富余、流通信息的重任。基于此，本书定义郊区为：城市规划区内土地尚未被征收的地区，甚至包括城中村。

1.2.2 移民

按照《辞海》的释义，移民可以指较大数量的、有组织的人口迁移，亦可以理解为迁往国外某一地区永久定居的人。因而移民既可以作为描述迁移行为的动词，又可以作为描述迁移对象的名词，本书取前者释义。施国庆[1]认为移民一般分为自愿移民和非自愿移民两类，后者较之于前者，安置更艰巨复杂，涉及社会、政治、经济、文化、宗教、环境、技术等诸多方面。施国庆[2]将工程建设所引起的非自愿移民称为工程移民，即由于征地、拆迁而引起的人口迁徙和恢复建设的全部活动。工程移民包括铁路、公路、机场、城建、水利、电力、工业、环保等工程引起的移民。

在城市化进程不断推进的城市，地理空间扩张，城乡人口融合，必然伴随着移民现象的发生。移民按照工程发生地点可以分为城市移民、郊区移民和农村移民，按照影响类型可以分为征地移民、拆迁移民和既征地又拆迁移民，其中征地移民又可以分为部分征地移民和全部征地移民。不同类型移民，虽然发生地点和影响类型不同，但是都具有以下特征。第一，财产发生损失。移民并非一定需要空间的迁移，只要是因为工程造成财产损失的，如土地被征收或临时占用、房屋被拆迁、附属物被拆除等，就属于移民范畴。第二，生活受到影响。无论损失的财产对于受影响者的重要性如何，只要工程在受影响者所在地发生，其正常的生

---

[1]　施国庆、陈绍军等：《中国移民政策与实践》，宁夏人民出版社，2001，第1页。

[2]　施国庆：《水库移民学初探》，《水利水电科技进展》1999年第19（1）期。

产、生活状态就会受到影响，或者遭到破坏，如果需要搬迁，则这种生活状态的损失就是不可逆的。

本书是以城建项目工程移民为研究对象，并且研究范围划定在城市郊区，因此本书所指城市郊区移民为城市郊区征地拆迁过程所产生的工程移民。在城市郊区移民过程中产生利益一致的群体，既没有正式机构，又不是由组织确定的联盟，而是为了某个共同关心的特定目标而形成的群体，包括城市建设项目征地拆迁中受影响的农户、企业、店铺等，统称为城市郊区移民群体。城市郊区移民发生在城乡交错带，与城市移民和农村移民有区别。

表 1-1　城市郊区移民与其他移民的异同

	城市移民	城市郊区移民	农村移民
发生地点	城市国有土地范围	郊区集体土地范围	农村集体土地范围
空间变换	城市→城市	郊区→城市	农村→农村/乡镇
影响种类	国有土地占用、房屋拆迁	集体土地征收、房屋拆迁	集体土地征收、房屋拆迁
移民风险	财产损失	财产、农民身份、职业、保障、农村社会关系网络损失，面临边缘化风险	财产、职业、保障损失，面临贫困风险
生计能力	移民群体整体生活水平较高，生计能力较强	移民群体整体生活水平介于城市和郊区之间，人力资本较低，生计能力弱	移民群体整体生活水平低，人力资本较差，生计能力较弱
补偿标准（征地移民）	国有土地，市场评估价格标准按照工业、住宅、商业用地类型，从低到高	集体土地，按照年产值倍数标准补偿，倍数较高	集体土地，按照年产值倍数标准补偿，倍数较低
安置方式（征地移民）	货币补偿或者郊区国有建设用地置换——国有土地换国有土地	将受影响农民纳入失地农民基本生活保障——集体土地换失地保障	货币补偿或对受影响农民进行调地安置——集体土地换集体土地

	城市移民	城市郊区移民	农村移民
补偿标准 （拆迁移民）	按照市场评估价格，标准较高	地方制定标准，包括结构重置成本价、区位价、购房补偿，中等标准	地方制定标准，包括结构重置成本价，标准最低
安置方式 （拆迁移民）	产权调换，提供至少两套房产的选择	货币补偿加安置房，地点不能选择	本村重建

如表 1-1 所示，郊区移民补偿标准介于城市移民和农村移民之间，而且移民群体的生计能力不强，甚至差于农村居民。因而，郊区移民的主要特征可以概括为群体复杂程度高，可持续生计能力差，损失财产价值高，移民补偿标准低，未来生活风险大。对于受影响的郊区农民来说，房屋拆迁的直接收益损失要高于土地征收的收益损失。这是因为，城市郊区人均耕地少，而农村房屋不仅具有居住功能，更重要的是具有经营功能和租赁功能，后两者为农民提供的非农收益远高于城市郊区土地提供的农业收益。把房屋的这些功能作为郊区农民强有力的生计手段，对技术能力要求很低，因此非农经济在城市郊区的普及率很高。同时，土地也并非仅有农业经济价值，而是兼有保障价值和权益价值，为郊区农民的养老和分享集体经济收益提供了保障。因此，损失土地和房屋两样财产对农民来说有很大风险。

对于受影响的企业和店铺来说，房屋拆迁不但意味着建筑物等有形资产的损失，而且意味着与郊区地缘、人缘的分离，即无形资产的损失，而无形资产往往是决定企业和店铺生存的关键。因此拆迁给郊区企业和店铺搬迁重建带来巨大的风险。

1.2.3 移民补偿安置

移民补偿安置不仅包括以货币形式对移民群体进行财产价值损失的支付，还包括为规避移民风险、实现可持续生计而采取社会保障措施，即包含损失补偿和恢复重建两部分。之所以将移民补偿安置理论引入城市郊区征地拆迁过程中，一方面是由于长期以来城市郊区移民补偿安置的研究对象局限于"失地农民",而忽视了移民群体中的其他成员,城市郊区特有的经济生活方式和其中复杂的成员是征地拆迁时不可忽略的内容,他们也应被纳入移民补偿安置研究的范围;另一方面是由于以往只研究如何提高征地的经济补偿标准,而忽视了其他移民风险,未考虑可行性重建方案,即使移民群体得到较高的经济补偿,没有可行性重建方案,移民问题依然无法得到解决。按照世界银行移民与社会政策高级顾问迈克尔·M. 塞尼(Michael M. Cernea)① 的IRR 模型,移民面临的风险不仅包括丧失土地、无家可归,还包括失业、边缘化、饥饿、疾病、社会福利和社会组织结构解体等风险。移民补偿安置理论关注的是移民重建,并"从土地开发、就业、住房重建、食物供应、健康恢复、移民社会组织结构的重构、移民社会整合等方面构造了移民重建的总体战略。IRR 模型指出为实现移民重建的总体战略,必须建立一个合理的移民补偿安置理论体系,为移民社会经济系统的重建提供必要的资金。"

本书要研究的就是在城市化过程中进行的工程移民活动,如何对移民群体进行合理补偿,从而使移民群体在利益损失得到合理补偿的同时,也具备可持续发展能力,从城市化的牺牲者转变为城市化的受益者。

1.3　国内外研究述评

由于城市化进程的加快与社会转型的加剧,因征地拆迁产生的移民补偿逐渐发展成为影响面大、敏感度强的问题,并成为世界学术界研究的热门话题。现阶段的相关研究集中在征地补偿标准,失地农民保障,土地价值、房屋价值以及财产损失补偿等方面。此外,土地征收和房屋拆迁所产生的移民不仅使移民群体失去土地、房屋等财产,还使移民群体的相关角色发生了转变,因而还有相关的人口城市化研究。

---

① Michael M. Cernea (ed.), *The Economics of Involuntary Resettlement*: *Questions and Challenges* (Washington, DC: The World Bank, 1999), pp. 1 – 16.

1.3.1 国外相关研究综述

1.3.1.1 有关移民损失的研究

环境经济学创始人皮尔斯（Pearce）[1] 将移民活动造成的损失分为经济损失、社会损失和环境损失。其中，经济损失是容易量化的有形损失，具体包括土地、房屋、附属物等在内的财产损失，并且能够通过对土地价值、房屋价值的评估，来衡量损失程度。而社会损失和环境损失则是不易量化的无形损失，往往是在有形财产损失的同时产生一系列关联效应，从而造成对周围相邻土地所有人的影响、企业店铺声誉损失和无法替代性损失、产权人精神损失等。

（1）土地价值研究。

国外对土地价值研究从两方面展开：一是土地市场价值，即土地产权所有者可以排他地实现收益内部化的私人物品和服务，如各种农畜产品，因这部分价值可以在市场中得到体现，故称为市场价值；二是土地非市场价值，即土地产权所有者不能排他地实现收益内部化的准公共物品、纯公共物品，如调节气候、涵养水源、维持生物多样性等环境服务。公共物品具有非排他性和不可分性，其价值不能或不能完全在市场交易中体现出来，故称为非市场价值。[2]

此外，还有学者对土地生态价值进行研究，比较突出的是美国生态保育之父艾尔杜·里奥帕德（Aldo Leopold）[3] 的观点，他认为真正的现代化，应当是通过许多中间人和无数个小巧器具来把人和土地隔离开来，使人类和土地的关系变得毫不重要，土地只不过是城市和城市之间，用来栽种谷物的空间而已。这种观点

[1] Pearce, David W. , and R. Kerry Turner, *Economics of Natural Resources and the Environment* (Hemel Hempstead, U. K. ： Harvester Wheatsheaf; Baltimore, Maryland：The Johns Hopkins University Press, 1990), pp. 103 – 107.

[2] 王瑞雪等：《近年国外农地价值评估方法研究进展述评》，《中国土地科学》2005 年 6 月。

[3] Eric Davidson, *You Can't Eat Gnp：Economics As If Ecology Mattered* (New York：Basic Books, 2001), p. 34.

是以土地本身的"内在价值"的存在为基础的，并赋予土地伦理价值，试图将土地和人分离开来考虑土地的纯粹生态价值。另有国外学者主要从构建土地生态系统评价和评级体系出发研究土地生态价值。美国针对由于西部不合理开发而造成严重土壤侵蚀的问题，为保护和合理利用土壤资源提出了土地利用潜力分类系统，并于 1961 年正式提出了 8 级土地潜力分类系统，成为第一个比较全面的定性土地评价系统[1]。1976 年，FAO 发表的《土地评价纲要》成为专门针对土地生态方式对土地适宜性和适宜程度作出评定的土地评价方案。[2] 在全球谋求可持续发展的时代背景下，FAO 于 1993 年正式颁布了《持续土地利用评价纲要》，提出了一些关于土地生产性、土地的安全性或稳定性、水土资源保护性等方面生态评价的指标。[3] 1996 年，Norgaard 和 Rees[4] 提出的生态占用分析模型，提供了简单的自然资产评估方法，从生态意义上将生态和消费联系起来，完善了土地生态伦理理论从定性到定量的拓展。

对于土地价值的评估，国外较为流行的方法包括土壤生产潜力法、收益还原法、成本分析法、特征价值法、旅行成本法和条件价值评估法等。各种土地评估方法的适用范围和优劣比较见表 1-2。

表 1-2 国外土地补偿评估方法

项目	市场价值评估		非市场价值评估	
	以农地产出为基础	以市场供求分析为基础	揭示性偏好	陈述性偏好
评估方法	土壤生产潜力法、收益还原法	加入人为因素影响的地价模型	成本分析法、特征价值法、旅行成本法	条件价值评估法（CVM）、联合分析法、选择模拟法

① 林培：《土地资源学》，中国农业大学出版社，1996。

② FAO, *A frame work for land evaluation* (Rome：soil bulletin 30，1976).

③ "An International Frame work for Evaluating Sustainable Land Management," FAO：*World Soil Resources Reports* 73 (1993).

④ Lele, Sharachchandra, and Richard B. Norgaard, "Sustainability and the scientist's burden," *Conservation Biology* 10 (1996)：354-365.

续表

项目	市场价值评估		非市场价值评估	
	以农地产出为基础	以市场供求分析为基础	揭示性偏好	陈述性偏好
主要内容	以农地作物产出和经济产出水平为价值决定因素的评估方法[①]	将法律法规、财税政策、土地产权制度、传统习惯、个人预期等因素引入评价的方法	成本分析法基于替代原理;特征价值法基于特征价值理论;旅行成本法基于到达目的地的开支	通过模拟非市场物品交易市场,询问支付意愿,达到计算非市场价值目的[②]
典型应用	处于农地保护区或不受城市扩张压力地区的多数农地适用此评估技术	Featherstone,Baker[③]运用多年市场交易数据研究了不同经济预期对土地价格的影响,进而把土地市场价格和均衡价格(价值)之间存在较大差异的原因归结为价格泡沫和人们对价格的过度反应	De Groot[④]等将成本替代法用于确定农地水质净化功能的价值;Rosen 把特征价值法同家庭生产函数结合,建立 HPM 数学模型;旅行成本法应用于旅游景点价值评估	评估对象涉及耕地环境保育价值、林地休闲娱乐价值、生态环境敏感区生态价值等多个方面
优点	朴素且易于理解	有利于解析收益还原法和土壤生产潜力法察觉不到的价值规律	数据便于获得	使不易量化的土地非市场价值评估成为可能
缺陷	在更为一般的市场条件下,以此方法评估出的结果与实际交易价格相差较大	忽视了对农地非市场价值的研究	进入成本分析的对象有限;HPM 模型容易出现多重共线,自相关;TCM 法的影响人群不确定	在这一过程中极易出现策略偏差、假想偏差、起始点偏差、排序偏差、信息偏差、工具偏差、内嵌作用偏差等

注:根据《近年国外农地价值评估方法研究进展述评》(王瑞雪等,2005)总结概括。

① 美国估价学会:《不动产估价》,不动产估价翻译委员会译,地质出版社,第 11 版,第 445~446 页。

② Falk,B.,"Formally Testing the Present Value Model of Farmland Prices," Amer. J. Agri. Econ 72 (1991):1-10.

③ Featherstone,A. and Baker,"An Examination of Farmland Pricing," Amer. J. Agri. Econ 69 (1987):532-546.

④ De Groot,Rudolf S. Matthew A. Wilson,and Roelof M. J. Boumans,"A typology for classification,description and valuation of ecosystem functions," *Goods and services* Ecological Economics 41 (2002):393-408.

（2）房屋价值研究。

国外有关房屋价值评估的意识启蒙较早，早在 1884 年英国就出现了有关收益法的介绍，并一直延续至今。主流的有关房屋价值评估途径有三条：第一，以重新建造同类房屋所需要的成本为参照，即重置成本法；第二，以类似房地产近期的市场交易价格为参照，即市场比较法；第三，将房屋看作一种资产，并以这项资产的收益能力为参照，即收益法。除此以外，由于房屋是典型的异质性商品，同类型的房屋也可能功能各异，因此满足消费者需求的能力也不同，这种隐含的能力或者说房屋的内在价值在重置成本法和市场比较法中是无法体现的。因此，从 20 世纪 30 年代开始，特征价格法开始流行。

①重置成本法。又称重置价格折旧法，该方法基于成本角度，考虑建筑物的建造成本或投资，以评估时期的建筑经营管理水平和建筑材料价格为参考，计算重新建筑与评估对象一样的全新建筑物所需花费的成本。然后在此基础上根据建筑物的耐用年限和已用年限，折旧并扣除被评估建筑物已经发生的使用价值，得到建筑物在评估日的价格。

②市场比较法。是一种普遍认可的评估房屋市场价值的方法。该方法依据替代原理，将与待估房屋类似的在评估时日附近成交的房屋价值评估作为案例，进行比照，通过对影响市场价格的因素进行修正，估算待估房屋的市场价值。因此，该方法又称为交易实例比较法，其估价公式如下：

$$V_{房} = P \times r_1 \times r_2 \times r_3 \qquad \text{式}(1.1)$$

式中，$V_{房}$ 代表通过市场比较法得到的房屋价值，P 代表可比实例实际成交价格，r_1、r_2 和 r_3 代表影响房屋价值因素的修正系数，分别是交易情况因素修正系数、交易日期因素修正系数和房地产状况调整系数，其中，房地产状况受到区域因素和个别因素的影响。由于市场比较法需要可比实例，因此同类房屋交易案例越多，房地产市场越活跃，该方法的准确度越高，因此对商品住宅、店铺、企业厂房等具有交易性的房屋进行价值评估时，选用此法较为合适。

③收益法。是指通过对评估对象未来的正常净收益的预估，并选用一定的资本化率（贴现率）将其折现到评估时点后累加，以此估算评估对象的客观合理价格或价值的方法。由于该方法的原理在于认为未来的预期是决定房地产当前价值的重要因素，相当于将未来预期收益还原到评估时点，因此又称为收益还原法。用收益法进行房屋价值评估就是将房屋潜在的经营价值显化出来，以货币形式对其未来机会收益进行度量。由于收益法不限于评估对象的现有用途，而在于发现其未来可能用途所能实现的价值，因此收益法不仅可以用于有经营用途的企业厂房、店铺评估，也可用于居民住宅的评估，对其未来租赁收益的价值进行评估，对于位置便利的居民房屋还可以考虑其作为店铺的经营价值。

收益法的计算公式与土地价值评估的收益法类似，如下：

$$V_{房} = \sum_{i=1}^{n} \frac{a_i}{(1+r_1)\cdots(1+r_i)} \qquad 式(1.2)$$

式中，$V_{房}$ 表示房屋价值，a_i 表示房屋从评估时日起第 i 年的纯收益，r_i 表示第 i 年资本化率，n 表示房屋自评估时日起剩余的寿命。

假设房屋年纯收益和资本化率均保持不变，则以上公式简化为：

$$V_{房} = \frac{a}{r}\left[1 - \frac{1}{(1+r)^n}\right] \qquad 式(1.3)$$

当收益年期无限时，即 n 趋于无穷大时，该公式还可简化为：

$$V_{房} = \frac{a}{r} \qquad 式(1.4)$$

可见，该方法只与两个因素有关，纯收益和资本化率。在这种评估方法下，房屋价值与纯收益成正比，与资本化率成反比。资本化率的微小变动会对房屋价值产生巨大影响，其数值对房屋价值十分重要。由于资本化率选取的难度高、精度要求高，该方法在实际运用中为了规避风险，过于保守，往往达不到应有的效果，无法反映出房屋真实的潜在收益价值。

④特征价格法。是将特征价格模型（hedonic price model，也称为享乐价格模型或内隐价格模型）引入房地产价值评估领域，该模型基于商品价格取决于商品各方面属性给予消费者的满足这一效用论的观点而建立起来。虽然从 20 世纪 60 年代开始特征价格模型已经不断地被广泛应用在各个领域，为解决一般价格理论无法解释的商品异质性打开了思路，但是目前有关该方法的起源说法仍然不一，而能够确定的是其系统化成型经历了两个阶段。首先是以 1966 年美国学者 Lancaster 提出的消费者理论为标志。该理论提出用特征价格解释产品的品质或者说是隐含的特征，最终形成一个价格结构。其次是到 1974 年，同样是美国学者的 Rosen 提出供需均衡理论，以完全市场竞争为假设前提，Rosen 不仅从理论上分析了差异产品市场的短期均衡和长期均衡，还将其推广到房地产市场，总结了住房市场上消费者、政府和开发商的均衡状态，建立了隐形市场理论对房屋建筑成本的评估，为特征价格理论的建模、特征价格函数的估计奠定了基础。[①] 越来越多的评估师开始将特征价值法应用于对房屋价值影响因素的识别和房屋价值评估，这些研究主要集中在最为普遍和基本的房屋——住宅——的价值研究上。例如，Dubin[②] 通过实证和试验证实了住宅以外的无形空间特征——邻居的特征，包括种族和社会经济情况，在影响住宅价值方面，有时候甚至比公共服务的质量更重要；Peter[③] 为了更多地了解还有哪些因素会对住宅价值产生影响，通过运用时间跨度长达 12 年的非常丰富和详细的数据来分析动态的住宅价格，并取得了一定收获。另外，还有一些学者从

---

① 贾生华、温海珍：《房地产特征价格模型的理论发展及其应用》，《外国经济与管理》2004 年第 5 期。

② Dubin, R. A. and C. H. Sung："Specification of Hedonic Regressions：Non-nested Tests on Measures of Neighborhoods Quality," *Journal of Urban Economics* 27 (1987)：97 – 110.

③ Peter Englund, John M. Quigley and Christian L. Redfearn, "Improved Price Indexes for Real Estate：Measuring the Course of Swedish Housing Prices," *Journal of Urban Economics* 44 (1998)：171 – 196.

环境对住宅的贡献角度，用特征价格方法定量研究了环境质量是如何影响居民居住质量和房屋价值的，结果发现政府的公共环境设施或者自然环境，都对房屋质量存在正效应，并且直接引起房屋价值增值。

1.3.1.2 有关移民补偿的研究

国外将土地、房屋视为私有财产，对征地拆迁产生的有形损失的补偿也就是对私有财产的损失补偿，补偿方式包括货币和实物，补偿内容包括土地征用费和土地赔偿额。前者相当于土地的价格，一般按照征用时的市场价格计算；后者是对土地权利人因征用而造成的经济及其他损失的补偿，如残余地补偿、迁移费用补偿、营业损失补偿等。① 因此，国外征地拆迁移民补偿不仅包括对有形损失的补偿，也包括对无形损失的补偿。

（1）对有形损失的补偿。

①强制货币补偿方式。这种补偿方式认为没有实物可以代替财产的有形损失，只能用货币来实现。例如，美国在征用私人财产时，规定被征用财产的价值必须完全用货币来衡量，并必须用货币作出补偿，政府不能强迫财产所有人接受实物补偿。②

②辅助实物补偿方式。随着征用财产的情况变得越来越复杂，有时单纯用货币补偿已经无法解决。例如，法国就在货币补偿的基础上，根据不同用途的财产损失，辅以实物补偿。对于土地财产，尽量提供同样条件和设备配置的土地进行置换；对于具有经营功能的财产，例如，用于租赁的房屋、厂房、作坊等的损失，给予货币补偿或者同等条件房屋置换；对于居住类房屋，通过重新安排住房、优惠建筑贷款等方式给予补偿。③

可见，对有形损失补偿的趋势是从单一的货币补偿方式向多样化补偿方式转变，从货币补偿向产权置换转变。然而，无论哪一种趋势，都强调了对财产权的补偿，给予被征收财产价

---

① 陈和午：《土地征用补偿制度的国际比较及借鉴》，《世界农业》2004 年第 8 期。

② Richard A. Epstein, *Takings: Private Property and the Power of Eminent Domain* (Massachusetts: Harvard University Press, 1986), p. 3.

③ 王名扬：《法国行政法》，中国政法大学出版社，1988，第 395 ~ 396 页。

值的完全补偿，包括以市场价格为基础确定补偿金额，并且规定了计算补偿金额的基准日期，从而避免了征收过程中政府寻租、被征收人冒险获取暴利等现象的出现，确保了社会公正的实现。

（2）对无形损失的补偿。

无论"涨价归公"还是"涨价归私"，征地拆迁后进行的土地开发利用将引起受影响地区的土地涨价，而对于失去这块土地拥有权的人来说，这是一种无形的损失。至于谁应当得到土地开发所致的土地涨价收益，各国都一致认为应当将收益归予开发者和社会全体才公平合理。当开发利用相邻的土地时，美国财产法规定，赔偿所有者财产要根据公平的市场价格，包括财产的现有价值和财产未来赢利的折扣价格，并强调必须考虑补偿因征用而导致邻近土地所有者经营上的损失。[1]

目前，国外在研究征地拆迁时引入了"非自愿移民"的概念，即把征地拆迁引起的移民作为非自愿移民的一种，国际上对于工程移民问题的研究则于 20 世纪 90 年代兴起，而基于经济学视角的移民问题研究则刚开始，研究不够深入。著名环境经济学家皮尔斯[2]对非自愿移民的补偿问题进行了深入的研究，发现非自愿移民过程中产生了无形损失——移民原有的福利。他认为由于工程建设被迫迁移的移民所丧失的福利是外部性的一个例子或者更严格地说是一种外溢成本。项目评估者必须认真考虑这种外溢成本并将其内化为工程的内部成本，否则，投资和政策选择会缺乏经济效率。

此外，世界银行是在对移民风险认识的基础上建立移民补偿的，在移民损失的判断上也更为全面和科学。世界银行充分移民补偿安置的正确原则是：不仅仅是简单地赔偿财产损失，更应该力求真正达到全面恢复、提高移民的生活水平，即移民损失的不

---

[1] Cunningham, Roger A., William B. Stoebuck and Dale A. Whitman, *The law of property* (St. Paul Minn. : West Publishing Co. , 1984).

[2] Pearce, David W. , "Sustainable Development," *Ecological Economics*: *Essays on the Theory and Practice of Environmental Economics*, ed. D. W Pearce (London: Edward Elgar, 1999), pp. 90 – 92.

仅是有形的财产，还包括可持续的生计能力。这些内容集中反映在世界银行业务导则 OD4. 30《非自愿移民》框架中。[①]

1.3.2 国内相关研究综述

1.3.2.1 有关移民损失的研究

（1）土地价值研究。

农地价值（价格）构成是探讨和认识土地征收补偿及收益分配问题的逻辑起点，它是应该给予农民和集体相应补偿的价值基础。与浩如烟海的关于征地补偿标准的研究文献相比，国内这方面的研究很少，说明农地价值研究没有引起研究者的重视。丁成日[②]指出：城市边缘非城市土地价值由两部分组成，一是与农业土地地租有关的土地价值，另一个是可预见的、土地转变成城市用地后未来土地地租增值所带来的价值。

国内学术界研究土地价值的焦点集中在土地价值构成和价值理论方面，而主流观点则是从马克思的劳动价值出发，因此，在解释土地价值和价格衔接问题上仍然存在较大分歧，主要分为四类。

①土地无价论。

马克思[③]认为："自然资源是天然形成的，其中没有人类劳动的凝结，所以是没有价值的"，"没有进入市场交易的自然资源没有价值"。从马克思的劳动价值理论出发，王锡桐[④]认为，"运用价值参照系统对自然资源进行货币评价，就使物化社会必要劳动时间较小，或完全没有物化社会必要劳动时间的自然资源获得了若干间接计量价值的较为客观的标准。对于直接物化了较多社会必要劳动时间，而又与纯粹劳动产品有别的某些自然资源来说，也相应地获得了价格调节参照物，自然资源通过货币评价而获得

---

① 迈克尔·M. 塞尼：《移民与发展——世界银行移民政策与经验（一）》，水库移民经济研究中心编译，河海大学出版社，1996，第 16~17 页。
② 丁成日：《土地价值与城市增长》，《城市发展研究》2002 年第 9 期。
③ 马克思：《资本论》第一卷，人民出版社，2004，第 53~54 页。
④ 王锡桐：《自然资源开发利用中经济问题》，科学技术文献出版社，1992。

的价值是一种虚幻的价值。"高映轸①又将此理论推广到土地价值，认为，"商品是劳动产品，具有使用价值和价值，价值就是劳动的凝结或物化。而作为自然物的土地，并非劳动产品，显然不符合商品的定义。"然而，这种土地无价论的观点显然与现实差距较大，支持者甚少。因此，有学者从资本论中找到理论支持，提出土地由无价值的土地物质和有价值的土地资本组成。②该观点可以作为解释土地价值的一个依据，因此，支持者甚多。

②土地有价论。

由于从马克思劳动价值论解释土地价值的说服力不尽如人意，因此，有学者试图以西方价值理论来解释土地价值问题。比较典型的包括潘家华③的效用价值说，他认为"效用是价值的直接源泉，土地价值来自土地的效用"。价格决定论认为：有价格的东西一定有价值，自然资源的价值其实就是资源所有者所能获得的经济利益，因此，可根据其收益的多少来确定价值。使用价值决定论认为土地具有使用价值。

③多元价值论。

这一阶段，国内学者一边对马克思的价值论进行修正和拓展，一边将西方价值理论与我国实际情况相结合，努力探索有中国特色的价值理论。最具代表性的包括三元论、多元论和复合价值论。三元论是指有些学者用英国著名的环境经济学家皮尔斯④提出的使用价值、存在价值、选择价值三元价值论解释土地的价值问题。晏智杰⑤从商品价值概念入手，认为商品价值应该是一个关系概念而不是一个实体概念，商品价值的决定也应当是一个多层次多元的综合体，它由天人合一论、供求均衡论、

①　高映轸：《土地商品化的理论出路》，《中国房地产》1995 年第 8 期。

②　周诚：《从土地构成看土地价值理论及其应用》，《中国房地产》1996 年第 7 期。

③　潘家华：《论土地资源的价格基础》，《经济研究》1993 年第 12 期。

④　Donald Van DeVeer and Christine Pierce, *The Environmental Ethics and Policy book*: *Philosophy*, *Ecology*, *Economics* (Belmont CA: Wadsworth Pub. Co. , 2003).

⑤　晏智杰：《经济价值论再研究：晏智杰文集》，北京大学出版社，2005。

生产要素论和需求要素论构成，劳动价值论只是其中的一个特例。在价值和价格问题上，晏智杰认为，应当把价值和价格统一起来，劳动价值论所说的价值其实就是市场价格的一种长期的稳定的价格，这两个概念在一定意义上是等价的。王恒君、孙晓娜①提出的复合价值论认为，商品价值是由生产商品的劳动、商品的效用以及稀缺性或供给状况共同决定的。《物权法》出台前后，很多学者对土地的权益价值给予了关注。《物权法》第四十二条规定了"征收集体所有的土地，应当依法足额支付土地补偿费、安置补助费、地上附着物和青苗的补偿费等费用，安排被征地农民的社会保障费用，保障被征地农民的生活，维护被征地农民的合法权益。"并且在第一百三十二条中明确了承包经营权和集体所有权为必须予以保护的物权："承包地被征收的，土地承包经营权人有权依照本法第四十二条第二款的规定获得相应补偿。"

④二元价格论。

土地价格由土地物质价格和土地资本价格（含社会对土地资本支付过多的社会价值价格和土地资本个别劳动价值价格）构成，三者中前两者形成土地虚幻价格，后者为土地的真实价格。国内学者对农地价格研究主要从农地的特征、农地收益、农地流转和农地征用几个方面入手。王万茂、黄贤金②认为农地价格具有一般地价特征，是一种二元价格。并且从生态理论出发认为农地效用性、稀缺性、有效需求性的形成离不开农地的自然生态环境，农地价格是生态经济价格。刘慧芳③从农地流转角度阐述农地存在的两种价格：农用地内部流转价格和农用地转用价格。邓留献④补充了农地转变的第三种方式的价格，即农用地被征为国家建设用地的征用价格，并指出农用土地内转价格评估是农用地估价的核心，也是确定农用地外转价格和征用价格的基础。

---

① 王恒君、孙晓娜：《复合价值论》，西安交通大学出版社，1999。

② 王万茂、黄贤金：《中国大陆农地价格区划和农地估价》，《自然资源》1997年第4期。

③ 刘慧芳：《论我国农地地价的构成与量化》，《中国土地科学》2000年第5期。

④ 邓留献：《农用土地定级估价理论与实践》，中国大地出版社，2000。

国内对农地价值①的评估方法主要包括以下几类。

①基于农地成本的价格评估。

在对农地流转和农地开发时，一般借鉴城市土地评估思路，对农地成本价格进行评估。常用的方法有收益还原法、市场比较法、成本逼近法和基准地价系数修正法四种，前两种方法适用于土地流转中农业用途不变时的农地价格测算，成本逼近法②的基本思路与城市地价评估运用的成本逼近法一样，都是把对土地的所有投资包括土地取得费用和基础设施开发费用两大部分作为基本成本，运用经济学等量资金应获取等量收益的投资原理，加上基本成本这一投资所应产生的相应利润和利息，再加上有关税费，组成土地价格的基础部分，并根据国家对土地的所有权在经济上得到实现的需要，加上土地所有权应得收益，从而求得土地价格，即农地的成本价格。由于成本价格并未考虑农地效用和收益，故最后还须进行自然环境因素和社会经济因素修正，即基准地价系数修正法。

有些学者将城市土地评估方法运用到农地评估上，针对耕地的直接经济效益进行价值估算③，如王万茂的④《农用土地分等、定级和估价的理论与方法探讨》，黄贤金⑤的《农地价格论》，邓留献⑥的《农用土地定级估价理论与实践》等。同时，国土资源部出台《农用地分等规程》《农用地定级规程》和《农用地估价规程》三个行业标准，为规范农地评估实务提供了统一的技术性

---

① 值得注意的是，在马克思劳动价值论中，价值和价格是有着严格区别的概念，二者不可有丝毫混淆。而本文对相关问题的分析是建立在资源环境经济学基础之上的，因此除特殊说明外，论文中提及的价值、价格没有严格意义上的区别。

② 单胜道：《成本逼近法及其在农地评估中的应用》，《资源科学》2002 年第 11 期。

③ 单胜道、尤建新：《模糊综合评估法及其在农地价格评估中的应用》，《同济大学学报》2002 年第 8 期。

④ 王万茂、但承龙：《农用土地分等、定级和估价的理论与方法探讨》，《中国农业资源与区划》2001 年第 2 期。

⑤ 黄贤金：《农地价格论》，中国农业出版社，1997。

⑥ 邓留献：《农用土地定级估价理论与实践》，中国大地出版社，2000，第 7 页。

框架。

②基于农地收益的价格评估。

国内对基于农地收益的价格评估的研究主要从两种角度展开。第一种角度是农地生态价值评估。土地生态伦理观点认为，土地系统中的一切生物和非生物实体，都有其固定的存在价值，享有生存和发展的权利。人类为了生存和发展，比如城市扩展和农业开发，总是要进行土地利用，而这本身就是一种消费形式，人口增加对居住空间要求的增长，必然要消费更多的土地。过度扩张和无规划地利用土地，从伦理角度看是不道德的土地利用行为，但伦理义务要求人类将土地利用行为对自然环境的危害最小化，并且采取补偿措施，比如异地植树造林恢复自然土地等，以给其他物种和生物开辟新的生存空间。我国对土地生态价值的研究中具有代表性的包括如下。傅伯杰[①]将土地生态系统的研究归结为三个主要方面：土地生态系统形成、演替、结构的研究，土地生态系统功能的研究，土地最佳生态平衡的研究。吴次芳、徐保根[②]主要从三个方面比较系统地总结了土地生态评价思想、理论和方法。第一，自然土地生态系统生产潜力与土地系统现实生产力的对比；第二，土地自然结构、功能与土地利用结构的适宜性；第三，人类社会经济活动对生态条件的影响及其发展趋势。他们的主要贡献还包括提出了农地生态评价中常用的一些指标，包括气候条件指标、土壤条件指标、水资源指标、立地条件指标和生物资源指标等。

第二种角度是农地社会保障价值评估。张爱辉、曹晓钟[③]认为，农地社会价值包括农地对农民所具有的社会保障价值和农地为社会提供粮食安全所具有的社会稳定价值。土地是生态服务的重要载体，具有不可替代的生态价值和社会保障功能。俞奉庆、

① 傅伯杰：《土地生态系统的特征及其研究的主要方面》，《生态学杂志》1985年第1期。

② 吴次芳、徐保根：《土地生态学》，中国大地出版社，2003。

③ 张爱辉、曹晓钟：《土地征用补偿现状分析与制度创新》，《黑龙江国土资源》2004年第9期。

蔡运龙[1]指出，农地不仅具有经济价值，即耕地用于农业生产所获得的农产品的价值，还具有一项更加重要的价值，即社会价值，包括农村劳动力的生存、就业保障，国家粮食安全保障和维护社会稳定等方面的社会价值。土地的福利绩效足以抵消其效益损失，从而为家庭经济的发展奠定了基础，为农民的土地保障和家庭保障提供了制度支持。

农地社会保障价值估算方法包括产值倍数法、劳动力折算法和商业保险交费法。产值倍数法以《土地管理法》所规定的征地价格标准，即各种补偿费、补助费都按照被占耕地被征用前 3 年平均年产值的一定倍数计算，其中，土地补偿费和安置补助费的标准的总和，不得超过土地被征用前 3 年的平均产值的 30 倍。该方法下，土地社会保障价值成为游离于市场之外的价格、失真的价格和垄断价格，似乎可有可无。劳动力折算法参照土地市场价格的赔偿原理，土地一次性出让的价格相当于地租在未来几十年中的收入流现值（近似于年租金除以社会资本的年平均回报率）。该方法虽然比产值倍数法计算结果有所提高，但是折算过于主观，最重要的是未考虑真正受土地保障功能影响最大的隐性劳动力，即准老年人[2]和儿童。商业保险交费法是目前最为流行的计算方法，该方法参照城镇居民养老保险制度和医疗保险制度，根据保险公司费率表，通过计算农村居民养老保险和医疗保险一次性交付金额，来表示土地社会保障价值。

（2）房屋价值研究。

社会主义市场经济时期之前，我国的房屋并未作为一种商品进入市场，因此不具备房屋价值评估的条件。1978 年改革开放以后，随着房屋商品化以及城镇住房制度改革和城市土地使用制度改革的不断推进，房地产成为商品进入市场流通，刺激了有关房屋价值评估的理论研究和实践。国内房屋价值研究借鉴国外房屋价值评估方法，形成了基本符合我国国情的房地产估价理论与方法，并制定了相关的技术标准。国内研究主要具有以下几个方面的特点。

---

① 俞奉庆、蔡运龙：《耕地资源价值探讨》，《中日土地科学》2003 年第 3 期。

② 准老年人是介于中年和老年之间，年纪并不大，且身体好的人口。

第一，派生性。指国内的评估方法主要是从国外的基本评估方法派生而来，包括假设开发法、路线价法、长期趋势法、剩余法、利润法等。

第二，系统性。指以系统论为指导，对房地产估价尤其是与我国国情相适应的估价理论与方法均进行了系统研究。①

第三，科学性。指国内有一部分学者在将模糊数学、层次分析法、回归分析、灰色预测等数学模型引入房屋价值评估上作出了努力。如蔡兵备等②通过回归分析建立地价与时间或地价与影响地价因素的数学模型，并提出了城市新区地价动态评估模型；毕易波③论述了房地产估价中建筑物的损耗问题；解本政等④对收益还原法的计算公式进行了修正研究。虽然如此，这些科学方法并没有在实践中得到重视，往往停留在理论层面，但是作为一种科学定量研究的尝试，对国内房屋价值评估的进一步科学化有一定的指导意义。

（3）失地农民研究。

现有的城市郊区城市化研究集中在失地农民的损失上，包括失地农民权益、保障、角色等问题。李新安⑤认为，来自土地的收入应该是农民最基本、最可靠的收入来源，土地"农转非"进程加快的直接后果就是产生了大量失地农民。而对失地农民的权益损失进行研究的学者认为，在工业化和城市化进程中，农民的损失是全方位、综合性的。农民失地，失去的不仅是土地本身，还包括一系列的权利和利益。⑥ 有关于失地农民身份的研究，如

①　蔡兵备：《城市地价评估方法》，社会科学文献出版社，2002。

②　蔡兵备、欧阳安蛟：《城市地价评估方法：发展与创新》，社会科学文献出版社，2002。

③　毕易波：《试论房地产评估中的建筑物的损耗浅析》，《建筑管理现代化》2000年第2期。

④　解本政、刘德红等：《房地产估价的收益还原法计算公式修正研究》，《青岛大学学报》（自然科学版）2005年第6（2）期。

⑤　李新安：《城市化、土地"农转非"与失地农民的保障问题》，《宁夏社会科学》2005年第5期。

⑥　杨涛、施国庆：《我国失地农民问题研究综述》，《南京社会科学》2006年第7期。

陈锡文①所言，"农民失去土地以后，他当不成农民了，而领到的那点补偿金，也当不成市民，既不是农民，又不是市民，只能是社区游民、社会流民。"有关于失地农民权利的研究，如党国英②指出"农民的四大权利（土地财产权、自由迁徙权、生产自主权、公平身份权）一直存在被忽视的现象"，"失地农民问题实质上是农民权利问题"。有关于失地农民保障的研究，如鲍海君、吴次芳③认为，失地农民既丧失了拥有土地所带来的社会保障权利（生活保障、就业保障、土地继承权、资产增值功效、直接收益功效和免得为重新获取土地掏大笔费用的效用），又无法享受与城市居民同等的社会保障权利，失地农民成为既有别于一般农民，又不同于城市居民的边缘群体——弱势群体，失地农民面临极大的社会风险。白呈明④认为，失地农民既失去了生活保障和就业机会，又失去了一项重要的财产和财产权利，还失去了与土地相关的一系列权益，如政府对农民的技术、资金、农资等方面的支持以及由于失地导致的农民对村民自治失去热情，从而最终失去对民主政治权利的追求。张寿正⑤认为，失地农民失去的不仅仅是土地，还有就业岗位、居住房屋、生活保障以及集体资产等，从而失去维持家庭生存、发展的低成本生活方式和发展方式。梁伟、袁堂明⑥在综合其他学者的观点上，把失地农民的权益流失归纳为三个方面：经济权利的渐进性缺失（包括农地流转中的权利缺失和土地非农化中的权利缺失）、政治权利的剥夺性丧失和社会权利的弱化性消失。可以说，这较为系统地、全面地概括了当前失地农民权益流失的相关问题。

① 陈锡文：《关于我国农村的村民自治制度和土地制度的几个问题》，《经济社会体制比较》2001 年第 5 期。
② 党国英：《关于征地制度的思考》，《现代城市研究》2004 年第 3 期。
③ 鲍海君、吴次芳：《论失地农民社会保障体系建设》，《管理世界》2002 年第 10 期。
④ 白呈明：《农民失地问题的法学思考》，《人文杂志》2003 年第 1 期。
⑤ 张寿正：《关于城市化过程中农民失地问题的思考》，《中国农村经济》2004 年第 2 期。
⑥ 梁伟、袁堂明：《失地农民权益流失探析》，《农业经济》2003 年第 11 期。

1.3.2.2 有关移民补偿的研究

（1）征地补偿。

征地补偿金作为农民失地后原有资产置换的费用，在解决农民生活燃眉之急和重建新的生计系统方面起着关键性作用。目前，学术界主要把关注的焦点集中在征地补偿的公平性上，越来越多的学者试图通过全面诠释农地价值，为合理征地补偿标准的制定提供建议。

①从资源环境经济学角度。王瑞雪提出农地除了能够提供木材、农作物等可实现收益内部化的私人物品外，还可以提供诸如保障粮食安全、维护生物多样性、保育水土等诸多难以实现收益内部化的公共物品和服务；并将耕地总价值分解为基于私人物品基础上的耕地价值表达和基于公共物品上的耕地价值表达，运用收益还原法基本原理计算耕地价值。

②从产权角度。高延娜等[①]提出，农地征收价格应该表示为：农地征收价格 = 农地所有权价格 + 农地使用权价格 + 社会保障权价格 + 农民发展权价格。从成本分析角度，农地征收价格 = 显性成本 + 隐性成本 = 生产资料价格 + 生活资料价格 + 合理预期。这种评价方法虽然涵盖了农地的丰富价值，但是在农地发展权和合理预期的量化上存在一定的困难。付时鸣、王勇[②]认为农民拥有的土地承包权实际上是一个实物期权，并且从实物期权的定价方式出发，提出在给予被征地农民补偿费时，除了按照期权定价给予农民货币补偿外，还可以复制其他具有相同收益特征的资产组合来交换农民所拥有的土地实物期权。这种观点考虑到应给予农民一定的征地发展权。

③从农户福利的角度。张鹏[③]认为通过农地获得经济收益仅是农地给农户带来福利的一方面，失去农地的社会保障功能、生

---

① 高延娜、朱道林等：《农地征收价格构成与土地增值的关系》，《中国土地科学》2006 年第 2 期。

② 付时鸣、王勇：《征地补偿标准的实物期权分析》，《当代财经》2005 年第 11 期。

③ 张鹏：《土地征收下的土地价值及其实现形式：农地价值及产权主体补偿研究》，博士学位论文，华中农业大学土地管理学院，2008，第 119 页。

态功能所带来的福利变化应该与得到的补偿具有对等性，因而，应当通过农户前后福利损失评判土地价值。中国社会科学院社会政策研究中心课题组通过调查研究，指出要想真正实现加速发展，确保失地农民的"可持续生计"，就必须向失地农民提供以发展为目的的额外投资。[1]

④从农户损失的角度进行测算评估。郑瑞强等[2]在进行库区征地补偿测算时，运用申农"信息度量"理论、特别牺牲理论、土地发展权和土地承包权补偿理论，通过综合运用马斯洛的"需要层次理论"和层次分析法（AHP），建立模型，提出将失地对土地权利人带来的精神和物质等方面的损失量化，以作为评估征地前土地价值的标准。单胜道、尤建新[3]基于系统工程科学理论，使用模糊综合评估法，利用模糊变换原理和最大隶属度原则，考虑到被评估农地宗地地价相关的各个影响因素而对其作出综合评估。

（2）拆迁补偿。

目前，对房屋拆迁的研究大多集中在城市房屋拆迁上，即关注的重点是有产权的国有土地上的房屋拆迁，而对农村集体土地上的无产权房屋拆迁补偿的研究甚少。

吴宗法等[4]对工程移民中的房屋拆迁现行做法进行了较为详尽的综述，指出农村房屋拆迁一般按照有关省市政府规定的本项目的农村房屋及其附属物拆迁重置价格制定补偿标准，除此以外，还包括搬家费用、过渡费用以及非住宅拆迁造成的停产停业损失补偿。

朱明芬、李一平[5]认为，首先，拆迁损害了农民房屋财产的

① 中国社会科学院社会政策研究中心课题组：《关于解决失地农民问题的政策建议》，《中国经贸导刊》2004 年第 24 期。
② 郑瑞强、施国庆等：《库区征地补偿测算模型初探》，《人民长江》2007 年第 2 期。
③ 单胜道、尤建新：《模糊综合评估法及其在农地价格评估中的应用》，《同济大学学报》（自然科学版）2002 年第 8 期。
④ 吴宗法、张建华：《工程移民房屋拆迁综述》，《河海大学学报》（哲学社会科学版）2001 年第 9 期。
⑤ 朱明芬、李一平：《集体土地房屋拆迁呼唤保护农民权益》，《调研世界》2004 年第 11 期。

利益。一方面，目前农民房产价值没有得到足额的补偿，包括房产的现值、预期值以及心理失落感等都未得到应有的补偿；另一方面，拆迁过渡费用偏低，过渡期偏长，生活水平下降。其次，损害了农民源于村集体经济的收益。集体土地征用后，不仅农民房屋面临被拆迁，村办企业——集体经济的重大支柱——也面临被拆迁；另外，村集体还要补贴农民房屋迁建资金的不足。诸多因素使村集体经济不堪重负，农民利益又间接地受到损害。

同时，现有的研究集中在城市郊区失地农民上，而他们只是城市化引起的城市郊区移民群体的一部分。关于移民群体中的企业和店铺的研究却寥寥无几，现有的研究一般是总结在拆迁实践中出现的、有关企业拆迁的问题，如黄东斌①提出了危旧房改造中企业拆迁所面临的问题，主要是与郊区企业本身特点有关，包括资产形势复杂、土地补偿问题、无证房屋补偿问题、困难职工及多重债务缠身等。从学术角度进行研究，找出问题存在根源，并给予政策建议的少之又少。企业和店铺的非住宅房屋面临拆迁，土地租赁合同被强制取消，与失地农民一样他们也直接失去了生产发展需要的有形资产，更为重要的是失去了包括商誉、客户、供销渠道等在内的无形资产。企业通过乡镇或以村镇企业形式租用集体土地，对土地的利用情况不尽相同。有的占地面积和建筑面积都很大，有的土地面积远远多于建筑面积，有的在空地上自行修建了厂房或职工宿舍，有的将土地出租给其他企业单位，从而在拆迁中出现"厂中厂"，有的以土地使用权出资入股联合开办新企业。可见无论对于哪一种类型的企业，失去土地，都是企业遭受的最大有形资产损失。然而根据拆迁法规，拆迁补偿的对象是国有土地上的建筑物及附属物，对于空地或者净地，目前尚无拆迁法规对土地使用权补偿问题作出明确规定。

（3）移民社会保障。

目前，有关移民社会保障的研究大多集中在水库移民上。

---

① 黄东斌：《危旧房改造中企业拆迁若干问题及对策》，《中日房地产》2005 年第 9 期，第 27~28 页。

陈阿江、施国庆等①以 T 水电站 S 库区为移民社会保障的个案进行分析，提出了以下观点：生活基金按照基金管理办法，直接分到村民小组，减少了中间环节，降低了管理成本，最大限度地使移民户直接受益。针对库区的实际情况，对移民群体中的老人和弱者给予扶持，具体来说，库区移民社会保障的思路是"帮弱、养老、助学、促生产"。陈绍军、陈阿江等②将水库移民社会保障概念扩展到一般工程移民上，提出移民社会保障概念，指出移民社会保障是国家、地方及社会对工程建设引起的非自愿移民，特别是暂时或永久丧失劳动能力、失去工作机会或遭受灾祸的移民，在经济和社会生活方面提供帮助、照顾、保护和保障，以调节社会关系、促进社会公平和稳定的社会制度。并提出对移民社会保障体系设计的构想，移民社会保障体系由五个子系统组成，即移民社会保险子系统、移民社会救助子系统、移民社会福利子系统、移民社会优抚子系统以及移民其他社会保障子系统，每个子系统又包含若干个项目。陈绍军、叶彩霞③进一步从移民风险角度来分析建立移民社会保障体系的必要性，并对移民社会保障体系建立的形式提出了更为具体的设想，包括切实解决移民生活困难救助、在救助的基础上建立移民最低生活保障制度、建立和完善移民养老保险制度、建立和完善移民医疗制度等，这些设想更加适应城市郊区移民社会保障体系建立的需求。

　　在国内，虽然农村集体土地上房屋具有私人产权，但其存在的基础——集体土地——并不具有私人产权，而是以集体所有的产权形式存在，因此，土地、房屋还未被明确地当作财产来研究。但是伴随着城乡统筹一体化的趋势，土地制度不断改

① 陈阿江、施国庆、吴宗法：《水库移民社会保障研究——T 水电站 S 库区　移民社会保障个案分析》，《河海大学学报》（哲学社会科学版）2001 年第 01 期。

② 陈绍军、陈阿江、周魁：《移民社会保障体系探讨》，《水利经济》2002 年第 4 期。

③ 陈绍军、叶彩霞：《工程移民社会保障问题探讨》，《水电能源科学》2003 年第 4 期。

革，农民财产权益的保护被推到了风口浪尖，越来越多的学者开始呼吁保护农民的财产权利，恢复农民对土地财产的所有权。[①]

1.3.3 国内外研究综述

由于郊区地理位置和移民群体的敏感性和复杂性，因移民补偿安置引起的矛盾将更加激化，需要的社会成本更加巨大。征地引发的问题和拆迁引发的问题表现不同。征地引发的问题是由于土地用途改变引起土地增值，但农民没有产权，并且受到土地用途管制，无法享受到非农收益，无法获得增值收益分配而引发的冲突；拆迁引发的问题是由于城市郊区农村房屋价值占总资产价值的比例最大，能够获得的收益也最多，但置换后由于用途减少，丧失了多样化经营的功能，因此，价值被贬值，这部分贬值的损失未获得补偿安置，很容易引发移民群体冲突。

综上所述，很少有文献将城市郊区征地拆迁受影响人作为一个群体进行研究，对征地和拆迁的影响进行单独研究的较多。本书将较为全面地分析城市郊区移民群体及其受到的影响，一方面对城市郊区移民群体的定位更加全面，即包括城市郊区的农民、企业、店铺；另一方面对其受到的影响内容进行完善，不仅包括土地置换、房屋置换，还包括角色转换。

1.4 核心理论基础

（1）价值理论。

根据价值哲学的观点，不能说价值只是商品价值、劳动价值。我们这里指的是类似于马克思所说的使用价值，指的是外界物与人们的需要之间的关系，揭示价值产生的客观根据，即主体与客体之间的需要与满足需要的关系。价值的这些特性，

---

① 茅于轼：《恢复农民对土地财产的所有权》，天则经济研究所，http://www.unirule.org.cn/SecondWeb/Article.asp? ArticleID = 2862，最后访问时间：2009 年 12 月。

具有普遍意义。这就是说，从价值哲学的角度看，价值是指客体的属性和功能能够满足主体需要的一种功效或效用。价值，广义上说，就是客体对主体的意义，或说客体对主体生存和发展的意义。我们研究的价值，归根到底是对人、对人类社会的价值，是客体对主体，即对人或人类社会生存和发展创造价值，增大人类自身的价值。所以，价值的本质在于能够使主体更加完善，能够推动人类社会向前发展。主体的需要推动主体作用于客体，客体能够满足主体需要就有价值，而主体需要的满足就是客体价值的实现。主体与客体之间的需要与满足需要的关系就是价值关系。一个客体的性质是多方面的，主体的需要也是多方面的，只有适合主体需要的那些特性和功能，才会与主体构成价值关系。

（2）产权理论。

产权经济学家诺斯（Douglass C. North）[1] 认为产权是"个人对他们所拥有的劳动、物品和服务的占有权利。"也有经济学家将产权认为是在特定条件下的使用权利或者规则，如著名经济学家阿尔奇安[2]认为产权是人们在资源稀缺条件下使用资源的权利或者说是人们使用资源的适当规则。同时，还有人认为产权是一种社会工具，它使人们在与别人交换中形成了合理预期，有助于实现外部效应内部化，使资源在市场机制的调节下达到最优配置，即通过"付费"或者法规来限制未拥有产权的人使用这项资源，使排他性成为可能。因而，笔者认为产权有两层涵义，一层是财产权利，另一层是对财产权利所有者的权益保护。

产权与所有权是否同一个概念，是学术界争论的焦点。事实上，产权和所有权既有内在联系，又有明显区别，内在联系是指它们指向的对象都是财产客体，首先要拥有客体才能获得客体产权，因而所有权是产权的基础与核心，然而所有权不等同于产

---

[1] 道格拉斯·C·诺斯：《制度、制度变迁与经济绩效》，杭行译，上海三联书店，1994，第45页。

[2] 阿尔奇安：《产权——一个纪典的注释》，转引自罗卫东主编《经济学基础文献选集》，浙江大学出版社，2007，第250~258页。

权，产权也并非仅指所有权。然而，所有权本质上是指物的归属权，与拥有该物的主体行为无关，而产权本质上是就财产主体行为权的性质而言，也就是说，对财产有运营的权利。因而，在实际经济运行中，产权的涵盖范围要比所有权大。例如，农村土地集体所有制中，所有权属于村集体，然而"产权不清晰"，即村民对财产的归属已经明确，但是对财产的运营和行为并不明确，因此归根结底，村民对资产的行为权不了解。

产权制度是关于财产权利划分的规则和人们行使财产权利的行为规范。产权制度是人们财产关系的最基本的制度，关系当事人的切身利益，同时，它也对人们行使财产权利的行为作出规定，才使社会经济活动得以有序进行。因此，产权制度是最基本的经济制度。

由于国家用途管制，严格限制农用地的用途，虽然农村集体拥有土地的所有权，但是对运营方式无权改变，这种所有权不像产权一样受到保护。而征用后转变为国有土地后，国家拥有土地的所有权，并且也拥有完全的产权，受到法律保护，合理地享受巨额"剪刀差"收益。土地增值收益分配与产权直接相关，不拥有财产权、物权，就无法分享其带来的利益。既然拥有所有权的农村集体都没有参与收益分配的权利，那么仅拥有集体土地使用权的农民自然也被排斥在利益分享的圈子以外，无缘分享增值收益。

（3）福利经济学理论。

福利经济学理论的出发点是，经济运行不能只讲赚钱和经济效益，还要讲公平，讲社会效益和环境效益，也就是说，要从公平与效率兼顾的原则出发，以全体社会成员福利最大化为目标，来考察经济、社会和环境。围绕这一出发点，福利经济理论发现市场经济社会中的资源配置，不但存在非效率问题，而且存在分配不公平和环境破坏等问题，存在边际私人成本效益曲线和社会成本效益曲线不一致的问题。因此，福利经济学理论认为应从社会福利最大化原则出发，将市场机制、政府调控和社会制衡（公众参与）机制统一起来，兼顾公平与效率，实现资源配置的最优化。

为了实现理想中的资源配置优化和社会福利分配公平，不可避免地要遇到如何把个人偏好转为社会偏好、个人福利转为社会福利的问题，即社会选择的问题。福利经济学中，社会选择的规范理论力图在有关"集体利益"或"共用品"含义的某种道德或政治假设基础上，确认社会应当具有的偏好和目标，以此为基础，评价各种制度的"最佳程度"及其不足，是否能够在一定程度上满足社会目标或偏好，形成各种层次的制度选择和当期选择。① 这种当期选择实际上就是通常说的各种公共经济政策，它直接影响资源配置的效率和收入分配的公平性。

第一，必须关注社会中个人的福利，建立社会保障体系，保障所有社会成员的生存权。和谐社会的建设不应该容忍有损人们生存与健康的绝对贫困的存在，特别是对失去劳动能力和劳动机会的社会弱势群体，应该坚持分配的必需原则。梁小民认为，构建社会保障体系的目的是实现分配公平和资源配置效率。就公平而言，它是要保障最低生活标准并分散各种风险。就资源配置效率而言，它是指以社会保障的形式来提供各种公共物品，能促进资源的配置效率。从整个社会来看，由政府利用部分资源来实现必要的社会保障比私人利用这些资源更有效。社会保障是提高整个社会的资源配置、实现公平与效率的统一必不可少的。

第二，必须坚持机会均等的原则。人类社会中不可能存在绝对的机会均等，但是政策的干预应该为人们创造机会均等的条件，如公平的受教育机会，劳动力和资本在不同行业、地区和城乡之间的自由转移，最大限度地消除市场的不完全性等。

第三，坚持按贡献取酬的原则，把实现资源配置优化和社会整体利益的优化作为根本目标。与上述两项原则不同的是，按贡献取酬原则的贯彻主要依靠市场机制，更多地偏向效率目标，政府不应该过多干涉，经济政策的重点可以放在最低工资制度等市场环境的建设上。

① 尼古拉·阿克塞拉：《经济政策原理：价值与技术》，郭庆旺、刘茜译，中国人民大学出版社，2001。

（4）社会保障理论。

公平与效率的关系始终是西方社会保障理论研究的核心，尤其是以公平为出发点来构筑社会保障经济理论。从社会保障理论角度分析，我国现行的社会养老保险遵循由国家、集体和个人三者共同承担的经济原则。在我国大部分城镇，居民养老保险由国家、企业和个人共同出资，企业和个人共同负担养老保险金的28%，其余由国家财政承担。参照城镇社会养老保险金的缴纳原则，农村养老保险金亦由三部分组成。由于城市郊区农民并非都有工作单位为其承担部分养老保险金，因而要通过工程效益分享机制使其可以获得保障来源。然而，城市化进程中的建设工程大多是公益性基础设施建设项目，从事开发的公司多属于城市投资公司下属改制企业，赢利性较差，缺乏激励机制。因此，政府要从土地出让金中划出一定比例作为被征地农民的保障基金，同时，要妥善监管补偿费发放情况，确保农村集体经济组织及家庭可以及时获得全额补偿费。由于在搬迁时获得土地补偿费、安置补助费以及地上附着物和青苗的补偿费，这些费用除去用于新土地征地费等之后归个人所有，故个人和村集体经济组织也有义务承担一定的养老保险费。这也符合社会公平原则。

（5）制度变迁理论。

对制度变迁的论述可以由对社会的定义开始。任何"社会"的产生过程都涉及"人与人""人与自然"的关系，这里的"社会"指处于分工状态的人群的集合①，"制度"定义就由此而出，指人与人之间关系的某种"契约形式"或"契约关系"。可见，提及制度变迁，通常所指的是制度变迁的历史，是制度经济学的起点，因此分析制度的基础就是要了解制度的演变。

制度变迁分为规则的变迁和习惯的变迁。对正式规则的考察是与经济史的考察同时进行的，因此，其结论往往只适用于考察所针对的社会。从具体到抽象的过程说明理论正处于发展中。

诺斯的制度变迁理论模型是建立在经济人对成本—收益进行比较计算的基础上的。制度变迁的成本与收益之比对促进或推迟

---

① Ludwig Von Mises, *Human Action* (New Haven: Yale University Press, 1949).

制度变迁起着关键作用，只有在预期收益大于预期成本的情形下，行为主体才会去推动直至最终实现制度的变迁，反之亦反，这就是制度变迁的原则。

1.5 研究思路与研究方法

1.5.1 研究思路

本书试图从置换角度对移民补偿安置政策提出改进建议，研究思路如下。首先，对征地拆迁补偿制度演变进行回顾，并归纳出城市郊区征地拆迁补偿安置政策的特点。其次，在理论框架内分别对土地置换、房屋置换和角色置换过程中发生的价值变化和成本收益进行分析，建立利益均衡模型。最后，在置换理论的基础上提出政策改进建议。详见图 1-1。

1.5.2 研究方法

本书在研究方法上力求做到理论与实践的统一，既注重理论体系的严密性，又注重研究内容的实用性和时效性。在理论分析中，广泛应用制度经济学、福利经济学、管理学和社会学等多学科的研究方法和研究成果，对城市郊区移民群体的特点、移民损失的价值、补偿制度的变迁等进行较为全面和系统的研究。在现有理论成果的基础上提出置换理论，构建城市郊区移民补偿安置框架，并运用该框架对置换前后土地价值、房屋价值和角色内涵的变化进行分析，建立置换过程中移民群体的成本收益模型，并提出基于置换理论的政策改进建议。最后，运用案例分析法，选取南京市某湿地公园工程作为研究案例，对该案例影响的土地和房屋在置换前后的价值进行评估，通过对城市郊区农民、企业、店铺在置换过程中成本和收益情况的分析，对该案例移民补偿方案进行评价，最后提出对策和建议。旨在验证城市郊区移民补偿安置框架，从而为改进城市郊区移民补偿安置制度寻求新的路径、方法及相关对策。

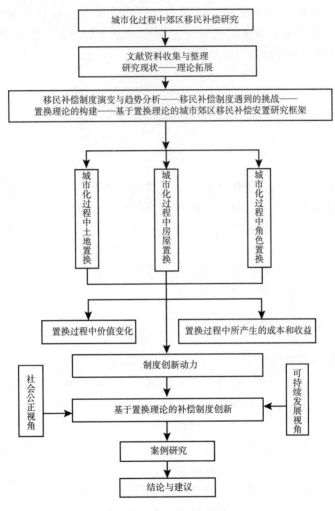

图 1-1 本研究的技术路线

1.6 研究内容和创新之处

1.6.1 研究内容

本书通过对城市郊区集体土地和房屋的价值挖掘，以及对农村居民和企业角色内涵的发现，利用产权经济学和福利经济学等相关理论，运用不动产价值评估方法，结合城市郊区集体土地和房屋价值的特点以及移民补偿政策的现状，构建城市郊区移民补偿安置框架，运用该框架对郊区移民过程中的土地置换、房屋置换和角色置换进行分析，并分别提出对移民补偿安置的政策改进建议。本书共分为七章，结构安排和主要内容如下。

第 1 章　绪论。主要阐述本书的研究背景和研究意义，对国内外相关研究和相关理论进行综述，指出现有研究的不足，最后简要介绍本书的研究内容、方法、技术路线及创新点。

第 2 章　移民补偿制度演变分析与置换理论构建。本章首先对移民补偿制度的演变过程进行了回顾，并总结出城市郊区移民补偿安置政策的特点；其次，对移民补偿制度演变趋势进行了分析，并指出移民补偿制度遇到的挑战；再次，构建了置换理论并对其原则和内涵进行了阐述；最后，在置换理论的基础上提出针对城市郊区移民补偿安置的研究框架。

第 3 章　城市郊区土地置换及补偿安置研究。在第 2 章提出的基于置换理论的移民补偿安置研究框架内对土地置换前后价值的变化进行了分析，找出置换前后移民群体的收益与成本，建立成本收益模型，进行利益均衡分析，找出矛盾所在，从而提出通过对置换前土地的价值重置、功能重置改进移民补偿安置政策。

第 4 章　城市郊区房屋置换及补偿安置研究。在第 2 章提出的基于置换理论的移民补偿安置研究框架内对房屋置换前后价值的变化进行了分析，找出置换前后移民群体的收益与成本，建立成本收益模型，进行利益均衡分析，找出矛盾所在，从而提出通过对置换前房屋的价值重置、功能重置改进移民补偿安置政策。

第 5 章　城市郊区移民角色置换及补偿安置研究。本章分别对城市郊区移民群体中的农村居民和企业的角色转变进行了分析，并定性分析了转换前后移民群体的收益与成本，发现置换过程中移民群体在人力资本、权益资本、社会资本上发生的隐性损失不容忽视，从而提出通过培训教育、给城市郊区农民和企业赋权、加大公众参与力度等方法来提高人力资本、恢复权益资本和增加社会资本。

第6章 案例研究——南京市某湿地公园工程。本章试图通过对该案例中置换前后土地价值和房屋价值的评估计算，以及农民、企业、店铺在征地拆迁过程中的收益和成本的计算，找到现行政策的不足之处，并在置换理论的基础上根据南京市实际情况提出对移民补偿安置政策的改进建议。

第7章 总结与展望。本章归纳、总结全文主要研究成果，指出研究的不足之处，并探讨了进一步研究的方向。

1.6.2 创新之处

（1）以城市郊区移民补偿制度变迁为线索，对征地补偿制度和拆迁补偿制度的演变过程进行梳理，并且对移民补偿制度的演变趋势进行分析。在社会公正原则和可持续发展原则的基础上分别对现行补偿政策和安置政策的缺陷进行分析和总结。

（2）将城市建设项目征地拆迁中受影响的城市郊区农民、企业、店铺等作为移民群体进行更为全面的研究，为弥补现行移民补偿制度存在的缺陷，将置换概念引入城市郊区移民补偿过程，在制度演变规律和合理性评价的基础上构建针对城市郊区移民补偿的置换理论（VR－RT 理论），并对置换理论的内涵和原则进行描述。然后，提出基于置换理论的移民补偿安置研究框架，作为改进移民补偿制度的建议，以期实现城市郊区移民补偿的公正性和可持续性。

（3）基于移民补偿安置研究框架分别对土地置换、房屋置换和角色置换过程进行分析，运用价值理论对置换前后土地价值和房屋价值的内容进行分析，运用房地产估价理论对置换前后土地价值和房屋价值进行计算，阐述了置换前后移民角色的变化。从移民群体的角度对置换过程中的成本和收益进行分析与计算，发现了置换过程中的利益失衡和矛盾所在。与以往针对失地农民的研究相比，能够发现更为深刻的问题并提出更有针对性的解决方案。最后，在置换理论的基础上提出公正补偿和可持续安置的改进建议。

（4）从置换理论的角度提出不但应当对土地、房屋的财产价值进行相对应的重置补偿，而且应当对其功能进行相对应的恢复再造，此外，还应该对移民角色转换所需花费的退出成本进行补偿，并且通过赋权、教育和公众参与引导受影响人从角色转换到角色认同，最终实现社会认同，从而弥补角色置换过程带来的权益资本、人力资本和社会资本等的损失。

第2章
移民补偿安置制度演变分析
与置换理论构建

既然城市化过程中郊区移民不可避免,对移民群体进行合理补偿和妥善安置就成为城市化推进的关键,然而,这个过程并非一帆风顺,而是充满了矛盾和冲突,也在不断更新和改善,即使现行政策,也存在一定的不合理性。因而,城市化的演变历史伴随着移民补偿安置制度的演变。城市郊区移民问题有一定的特殊性,本书在研究移民补偿安置制度演变规律的基础上,从土地置换、房屋置换前后财产价值变化、移民群体角色变化、成本收益变化等角度分析移民补偿安置对应的切入点,从而构建一个基于置换理论的移民补偿安置政策改进框架。

2.1 城市郊区移民补偿安置制度
演变与趋势分析

2.1.1 移民补偿安置制度演变过程

2.1.1.1 征地补偿安置制度演变过程

我国征地补偿制度主要分为两部分:一部分是对土地经济收益的损失补偿,核心是征地补偿价格政策;另一部分是对农民的离土安置,核心是征地安置保障政策。因此,征地补偿制度的历史变迁也就是这两部分政策内容不断变化、演进的过程。

（1）征地补偿价格政策的历史变迁。

第一阶段，无补偿时期。计划经济时期（从 1953 年到 1982 年），土地征收补偿法规主要是 1953 年颁布的《国家建设征用土地办法》，规定国家采用协商制度征用土地，要求"必须对被征用土地者的生产和生活有妥善的安置。如果对被征用土地者一时无法安置，应该等待安置妥善后再行征用，或者另行择地征用"①。计划经济体制下，企业并非独立经济实体，一切经济活动都带有计划性，甚至所有建设项目都是国家全权安排的。当一个项目需要用地时，国家将无偿征收集体土地，再将其无偿划拨给用地单位使用，可以说，计划经济时期征地的成本收益是均衡的。因此，在这一时期不存在征地补偿价格的概念，对于农民的征地补偿具有非刚性，对被征地农民补偿并非强制性规定，视具体情况，如遇到"无法调剂的或者调剂后对被征用土地者的生产、生活有影响的"②，给予适当补助费，但是没有具体标准。

第二阶段，低补偿时期。改革开放初期（从 1982 年到 1997 年），"文革"结束之后，特别是改革开放之后，国家经济开始复苏，建设用地需求大大增加。这一阶段两部土地征收法规颁布。一部是 1982 年国务院颁布的《国家建设征用土地条例》，同时，《国家建设征用土地办法》被废止③；另一部是 1986 年颁布的《中华人民共和国土地管理法》及随后正式实施的《土地管理法》。前者对征地补偿标准有了明确规定，引入了年产值的概念，测算方法改为年产值倍数法；后者规定征用耕地的补偿费，为该耕地被征用前 3 年平均年产值的 3 至 6 倍。后者发生了两个重要变化，除了规定补偿倍数有所提高，即不高于前 3 年平均年产值的 10 倍以外，还标志着征地补偿安置工作走上了依法、规范的道路，进入了法制建设的轨道。虽然这一时期对农民的征地补偿从无到有，并且有了刚性规定和测算标准，但是补偿标准非常

---

① 1953 年的《国家建设征用土地办法》第三条规定。

② 1958 年修订的《国家建设征用土地办法》第七条规定。

③ 刘正山：《让市场法则说话——征地补偿标准的过去、现在和未来》，《中国土地》2005 年第 10 期。

低，很大程度上仅能满足青苗补偿的要求，征地补偿价格偏低。

在这个阶段，征地仍然带有计划经济色彩，与第一阶段带有计划经济色彩的征地制度一样，成为造成征地中价格"剪刀差"的根本原因。这种对失地农民补偿的测算方法已跟不上经济发展的现实，补偿标准的弹性区间（即补偿费在一定范围内浮动），也为一些地方政府侵吞农民的土地财产权提供了合理的空间。被征土地改变用途后的增值收益被政府剥夺，农民的利益严重受损，征地过程中成本收益失去均衡，出现一边倒的倾向。正如国务院发展研究中心副主任陈锡文①所指出的，如果说计划经济时代的"剪刀差"让农民付出了6000亿~8000亿元的代价的话，那么改革开放以来通过低价征用农民的土地，至少使农民蒙受了2万亿元的损失。

第三阶段，适度补偿时期。社会主义市场经济时期（1998年至今），征地补偿相关法规主要是1998年修订的《土地管理法》和2004~2008年先后出台的一系列严格保护耕地、深化改革的政策措施。② 前者明确提出征地补偿费用包括土地补偿费、安置补助费、地上附着物和青苗补偿费，并明显提高了补偿标准，征地补偿的最高倍数从10倍提高到30倍，该补偿标准一直延续至今。后者规定国家为了公共利益的需要，可以依法对土地实行征收或征用并给予补偿，要求制定统一年产值标准，以及征地区片综合地价的测定方法。征地区片综合地价是征地综合补偿标准，制定时要考虑地类、产值、土地区位、农用地等级、人均耕地数量、土地供求关系、当地经济发展水平和城镇居民最低生活保障等方面。

---

① 陈锡文：《低价征用土地至少使农民损失2万亿元》，《中国经济时报》2002年10月17日。

② 2004年10月《国务院关于深化改革严格土地管理的决定》，2004年11月《关于完善征地补偿安置制度的指导意见》，2005年7月《关于开展制定征地统一年产值标准和征地区片综合地价工作的通知》，2006年4月《国务院办公厅转发劳动保障部关于做好被征地农民就业培训和社会保障工作的指导意见的通知》，2007年3月《物权法》第42条第2款、第59条及132条和2008年10月《中共中央关于推进农村改革发展若干重大问题的决定》。

可见，在这一时期，征地补偿沿袭了传统年产值倍数法，并在产值测算方法上有所改进，为了适应市场经济的需要，征收土地由无偿或低补偿转变为适度补偿，表现为补偿倍数的逐步增加，征地补偿价格有所提高。与此同时，征地成本也相应提高。土地供应方式由无偿划拨变为有偿使用，政府通过招、拍、挂的方式在土地一级市场上供给土地使用者，并允许其在二级市场上进行流转，使土地资产价值显化，为获得土地收益提供空间。从理论上讲，市场经济是通过价格机制来调整、优化资源要素的配置，当土地的供给与需求价格相等时，市场出清，达到平衡。然而，我国的土地征收实行的是国家垄断土地市场，在征地过程中政府既是"买家"，又是"卖家"，破坏了公平交易，在这场受垄断控制的买卖中获取了高额的土地收益。

（2）征地安置保障政策的历史变迁。

新中国成立以来，我国经济、政治、社会各方面都处在发展之中，对失地农民的征地保障也不断变化。以主要的、有标志性的法律、法规、文件的颁布实施为界，失地农民的征地保障大致经历了土地换土地、土地换工作、土地换现金和土地换失地保障四个变迁阶段。

第一阶段，调整土地，一种土地换土地的保障。新中国成立后，为了适应城市建设与工商业发展的需要，在 1950 年 11 月 10 日《城市郊区土地改革条例》（以下简称《条例》）中就提到了对失地农民的征地补偿，并在 1953 年和 1958 年进行了修改，总体补偿标准为土地年产值的 2 ~ 6 倍。1958 年，征用办法规定了农业安置和移民安置办法，当时人均耕地数量较多，第二轮土地承包之前，每个村民小组都会在一定时期进行土地调整，因此，征地后，采取调整土地的农业安置办法。总体来说，在这个时期，农村土地数量多，有条件进行调整土地的农业安置，虽然补偿标准严重偏低，但由于较好地解决了失地农民的保障问题，所以征地矛盾冲突并未凸显。

第二阶段，非农安置，一种土地换工作的保障。1982 年的安置途径增加了集体所有制企业吸收、用地单位吸收等多项安置途径，带有计划性质，解决了失地农民就业问题。1986 年 6 月 25

日，全国人大通过了《中华人民共和国土地管理法》，采纳了
《条例》中的土地补偿费、安置补助费等大部分规定，在安置途
径上增加了农转非后自谋职业、自谋出路等安置方式。虽然征地
补偿标准仍然偏低，但是由于我国"城乡二元结构"导致城乡户
口差异，取得城市户口非常困难，而取得城市户口则可以在上
学、就业、生活方面更加方便，成为"城市人"是很多农民的梦
想，因此，农转非无疑是当时农民一心向往的转变，许多农民自
愿舍弃土地转为城市户口，利用征地补偿款进城发展。这种安置
方式对当时失地农民的诱惑是巨大的，所以，这种非农安置、用
土地换工作的征地保障对帮助当时失地农民恢复生计有暂时效
果，因而并未引发较大社会矛盾。而打破城乡二元结构、实行城
乡一体化以后，城市户口和农业户口没有明显差异，农转非的优
势也就不在了。首先，失地农民了解到自身缺乏到城市工作的技
能，即使农转非安排到城市工作，也只能担当没有技术含量的职
位，不利于生活水平的改善。其次，由于竞争激烈，原先安排失
地农民工作的企业经营不善或者倒闭，刚刚失地的农民又面临失
业的危机，作为农民，有一份土地作为保障，比在城市工作风险
低。最后，从农民身份到居民身份的转变需要很长时间，而且转
变过程也有各种困难。由于土地的保障作用，征地前失地农民基
本不用考虑养老问题，在他们的观念里，有一亩三分地，有儿有
女，儿女孝顺，就可以安享晚年。农转非进入城市后，搬迁安置
仍在城市边缘，不仅社区配套跟不上，养老保障政策的宣传力度
也有限，因此，大部分人并未给自身养老作好准备，直到年老才
发现自己处于一个没有养老基础的境况中。

第三阶段，货币安置，一种一次性现金补偿的保障。20 世纪
90 年代后期，实行单一货币补偿方式下的征地补偿制度。1998
年修订的《中华人民共和国土地管理法》（以下简称《土地管理
法》），除了规定政府在征地后应支付土地补偿费、安置补助费以
及地上附着物和青苗的补偿费，以及补偿费和安置补助费的总和
不得超过土地被征用前 3 年平均年产值的 30 倍外，对被征地农
民，在法律和习惯上都只考虑给予经费上的补偿，而对失地农民
的居住安顿、重新就业、生活观念和生活习惯转变等问题，未予

考虑。即使是单一的货币安置，也存在安置标准过低的问题。据调查，在浙江、上海和江苏等地，一亩耕地的征地补偿费总额为 5 万 ~6 万元，而农民能够拿到的只是其中的 10% ~15% 。一项调查表明，如果用地成本价（征地价加上地方各级政府收取的各类费用）为 100，则拥有集体土地使用权的农民只得 5% ~10% ，拥有集体土地所有权的村级集体经济组织得到 25% ~30% ，60% ~70% 为政府及各部门所得。由于征地安置补偿标准过低，失地农民成为既有别于一般农民，又不同于城市居民的边缘弱势群体，失地农民面临极大的风险。《土地管理法》对被征地农民的就业、社会保障等问题几乎没有涉及，失地农民问题大量产生。

第四阶段，失地农民保障，一种土地换保障的过渡。2004 年，国土资源部出台了《关于完善征地补偿安置制度的指导意见》，提出征地补偿安置原则是使被征地农民生活水平不因征地而降低，创新了安置方式，在法律规定原有安置方式的基础上增加了失地农民保障、土地入股等安置方式。南京市政府也于 2004 年颁发了《南京市被征地农民基本生活保障试行办法》，为解决失地农民生活之忧提供了保障。目前，失地农民保障制度在目标上是要满足失地农民征地后的基本生活需要，在做法上参考城镇养老保险制度，但是存在"标准低、覆盖窄、管理乱"的缺陷。因此可以看作一种从失地保障到社会保障的过渡，也可以看作失地农民养老保险的雏形。

（3）城市郊区征地补偿安置政策的特点。

城市郊区农村在地理位置、土地价值、农民特征等方面都与远郊农村有区别，因此，在征地补偿政策的具体实施方面具有一定的特点。

第一，征地补偿价格较高。首先，城市郊区地理位置优越，征地区片综合地价高；其次，城市郊区以大棚蔬菜和经济作物种植为主，经济价值高，年产值标准也较高；最后，由于郊区人均耕地面积少，而安置补偿费是根据每单位征地面积所容纳的安置人口计算，即征地面积除以人均耕地，因此，征用同样面积的土地，所要安置的人口越多，征地补偿价格越高。

第二，征地安置以保障为主。首先，城市郊区使用土地调整的农业安置方式几乎不可能，农业安置困难；其次，城市郊区土地的养老保障、就业保障和医疗保障价值高，因此，征地安置保障以社会保障安置为基础，就业安置为可持续手段；最后，由于征用同样面积需要安置更多的人口，征地安置保障在城市郊区征地过程中显得更为重要。

2.1.1.2 拆迁补偿安置制度演变过程

目前，国家仅对国有土地上的房屋拆迁补偿安置制定了行政法规，对于如何规范集体土地上农村房屋拆迁工作尚未制定专门的法律或行政法规，而是通过各地制定相应地方性法规、规章进行补偿安置。而且长期以来农村房屋拆迁作为集体土地上的附着物来定义，依据集体土地征收政策补偿。主要分为两部分，一部分是对房屋作为财产损失的补偿，核心是拆迁补偿价格政策；另一部分是拆迁安置，其核心是将农村居民纳入城市住房保障体系。本书选用案例地点在南京市，因为对集体土地上房屋拆迁的补偿没有全国性的统一规定，各地按照具体情况制定拆迁补偿政策，因此，本书通过对南京市集体土地上的房屋拆迁补偿政策历史变迁的描述来说明集体土地上拆迁制度的演进过程。

(1) 拆迁补偿价格政策的历史变迁。

第一阶段，模糊补偿时期。计划经济时期，对农村集体土地采用无偿征用政策，对房屋拆迁补偿采取"合理公平"的原则。这一时期，全国的补偿制度均参照1953年11月国家政务院颁布的《国家建设征用土地办法》，该办法规定，"因国家建设的需要，在城市市区征用土地时，地上的房屋及其附着物等，应按公平合理的代价予以补偿。"这是第一部涉及房屋拆迁补偿的法规。由于对补偿标准和实施做法没有任何规定，加上这一时期采取福利分房政策，对房屋价格评估没有概念，因此，对房屋价值没有上升到货币衡量的程度，仅仅是一种模糊补偿。在当时计划经济的背景下，土地使用尚未引入市场机制，区位对于土地经济价值的影响非常小。

第二阶段，实物补偿时期。1986年改革开放以来，城市化进程加快，各地用地的速度和数量也出现飞跃，虽然仍没有统一法规出台，但是各地都在不断地实践和酝酿当中，有关集体土地征地拆迁的法规呼之欲出。1996 年，南京出台了《南京市国家建设征用土地补偿和安置办法》，成为南京市第一部涉及集体土地拆迁的法规。法规明确规定拆迁集体土地上的居住房屋及其附属物实行复建房的安置形式，按建筑面积，基本上实现"拆一补一"。对于非住宅房屋则实行货币化补偿，并规定了相应的货币补偿标准。这个时期，由于农村土地容量还足够满足这种安置方式，因此征地拆迁安置均由农村集体资源进行消化。拆迁后农民仍然居住在农村，无须改变生活状态。此外，还通过安排企业工作，增加非农业就业收入，农民生活水平不但没有下降反而有上升的趋势，因此相安无事。

　　第三阶段，货币补偿时期。此后一个时期，大量非市政项目出现，用地逐渐紧张起来，南京市在此基础上对农村集体房屋拆迁补偿政策进行了多次有益的尝试，并于 2000 年 4 月颁布《南京市建设征用土地补偿和安置办法》（简称 86 号文）。该办法规定将城市周边农村分为三个层次，对城市近郊农村房屋拆迁采取统一安置和货币补偿相结合的政策，并规定补偿标准采取按照房屋原面积的重置价结合成新。从此，南京市在全国范围内第一个拉开了货币化拆迁的序幕，是向货币补偿的一种过渡。此时的货币补偿标准并不清晰，没有明确分为哪几项。接着，2001 年 2 月颁布的《南京市征地房屋拆迁货币补偿细则》（简称 21 号文）中明确了住宅房屋的货币补偿内容包括房屋重置价、购房补偿款、区位补偿款三部分，非住宅房屋除了采取补偿价收购外，还对拆迁过程中产生的停产停业损失、设备搬迁、营业损失等补偿作出了明确规定和补偿比例说明（停产停业费按照 6 个月工资总额的110% 计算，设备搬迁按照房屋拆迁总款项的 5%～20% 计算，连家店和店铺按照房屋重置价格结合成新的120% 计算）。由于采取了货币补偿，而且补偿标准的确定有很大的弹性，这一时期拆迁补偿政策出现变化快、差异大的特点，有时项目进度都赶不上补偿政策的变化，使得同一拆迁项目在拆迁进场时补偿款标准与收尾时标准都不相同。此外，不同性质工程的拆迁补偿标准也存在很大的差别，有些非市政类项目和市政类项目拆迁补偿标准甚至相差10%～40%。政策不稳定的直接结果是城市郊区社会动荡不安，体现在拆迁时农民都持观望态度，认为"先拆受损，后拆受益"，于是，拖延时间、漫天要价的现象层出不穷，从而阻碍拆迁工作进展。为了加快项目进展，强制拆迁这种下下策也成为唯一的解决办法，为项目留下隐患，造成很多的遗留问题。由于住宅房屋货币补偿标准较低，原来的实物分房政策比货币拆迁对农村居民的居住权益更具有保障意义。

第四阶段，细化补偿时期。为了修正货币补偿政策造成的混乱和利益分配不均，2004 年，出台了《南京市征地拆迁补偿安置办法》（简称 93 号文）和《南京市征地拆迁补偿安置标准》，仍实行货币化拆迁，补偿标准更为细化。将住宅房屋补偿款明确划分为原房补偿款、购房补偿款和区位补偿款三个部分。非住宅房屋拆迁补偿款分为区位补偿款和原房补偿款两部分，对停产停业损失和设备搬迁费用都按照房屋重置价格的百分比计算（停产停业 8% 以内，设备搬迁 2%~8%）。这个时期的城市郊区已经经过长期积累成为繁华的商贸带，不但入驻了大量的企业，带动了商业、服务业的发展，而且改变了城市郊区农村居民的生产方式，成为土地之外的另一种保障。

第五阶段，联动补偿时期。随着补偿差价问题越来越尖锐，南京市建立了补偿价格的联动机制。2007 年颁布的《南京市征地房屋拆迁补偿安置办法》（简称 61 号文），在住宅房屋的拆迁补偿标准的制定上，采取与拆迁安置房房价挂钩的做法，即购房补偿款为拆迁安置房平均价格的 70% 或 80%，一旦安置房价格上涨，拆迁补偿也随之上涨，将补偿差价控制在一定范围内。

（2）拆迁安置保障政策的历史变迁。

住宅房屋的拆迁安置经历了以下四个阶段。

第一阶段，实物安置——农村住房的自我保障。从计划经济时期到改革开放初期，由于用地矛盾尚未激化，农村仍有消化空间，因此，集体土地上居民房屋拆迁一般都在农村解决，采取"拆一补一"的方式以房换房，这种实物安置的方式并未改变农村居民的生产、生活方式，反而使村民住上新房，这在当时是较为合理、农民较为满意的解决方案，因此，可以称之为一种农村房屋的自我保障。此时的城市房屋采取福利分房政策，是政府主导下的住房保障体系，并未出现自由交易的房地产市场。这个阶段城市郊区界限尚不明显，因此，只要是农村，无论距离城市远近都采取同样的安置方式。

第二阶段，统一安置——宅基地换住房保障。随着城市化进程的加快，人地矛盾日益加剧，集体土地自我消化能力降低。为了合理利用农村资源，南京市 86 号文件规定进行统一安置，即在划定的农村区域内集中建房，并参考原来人均住房面积补偿相应的房屋面积。这种安置仍然属于实物安置，不同的是安置房建设无须征用土地，建设成本低，房屋地点、类型都是规划好的，通过"三通一平"等措施，这类安置房屋拥有较为完善的配套基础设施，房屋质量有所提高。房屋拆迁后，原宅基地可集中用于工业和城市建设，而农村居民通过统一安置用宅基地置换到住房保障。此时，城市进行了住房改革，已经停止福利分房，并开始构建以经济适用住房为主的多层次城镇住房供应体系，是与社会主义市场经济相适应的住房新制度。房地产市场已经初步形成，从政府主导转变为市场主导。这一时期，距离城市远近不同的农村在拆迁房屋安置的自我消化能力上也不同。城市边缘的郊区农村自我消化能力较弱，远郊农村仍有较强的自我消化能力。因此，这一阶段针对不同地区农村规定了不同的安置方式，按照南京市 86 号文，将农村分为三个层次，本书涉及的郊区属于第一层地区，可以选择统一安置方式，也可以选择货币补偿的方式，其余地区可采取自拆自建方式。

第三阶段，经济适用房安置——共用的城市住房保障。改革开放以来，农村居住模式并未发生太大变化，但人地关系已经呈现明显紧张趋势，特别是城市郊区，村集体的土地容量已经不能够满足拆迁安置的自我消化。与此同时，城市房地产市场逐渐形成，随着城市化进程的加快，农村人口加速转变为城市居民，拆迁安置模式向货币化补偿转变，被拆迁农村居民也被鼓励向城市转移。于是，南京市在 2004 年 93 号文中，明确规定对农村居住房屋拆迁采取货币化拆迁和提供经济适用房相结合的政策，将被拆迁农民纳入经济适用房保障体系，这可以看作一种国有土地上的住房保障。但是经济适用房的初衷是安置城市中低收入和生活困难居民，因此，在房型设计、选址、配套上都具有很大的特殊性，而且在五年之内不能够交易，五年之后只能够由政府回购，这些局限性都不利于城市郊区农村房屋拆迁的安置。

第四阶段，拆迁安置房——专属的城市住房保障。2007 年，南京市在出台的 61 号文中实现了两种分离：一种是将农村集体土地的征地与拆迁分开，即土地征收与农村房屋拆迁政策自成体系；另一种是拆迁安置的城乡分离，即将供应被拆迁农民的经济适用房从城市经济适用房体系中分离出来，专门为被拆迁农民配建拆迁安置房。61 号文规定，拆迁补偿方式以货币化补偿结合房屋产权调换为主，用来进行产权调换的房屋即为拆迁安置房，并规定拆迁安置房享受经济适用房政策，但是在建设主体、安置地点、作价标准、申购面积控制等方面与经济适用房都有所区别。拆迁安置房不但可以立刻上市交易，而且不受政府回购的限制。此外，拆迁补偿款中的购房补偿款与拆迁安置房基准价格挂钩，一方面实现了拆迁补偿与拆迁安置房供应价格的有机对接，解决了过去经济适用房供应价格与拆迁补偿标准脱节的问题；另一方面基本平衡了新老政策之间以及以后被拆迁农民因为安置地点的不同可能造成的所得实际利益的差别。61 号文参照产权调换的方式对拆迁面积做到接近"拆一补一"。由于该政策处于新老政策的交替过渡期，针对项目进行的拆迁安置房建设并未构成一种体系，没有专门的拆迁安置房小区建成。因此，政府往往通过要约的形式向房地产商购买商品房作为拆迁安置房，即由政府提出收购，并先期支付一定的定金，然后签订协议，双方约定等政府需要安置房时完成交易，开发商最终得到剩余款项；或者直接利用现有经济适用房中的一部分作为拆迁安置房供被拆迁农村居民申购。于是，出现同一个小区，同一栋楼房中，同样位置和户型的房屋却属于不同形式的保障性住房。另外，受拆迁影响的农村居民也可能因项目获得拆迁许可的时间不同享受不同类型的保障待遇，从而引起移民群体不满情绪，导致安置保障不公正。

但是，无论是政府"收购"的限价商品房还是经济适用房性质的拆迁安置房，都对城市郊区被拆迁农村居民具有住房保障价值。

非住宅房屋的拆迁安置经历了两个阶段。

第一阶段，异地重建。改革开放初期，企业、店铺等非住宅房屋在农村兴起，这一时期大量乡镇企业兴起，在土地制度以外的空间寻找经济利益，不仅改变了农村集体经济单一的农业生产模式，解决了部分剩余劳动力的非农就业问题，还提高了农村集体建设用地的价值，并为企业发展提供了空间，与农村形成相互依赖的关系。各地农村，特别是苏南农村，积极用各种优惠政策吸引乡镇企业，呈现出"敲锣打鼓迎进来"的势头。政府工程项目需要征用农村集体土地时，对企业拆迁安置是较为慎重的，特别是对经营效益较好、规模较大的企业，采取异地重建安置的方式，为企业另找一块地方继续经营。因此，这一时期企业拆迁并未产生大量的问题。

第二阶段，货币补偿。随着城市化进程的加快，农村集体土地，特别是城市郊区建设用地愈发紧张，租金上涨，而以前村内的企业一般签订的是长期租约，有些租金是一次性付清的，签订合同时双方并没有关于土地、房屋的相关约束条件。对于村集体来说，引入新企业可以获得更多的利益，因此，对于曾是"敲锣打鼓迎进来"的企业不再报以更多的热情，且乡镇企业此时也由于内部和外部原因纷纷衰败下来，效益低下，政府也不再采取用乡镇企业岗位安置失地农民的保障措施。乡镇企业是农村集体建设用地的重要使用者，而随着城市化进程深入城市郊区农村，由于农用地的安置困难加之住宅房屋拆迁安置不易，乡镇企业成为拆迁重点，并且按照相关法规，拆迁企业只需要货币补偿，不需要安置，因此，大量乡镇企业拆迁为城市建设腾出集体建设用地空间，农村集体建设用地也在这一时期迅速减少。

此外，《物权法》出台以后，强调了对个人不动产的保护，例如，第四十二条规定，征收单位、个人的房屋及其他不动产，应当依法给予拆迁补偿，维护被征收人的合法权益；征收个人住宅的，还应当保障被征收人的居住条件。《物权法》特别保障了住宅房屋拆迁后居民居住条件，而对非住宅类的企业和店铺房屋没有作特别的规定。①

（3）城市郊区拆迁补偿安置政策的特点。

城市郊区农村房屋在区位、功能、种类等方面都与远郊农村有所区别，因此，在拆迁补偿政策的具体实施方面具有一定的特点。

第一，偏重货币补偿，标准介于中间。与距离城市较远的农村相比，城市郊区农村土地自我消化拆迁安置的能力有限，往往采取与城市房屋拆迁类似的货币补偿办法。虽然都是货币补偿，但是城市房屋拆迁补偿标准采取的是市场评估价格，而城市郊区集体土地上房屋拆迁则是按照法规上的标准进行测算，高于远郊农村采取实物安置形式的补偿，但是远低于城市房屋的补偿价格。

第二，偏重住房保障，城乡房屋置换。与远郊农村居民相比，城市郊区农村居民失去房屋就意味着面临城市化转变，首先面临的就是在城市居住的问题。城市商品房价格高，仅凭拆迁补偿根本无法满足居住需要，这严重影响居住权利的实现，因此，对失去住宅房屋的农村居民给予购买城市经济适用房或者安置房的资格，即用政府规定的成本价格购买住宅，从而实现城乡房屋置换，既满足政府用地的需求，也满足农村居民进城的基本条件——住房需求。

第三，标准范围有限，实际发生多样。首先，城市郊区农村集体土地上房屋类型多样化，功能多样化，产权关系多样化，因此，使用与远郊农村拆迁同样的拆迁补偿内容无法适应城市郊区农村的复杂情况，在实际发生时，往往采用谈判、协商的方法增加补偿内容，提高补偿标准。城市郊区房屋类型复杂，有临建、连体超建、违章建筑等，没有产权认定的建筑，实际发生补偿时成为争议的焦点。除了类型复杂，郊区房屋的功能也复杂多样。如住宅房屋包括居住功能房屋、生产功能的家庭作坊和经营功能的连家店，按照现行法规，对住宅房屋采取补偿时并不考虑其生产功能、经营功能和租赁功能，仅按照居住功能来补偿，因此，

---

① 施国庆、朱东恺：《城市房屋拆迁补偿制度的缺陷》，《城市问题》2004年第4期。

在实际执行当中必然引发矛盾冲突，导致无法达成协议。此外，城市郊区房屋拆迁不仅影响到房屋产权人、宅基地所有人，还影响到房屋承租人，房屋拆迁使其无法继续居住、生产或者经营，产生搬迁成本或者停产停业损失。对拆迁时这部分人的权益在法规中并未有明确补偿细则，只是规定由房屋产权人与其协商，这种做法往往无法保障承租人能够得到应有的补偿。其次，与远郊农村同等补偿内容，标准稍微高于远郊农村，但与城市房屋拆迁评估价格比起来相差甚远，虽然经济适用房或者安置房的价格低于商品房，但拆迁补偿并不能满足面积上的完全置换。因此，实际发生时，政府通过增加补贴、弥补差价等"暗补"的做法来安置。

2.1.2　移民补偿安置制度演变趋势的分析

我国经济体制改革逐步从计划向市场迈进，征地拆迁制度在各个时期也有与之相匹配的补偿安置制度。计划经济时期，征地和拆迁采取无补偿或者模糊补偿，以及土地调整和房屋"拆一补一"的安置模式。随着改革开放的到来，征地和拆迁补偿从无偿向有偿转变，安置方式也有所创新，出现了包括国家主导的用工安置和"农转非"的征地安置模式，以及统一安置与自拆自建相结合的房屋拆迁安置模式。然而，随着市场经济的进一步推进，企业参与竞争日益激烈，用工方式也进一步市场化以及城乡户籍限制缩小，这使国家主导的用工安置的征地安置模式不再适宜，"农转非"安置方式魅力不再，并且随着城市郊区土地资源的日益减少，统一安置和自拆自建的就地拆迁安置方式亦难以实现。于是，开始通过提高补偿标准，进行适度补偿来解决移民补偿安置问题，然而这一时期并没有适当的安置手段，而是采用一次性货币补偿作为主要的征地补偿安置方式，拆迁安置模式也向货币化补偿转变，并鼓励被拆迁农村居民向城市转移。但是这种货币化补偿内容不全面，标准价格不科学，并未体现出移民损失应有的价值，不符合社会公正原则。城市郊区是城市社会经济发展的辐射带，然而，失地又失业的移民群体不仅无法享受到城市化带来的收益，还要由一个城市的边缘被动地迁移到另一个边缘，征地安置保障和住房安置保障政策欠缺合理性，损害受影响人的可持续发展能力，不符合可持续发展原则。总之，移民补偿安置制度只有在社会公正原则和可持续发展原则的前提下创新和演变，才能够对城市化进程起到促进作用，才能够发挥建设和谐稳定社会的作用。

社会公正原则是指社会的一种符合人的本性的、符合社会发展基本宗旨的基本价值观念和准则，与社会基本制度密不可分。它以具体的社会制度为标准，规定社会成员具体的权利和义务，规定资源与利益在社会群体之间、在社会成员之间的分配和再分配。[①] 也就是说，公正可以理解为"给每一个人他所应得的"这种基本的形式。这种公正并非是绝对的、完全平均的公正，而是一种相对的公正，以达到各个群体利益分配的均衡状态为目标。[②]

可持续发展原则的含义是既要满足当代人的需要，又不对后代人满足其需要构成危害，包括经济可持续发展、社会可持续发展以及自然资源和生态环境可持续发展，强调的是时间尺度上的均衡发展状态。可持续发展的基础要求是可持续生计，只有达到可持续生计水平，才能消除贫困，从而实现整个社会的可持续发展。可持续生计，是指个人或家庭为改善长远的生活状况所拥有和获得的谋生能力、资产和有收入的活动。这里的资产是广义概念，不仅包括一般的金融类财产（如存款、土地经营权、生意或住房等），还包括个人的行为能力（如知识、技能、社交圈、社会关系和相关的决策能力等）。

因此，不仅移民补偿安置机制面临从"计划"向"市场"的转变，移民补偿安置目标亦面临从"经济效益"的单一目标向"以人为本"、社会公正和可持续发展的多元化目标的转变。

2.2 移民补偿安置制度的缺陷

城市郊区移民补偿制度随着城市化进程演变至今，存在很强

---

① 谢宝利：《从公正的视角审视农民工社会保障权的缺失》，硕士研究生学位论文，广西师范大学，2005，第 9 页。

② A. J. M. 米尔恩：《人的权利与人的多样性——人权哲学》，中国大百科全书出版社，1995，第 58 页。

的"路径依赖"，虽然有利于制度的稳定性，但是从社会公正视角和可持续发展视角来看，现行带有"计划色彩"的移民补偿制度已经无法适应日益市场化的城市建设行为，更无法实现城市化的预期目标，存在不合理性。

2.2.1　征地补偿价格

土地征收前后，土地所有权发生转移，土地价值发生变化，土地增值收益发生重新分配，征地移民风险产生。因此，征地补偿政策作为应对措施，应当分为两块，一块是补偿，一块是安置。补偿原则是通过补偿安置来化解风险，弥补损失，恢复收入。征地补偿政策是化解风险的手段，也是产生冲突的核心所在，关键在于征地补偿制度是否具有合理性。我国征地补偿政策是属于不完全补偿中的"适当补偿"，补偿程度较低。

（1）征地补偿内容单一，范围过窄。

根据 1998 年 8 月修订的《中华人民共和国土地管理法》第 47 条第 2 款的规定，占用耕地的补偿费用包括土地补偿费、安置补助费以及地上附着物和青苗补偿费。较之以前的补偿安置，范围虽然有所扩大，但和其他国家相比，显然是不够宽泛的，特别是对于处于社会主义市场经济时期的当今中国，补偿安置范围过窄，只对农民的实际损失给予补偿安置，没有考虑农民对土地的预期与增值收益。征地是一个典型的利益再分配过程，由于参与分配的利益群体都付出过成本，并希望通过利益分配弥补所有成本损失，从而在全社会层面上达到成本与收益的均衡。农民失去土地的成本就是土地总价值，因此，在这个过程中科学准确地评估土地的总价值至关重要，只有对土地总价值作出合理补偿，才符合公正的原则。然而，在实际的征地过程中，现行的征地补偿制度仅对农民失去土地的部分农业经济成本予以补偿，而其他保障成本和权益成本未包含在征地补偿内容中。农民获得的收益，即征地补偿，远远低于其失去土地所付出的成本，收益成本失衡，以一部分人利益受损为代价换来另一部分人受益，从而使一大部分人并未得到"他所应得的"，破坏了社会公正的原则。因此，要对征地补偿制度作出改进，前提是充分认识农村集体土地的价值，完整征地补偿内容，在征地补偿中公正公平地反映出集体土地的实际价值。

（2）征地补偿标准偏低，有失公正。

从社会公正角度来看，补偿标准应与公正原则保持一致，将收益与付出作为切入点。征地过程中，假设农民付出的成本为 X，获得的征地补偿为 Y，当 Y − X > 0 时，农民获得的收益大于付出的成本，农民应当为获得项目收益而支付对项目的补偿；当 Y − X < 0 时，农民获得的收益小于付出的成本，农民应当获得补偿，从而弥补成本损失。

1）补偿价格偏低。

长期以来，我国征地补偿制度带有强烈的路径依赖性，现行征地制度与 1953 年 12 月颁布的《国家建设征用土地办法》没有本质差别，基本上沿袭了计划经济的思路与做法，依然带有计划经济色彩，征地补偿标准仍然按照年产值的倍数核算，虽然有所提高，但仍然偏低，与现行社会主义市场经济下的土地征收存在矛盾。①现行征地补偿标准与被征地的市场价格相比偏低。典型调查显示，被征地的市场价格一般高于征地补偿费的 4 至 15 倍。① ②现行征地补偿标准与征地之后的出让价相比是偏低的。一般来说，出让之后的土地价格往往是征地价格的几十倍甚至几百倍。2004 年，政协一号提案中也提及补偿标准将有望提高至目前的两到三倍，这种改革的趋势从另一个侧面说明目前的补偿标准偏低。

2）补偿测算标准不合理。

综合来说，我国现行的征地补偿测算标准主要有三种：基于土地管理法的补偿标准，基于统一年产值标准的补偿标准和基于区片综合地价的补偿标准。② 我国现行的征地行为是一种征用而非征购，相应的征地补偿制度也是一种强制性规定，由政府通过

---

① 木佳：《必须给被征地农民以合理补偿》，《中华工商时报》2003 年 3 月 12 日。

② 王瑞雪：《现行征地补偿标准不合理性分析——基于资源环境经济学视角》，《中国土地科学》2007 年第 12 期。

行政手段定价，补偿标准测算与土地市场价格关联不大。农民所拥有的土地被征地主体以与市场规则不相符的低价拿走，而他们在参与社会生产过程中要按照市场价格购买生产资料，自己和家庭所需的各项生活资料也完全按市场价格购买。在市场经济条件下，这种征地补偿制度有失公平，不符合市场经济规则。

3）征地补偿价格未考虑城市郊区土地的多样化用途。

《土地管理法》确定了"按照被征用土地的原用途给予并补偿"的基本原则。可以说，这个"原用途"的规定是造成征地中价格"剪刀差"的根本原因。被征土地改变用途后的增值收益被地方政府获取，农民的利益严重受损。长期以来，城市郊区农村利用集体土地进行租赁、经营等非农业活动，积累了大量的集体资产，并为村民创造了福利。现有征地补偿价格并未全面考虑城市郊区土地的功能，忽略了土地的保障价值和权益价值。

2.2.2　征地安置保障

土地作为农民赖以生存的资源，与农民生计息息相关，历来在代内及代际分配，符合可持续发展的理念，达到自然生态环境的可持续状态。要实现可持续发展，既要实现自然和生态环境的可持续发展，也要实现包括经济和社会的可持续发展。然而，社会经济发展往往是以土地资源（特别是农地资源）的消耗为代价，最为明显的表现便是在城市化进程加快、经济快速增长的同时，征地活动如火如荼地开展，迅速消耗着土地资源。可见，征地活动打破了这种自然状态，对农民来说不仅改变了家庭资产内容，还动摇了未来生计的可持续性，更影响到可持续发展目标的实现。因此，从可持续发展的角度来看，征地补偿不仅要考虑农民当前的损失，更要着眼于失地农民未来的生存保障，只有以可持续生计为基本目标的征地补偿安置保障政策，才具有合理性。

我国一直在对失地农民可持续生计恢复的方法进行探索，从计划经济时期的"招工安置"政策，到改革开放初期的"农转非""就业安置"等做法，都在一定历史时期内对解决广大农民的长远生计问题起到一定作用。随着社会主义市场经济体制的逐步建立、劳动用工制度改革和城乡二元户籍制度的冰释，原有安置办法在实践中已经失效，各种矛盾和问题接踵而来。学术界关于征地补偿安置政策研究从补偿安置向可持续发展演进，强调失地农民社会保障体系的重要性等，从理论层面给予了补偿安置改革的支撑。一些经济发达地区开始逐步尝试通过"土地换保障""留地安置"等做法来增强失地农民的可持续生计能力，从而为实现可持续发展奠定基础。但是，现行保障政策由于存在诸多不足，还起不到对失地农民真正的保障作用。因此，从可持续发展视角看，现行征地安置保障政策仍不够合理，主要表现在以下几个方面。

（1）补偿金不能够足额到位，可持续生计条件不足。

现有补偿政策在三方面不能满足可持续生计的条件。第一，征地补偿金的短期性。现行政策下，征地补偿标准仅对征地过程中失地农民的近期损失进行补偿，未体现出土地的全面价值，而且补偿金一次性分配到失地农民手中，方式单一，虽然能满足失地农民眼前的生活要求，却不利于其"可持续生计"。第二，征地补偿金的不全面性。现行政策下的征地补偿不但未能体现对农民失地损失的"全额赔偿"，甚至连置换农民原有资产损失的标准也达不到。第三，忽视资产损失的时间价值。征地过程中，农民不仅损失了家庭资产，还损失了利用家庭资产从事经营的时间价值。

（2）安置保障单一，可持续生计困难。

对失地农民普遍实行货币补偿后，最需要的是提供一定程度的养老保障，但在现行政策下，医疗、失业等社会保障几乎没有涉及，由于制度不健全，失地农民参保率和保障水平都偏低。例如，无锡市失地农民参加各种养老保险的仅 5.53 万人，占失地农民总数的15%；失地农民中已领取各种养老金的为 4.31 万人，仅占已达到领取养老金年龄标准的失地农民总数的47%。[1] 现有征地保障方式单一，无法维持可持续生计，从两个方面表现出不

---

[1] 高勇：《失去土地的农民如何生活——关于失地农民问题的理论探讨》，《人民日报》2004 年 2 月 2 日，第 9 版。

合理性。第一，失地保障地位尴尬。即使是参保的失地农民，获得了失地农民社会保障，这类养老保障标准低于城镇居民最低生活保障，更不用说与城镇养老保障看齐，其保障作用甚微，不能成为真正意义上的社会保障。第二，就业、医疗保障"有名无实"。征地后，除了征地补偿金的一次性收入以外，失地农民的可持续收入来源主要是非农就业后的收入，因此，能否实现失地农民向非农领域顺利转移就业，成为能否实现"可持续生计"目标的关键。现有政策虽然规定各级政府在失地农民医疗、就业、培训等方面给予一定的安排，但往往"有名"而"无实"。负责失地农民安置的建设单位不愿意在建成后的项目中安排失地农民就业，征地实施单位不需要负责失地农民就业，城市劳动和社会保障部门虽然是按照规定负责失地农民培训、就业的机构，但是全市所有类型的就业都由其负责，情况复杂，精力有限，也没有针对性，因此，培训、就业岗位推荐要么是走走形式，要么是非常滞后。而失地农民在征地后初期是否能够迅速就业，对整个家庭可持续生计的恢复至关重要，错失了这段时期，其未来生活存在巨大的风险，因此就业培训就显得尤为重要。一项调查表明，目前，60%失地农民的生活处于十分困难的境地，有稳定经济收入、没有因失地影响基本生活的只占30%。

（3）保障制度安全性低，可持续生计的基础弱。

征地保障安置是货币补偿安置方式的辅助，此处辅助，并非是次要，而是缺之不可的意思，没有征地安置保障制度作为补偿制度的基础，就如大楼没有地基，设计得再好，也无法建成。同理，征地安置保障制度不健全，就如大楼地基没打好，不安全，随时存在大楼倒塌之风险。现有的征地保障制度安全性低，资源缺乏。由于社会保险统筹层次过低，资源枯竭造成参与"协力"的人气不旺，社会保险本身分散危险、降低风险、消化损失的经济功能发挥不了作用。由于我国失地农民保障起步较晚，尚无有关失地农民社会保障制度的法律法规，同时，由于缺乏监管、运行机制，社会保障资金运营处于混乱、无序的状态，社会保障制度安全性低。

尽管城市郊区征地补偿参照国家征地补偿相关规定，但在各地具体实施时有差异。经济发达地区的地方财政能力强，采用补偿安置方式较为灵活，有条件采取针对失地农民的社会保障和可持续生计恢复的措施；经济欠发达地区的城市郊区补偿安置方式较为单一，以货币补偿为主，地方财政情况不能担负起失地农民的社会保障，这类地区在经济发展初期问题还不明显，待经济快速发展起来，失地农民的社会保障就会成为历史遗留问题，势必成为社会稳定的隐患。

2.2.3　拆迁补偿价格

与征地相比，城市郊区房屋拆迁中引发的矛盾往往最为突出，最令人关注。每每提到拆迁，人们就会想到"钉子户""群体性事件"等字眼。一方面反映出人们维护自身权利，要求得到公平、公正对待的觉悟越来越高；另一方面反映出现行政策，特别是引发冲突焦点的"补偿价格"的政策制定存在一定的不合理性，需要改进。

（1）拆迁补偿内容单一，有失完整。

按照社会公正原则，被拆迁人应当得到与损失相当的补偿，这里的损失包括显性损失和隐性损失，前者包括土地使用权益、房屋及附属物权益的财产价值损失，后者包括房屋出租、生产、经营收益功能损失和迁移损失。大部分地区的拆迁补偿内容只包含了房屋及其附属物的财产价值损失，并不完整。例如，成都市统一郊区市（县）城市房屋的补偿项目，共为五项：被拆迁房屋补偿、政策性补偿、政策性补助、政策性补贴和提前搬迁奖励。其中，被拆迁房屋补偿，按照被拆迁房屋评估单价乘以被拆迁房屋建筑面积确定；政策性补偿，包括被拆迁人安装电话、有线电视、宽带、天然气、电表和空调机迁移等费用；政策性补助，包括搬家补助费、住宅临时安置补助费、非住宅停产停业经济损失补助费；政策性补贴，包括物管费补贴、货币补偿购房补贴。可见，成都市针对郊县房屋的拆迁补偿包含了房屋财产价值和对搬迁过渡的补偿，并且对非住宅房屋的经营损失给予补助，但未明确郊区房屋具有的多样化功能是否包含在补偿内。总之，补偿内容应当包括对财产价值补偿、保障价值补偿和搬迁过渡补偿，也可以看作对被拆迁房屋功能进行恢复所需花费的成本。

（2）拆迁补偿标准混乱，有失合理。

我国拆迁补偿采取二元制结构，即对城市国有土地上的房屋拆迁补偿按照市场交易原则进行评估，运用市场比较法确定拆迁补偿标准；而对集体土地房屋拆迁则是根据政府颁布的重置价格标准和补偿项目进行补偿。郊区在城市规划区范围内，有些甚至界限不明，与城市房屋混杂在一起，因此，可能出现仅隔街相望的两处房屋，补偿标准却一个天上、一个地下。即使要对集体土地房屋进行市场评估，在现行法律法规范围内也难以实现。一方面集体土地上的房屋虽然属于私人财产，但是农民对其存在的基础——宅基地——仅有使用权，而没有所有权，产权的残缺使其不具备房地产评估的前提条件；另一方面集体土地房屋不允许市场交易，亦无法通过一般的市场比较法对其市场价值进行评估。因此，对土地使用权价值的合理确定是解决这一难题的前提。

从拆迁补偿价格政策的历史变迁可以看出，拆迁补偿标准永远徘徊在房屋成本价格与政府保障性房屋的定价之间，远远低于同类地区用市场评估方法得出的城市房屋补偿价格。也就是说，用于置换的经济适用房或者产权调换房的价格低于同地段的市场价格，一般是政府定价。即使这样，补偿标准往往与置换房屋的价格之间有一定的差距，很难实现一对一置换。

2.2.4　住房安置保障

在城市化背景下，郊区农村房屋拆迁后继续在农村进行安置的可能性几乎为零，拆迁补偿标准的高低直接决定了被拆迁人购买房屋的能力。而且城市郊区房屋已经不再是只具有单一功能的建筑物，多样化的功能为房屋产权人带来多样化收益，成为其可持续发展的基础，因此，拆迁安置不仅关系到被拆迁人购买房屋的能力，还关系到未来可持续发展的能力。针对城市郊区农村房屋拆迁采取的安置方式主要为：住宅房屋拆迁以货币补偿结合"有限产权"房调换安置方式为主；非住宅房屋拆迁以货币补偿为主。其中，住宅房屋拆迁安置的具体形式包括两种，一种是将被拆迁农村居民纳入城市保障性住房体系，即经济适用房安置，另一种是将被拆迁农村居民纳入城市拆迁安置房体系，即拆迁安置房安置。两种形式的安置房屋在上市交易期限、房屋功能等方面都作了严格规定，同商品房的产权有所区别，从长远角度看无法实现拆迁安置的可持续性，是一种"有限产权"，这里的"有限"是指在交易时间上的限制，但从财产权利上看仍然是一种完全产权。

经济适用房属于产权式保障性住房的一种，一开始并没有禁止出租，也没有严格地限制户型面积，只要求五年后才可上市，但上市时要交总房款10%的土地出让金。那一块巨大的肥肉引得各方人士竞相追逐，开着奔驰、宝马住着二三百平方米经适房的屡屡皆是，占着经适房长期出租的更是大有人在。

但随着这种经适房政策受到的非议越来越多，其后的经适房政策发生了巨大的转变，一是严格限制了户型面积，二是禁止出租，三是五年后允许出售，按照北京市政策，70%的溢价归政府。这样一来，经适房的逐利空间越来越小。甚至从另一个方面看，这样的经适房政策有可能从长远上剥夺购买者的财产性收入——如果他们日后有能力换商品房的话。笔者算过一笔账：假设在同样地段购买同等面积的住房，经适房的单价是普通商品房的一半，则若干年后，房价只要上涨21%，购买经适房就开始比购买普通商品房吃亏，涨幅越大，亏损越大。如果按购房时总价相同（即假设购房人购买经济适用房时的经济能力已达极限，不可能再多出一分钱去购商品房），那么，若以购经适房同等的钱去购买同地段商品房，只能买到经适房的一半面积，则当房价上涨75%时，购买经适房就不再合算。70%的溢价归政府，就等于政府向中低收入阶层多要了"回报"，这自然又是穷人阶层子子孙孙无穷尽地向政府隐性"进贡"的"负福利"。①

可见，现有的拆迁安置制度存在一定的弊端。一方面，保障性住房体系本身不健全，不完善；另一方面，将保障性住房用来进行拆迁安置出现了不公正性，具体表现如下。

---

① 童大焕：《保障房为何一再成为寻租工具?》，http：//www.caogen.com。

首先，现有的住房保障政策限制了被拆迁农村居民的购房权利。城市郊区农村人均居住面积是城市人均居住面积的 1.5 ~ 3 倍，而保障性的经济适用房按照城市人均居住面积的最低标准建造，申购时按照人口计算套数，因此，无论原有的农村住宅房屋面积多大，拆迁后只能按照人口进行申购，居住面积大大缩水。一方面，居住质量下降；另一方面，农村居民失去从事房屋租赁的条件，也就失去了一种可持续生计恢复的重要因素——物质资本。

其次，现有的住房保障政策降低了被拆迁农村居民的居住层次。在住房保障体系中，经济适用房和廉租房是针对城市中低收入家庭进行的一种基本居住保障，是对后者自身没有能力实现的权利进行福利的分配和主动保护，并非是因某个项目引起的，而是城市化发展到一定阶段为了实现经济、社会的和谐和可持续发展所采用的政府干预的住房保障政策。将城市郊区农村居民纳入住房保障体系的主要原因是城市化进程中某个项目引起拆迁而进行的安置。农村居民拆迁前拥有充分的居住条件，并且有在宅基地上的空间建造所需房屋的权利，不仅能够满足基本居住保障，还能够发展庭院经济、房屋租赁、连家店和家庭作坊等生产经营活动，为其获得收入和社会认同。拆迁后，从自给自足的庭院变为经济适用房，它既不同于城市商品房，又不同于农村自建房，是一种介于农村居住保障和城市居住保障之间的尴尬的安置保障。农村居民一方面与原来村内的社会网络断裂，产生心理落差；另一方面从基本居住权上被城市边缘化，感觉成为城市边缘人员，难于快速融入城市社会网络，从而失去另一种可持续生计恢复的重要因素——社会资本。

再次，现有的住房保障政策限制了被拆迁农村居民的财产权利。对于被拆迁农村居民来说，用拆迁补偿款购买房屋应当是对被拆迁财产的产权置换，因此，应当拥有所置换产权的自由交易权利，是置换后房屋作为一种资本品的价值体现。而经济适用房政策要求不能够对房屋进行租售，而且申购的房屋在一定年限之后只能够进行政府回购，不能够上市交易，限制了被拆迁农村居民的财产权，难于实现房屋的市场价值，从而又失去一种可持续生计恢复的重要因素——资金资本。

最后，现有的住房保障政策增加了被拆迁农村居民的迁移成本。现有经济适用房一般选在城市郊区农村集体土地上建设，因此，需要进行土地征收、房屋拆迁等一系列的前期工作，而需要在此安置的农村居民被迫延长过渡期，增加了过渡成本。脱离农村生产方式，需要重新就业的村民在过渡期由于居所不稳定，很难找到一份稳定的工作，只能到处找寻临时工作机会作为收入来源，于是增加了搜寻成本。从原来房屋搬迁到过渡时租赁房屋，再从租赁房屋搬迁至用于安置的经济适用房，期间至少需要两次的搬家过程，而搬迁补助往往仅够拆迁时一次搬迁的费用。此外，搬入新家后，在长时间过渡期装修价格水平也有所提高，因此增加了搬迁后的一次性投入。

居住权是人类的基本权利之一。城市郊区农村居民在拆迁中丧失了房屋，其居住权直接受到威胁。现行政策对于城市郊区集体土地上住宅房屋拆迁采取货币补偿结合安置房的补偿方式，用经济适用房或者拆迁安置房置换农村集体土地上房屋，同时，被拆迁农村居民还可以结合自己的经济实力用货币补偿款购买城市商品房、二手房等。因此，现行拆迁补偿安置政策是将被拆迁农村居民纳入城镇住房保障体系当中，在一定程度上保障了农村居民向城市居民转变所需要的基本生活资料的实现，从居住权保障意义上来说，具有一定的合理性。虽然住房保障政策在一定程度上解决了城市郊区被拆迁居民的住房问题，起到了维护住房公平的效果，但是在拆迁安置上仍然存在不合理性，不利于城市郊区被拆迁农村居民的可持续生计的恢复。

2.2.5 非住宅房屋拆迁补偿安置

我国现有的法律法规对于企业、店铺等非住宅房屋拆迁损失的补偿上还存在以下问题。

（1）停产停业损失补偿的合理性存在问题。

在对停产停业和非住宅房屋营业性损失的补偿上，地方政府一般采用协商价格和按照房屋拆迁补偿费总和的百分比上限补偿的方式。前一种方式，是在一定的价格基础上进行协商，在双方满意的情况下签订拆迁协议。虽然从表面上看这是一种很公平的做法，但是在双方的谈判中，企业和店铺相对于政府来说仍然是弱势者，政府的决策对于企业的生存和发展有着直接的联系，企业考虑到将来若继续在该地经营，不可以得罪政府部门，因此，在谈判中始终控制一个心理价位；而政府在同企业谈判中往往考虑不到房屋拆迁带来的无形资产损失，反而寻找企业和店铺违规生产、偷税漏税的把柄作为谈判条件，这样协商的价格往往不能反映企业拆迁中遭受的真实损失。若采用后一种方式，规模较大的企业和店铺，往往可以得到较为合理的补偿来恢复生产经营；规模较小者，抵御风险的能力较弱，而且房屋拆迁补偿费总和并不大，停产停业损失补偿也相应较少，企业可能因过渡期间负担过大而倒闭，无法继续经营。

（2）企业无形资产损失补偿目前仍然是空白。

现有的政策、法规和条例对企业无形资产的损失考虑不周到，甚至没有考虑过。而无形资产一旦损失，很难在短时期内恢复，甚至会永远丧失。目前的企业拆迁评估中，忽视了无形资产评估，即使有考虑，也主要限于知识产权类等容易发现的无形资产的评估，而对契约类、关系类和综合类等无形资产并没有政策依据。

（3）企业周转过渡恢复期的损失补助同样缺乏依据。

一般地，市拆迁补偿政策和评估细则中企业按照占地规模或者拆迁面积划分为几个等级，针对每个等级制定搬迁补助费、搬迁奖励费、临时过渡费的补偿标准，临时过渡费往往按照统一的一个过渡时间标准发放，一般为 3 个月到 1 年。企业过渡恢复期主要是弥补有形资产和无形资产的损失，重新经营生产的过程。这段时期，企业成本不断增加，企业状况各有不同，政府应该针对不同企业的情况进行过渡补偿，同时辅以帮助，让企业尽快恢复生产经营。

经济体制的转型、人们价值观的转变，以及补偿制度变迁都是导致移民补偿问题的因素，但究其根源，问题在于加速的城市化发生在含糊不清的农地转让权的限制条件下。这就无法避免巴泽尔[①]

[①]　转引自周其仁《农地产权与征地制度——中国城市化面临的重大选择》，《经济学（季刊）》2004 年第 4 期。

曾指出的困境：离开了清楚界定并得到良好执行的产权制度，人们必定争相攫取稀缺的经济资源和机会。这里所谓的"攫取"，就是人们竞争稀缺资源而不受法律限制。重要的是，攫取表明混乱与机会经常紧密地纠缠在一起。不能认识和分析攫取行为，就难以在法律上界定权利。为弥补现行移民补偿制度存在的缺陷，本书试图将置换概念引入城市郊区移民补偿过程，并构建置换理论来作为改进移民补偿制度的建议，以期实现城市郊区移民补偿的公正性和可持续性。

2.3 置换理论（VR-RT）的构建

2.3.1 置换的概念

置换的概念最初来自数学和化学，分别表示用一个矩阵替换另一个矩阵，以及用一种元素把某种化合物中的其他元素替换出来，其核心是替换。鉴于置换所表达的含义与城市化过程及移民补偿有着极大的相似性，已经有部分学者将置换概念引入相关领域进行研究，主要表现在以下三个方面。

第一，作为城市化过程中一种获得土地的途径的研究。城市化过程中获得土地的途径不仅包括城市项目建设征地拆迁，还包括土地置换、房屋置换等多样化方式，从而使城市周围的土地转变性质，改变用途，进行土地整理，以达到优化土地配置、提高土地利用效率的目的。此处的置换概念可以看作一种隐形的买卖，具有同时性的特点，即买和卖同时产生，一次置换成功，相当于两次交易。其中，土地置换可以分别应用于不同性质、不同位置、不同用途之间的土地交易，主要包括城市更新的土地置换、城市与郊区的土地置换，前者不改变土地性质，后者使土地性质和用途都发生了改变。莫俊文[①]通过对兰州市城市更新中的土地置换研究，指出城市土地置换开发就是依据城市土地的价值

---

① 莫俊文：《城市土地置换开发及经济分析——以兰州市雁滩南河道周边土地置换开发为例》，硕士学位论文，兰州交通大学，2003。

规律，在地租杠杆的市场调节和政府的宏观调控之下，通过土地用途、结构、布局、产权等的转换利用和再开发，实现土地增值，达到城市土地资源的优化配置，并最终使城市整体功能最优，并且指出土地置换开发收益包括真正的地租、土地资本的补偿和土地资本的利息。[①] 刘庆[②]在对北京市城郊结合部农村居住用地的研究中指出，土地置换其实是土地流转的一种重要形式，其目的在于实现城郊土地与农村腹地的流转和平衡，建立区域协调机制。马燕坤、马辉[③]认为农地具有多元意义，而工业生产的国有建设用地仅有单项价值，土地置换就是这两种相异趣的经营行为在同一空间里的不对称性置换。我国从 20 世纪 80 年代末就开始土地置换的尝试，不仅有农地置换的尝试，还有建设用地置换，即不同地理位置的农用地之间的交换，以及建设用地之间的交换，可以是等量的，也可以是等质的；然后发展到不同性质的土地的置换，即通过土地功能布局的调整、土地整理等形式使不同权属之间、不同用途之间的土地进行交换，主要是国有土地与集体土地之间的置换。

房屋置换较为普遍地出现在城市房产交易当中，其含义为置业式房屋交换，即以旧房换新房，小房换大房，基本形式包括转让使用权、换购产权房和差价换房[④]，交换的前提是置换对象为城市国有土地上具有产权的房屋。城市化的发展，不仅需要城市工业化的拉力，还需要乡村城镇化、现代化的推力，于是，在城市周边的乡镇开始出现"宅基地换房"的城镇化发展方式。比较典型的是最早作为试点的"天津模式"，即农民遵循"承包责任制不变，可耕地总量不减"的原则[⑤]，按照规定的置换标准，自

---

① 赵延龙、莫俊文：《城市土地置换开发收益及分配研究——以兰州市南河道周边土地置换开发为例》，《国土资源科技管理》2003 年第 5 期。

② 刘庆：《北京市城乡结合部农村居民点用地趋势及对策研究》，硕士学位论文，中国农业大学，2004，第 38 页。

③ 马燕坤、马辉：《征地过程中乡土文化的困境——以蒲缥镇平子地征地为例》，《保山师专学报》2009 年第 4 期。

④ 李仁斌、肖维品：《房屋置换属性、运作方式及风险分析》，《重庆建筑大学学报》（社科版）2001 年第 12 期。

⑤ 万国华：《宅基地换房中的若干法律问题》，《中国房地产》2009 年第 3 期。

愿以宅基地换取小城镇内的一套住宅,迁入小城镇居住①。与国有土地上的房屋置换相比,这种集体土地上的房屋置换不仅包括居住地点、居住条件、房屋产权的改变,还包括农民生活方式、生产方式和身份的转变。

第二,作为水库移民安置方式的研究。孔令强②在对水库移民补偿制度演变的分析中提到,补偿性移民阶段(1950~1955年),主要是通过划拨土地或调剂土地,以土地置换土地的方式进行经济补偿和安置移民。这里的置换概念就是土地位置的调换,移民通过置换获得的土地性质和用途不变。苏青③将化学中的置换含义引入水库移民补偿,并构建了置换安置模式,提出对安置区内符合一定条件的原居民实行农转非以换取其土地承包权。具体做法包括三层置换:首先,用移民安置区原来的土地承包经营权置换农转非指标;其次,用移民原有的土地置换安置区土地;最后,安置区原来的村民转为城镇居民,移民成为安置区的农村居民。其实质是在安置区的农村居民自愿的前提下对安置区土地结构进行了重新调整,"腾笼换鸟",这种模式适用于外迁农业安置类型的水库移民。接着,安虎森④在研究三峡库区移民时也引入了置换概念,提出用移民的土地使用权置换两种或几种产权,即"产权置换"的安置模式。具体做法是将移民本身的土地承包权进行细化,分为三部分,然后分别与库区水体使用权、一定份额的三峡发电量所有权,以及库心区以外的荒地或林地使用权进行置换,这种模式适用于就地后靠安置类型的水库移民。除此以外,置换安置模式不仅改变了水库移民的财产结构,还改变了移民的社会角色。袁妮⑤认为角

---

① 黄璘:《"天津模式":宅基地换房促小城镇发展》,《党课》2008年第11期,第19页。

② 孔令强:《中国水电工程农村移民安置模式研究》,博士学位论文,河海大学商学院,2008,第34页。

③ 苏青:《水库移民置换安置方式研究》,《河海大学学报》(哲学社会科学版)2001年第12期。

④ 安虎森:《"产权置换"与大型工程移民补偿问题——以三峡库区移民为例》,《管理世界》2005年第11期。

⑤ 袁妮:《论水库移民的能力再造》,硕士学位论文,四川大学,2006,第75页。

色置换引发水库移民的适应危机，应当通过能力再造解决水库移民生存、适应和发展的问题。

第三，作为城市化进程中移民补偿的研究。与水库移民补偿安置不同，城市郊区移民补偿安置一般无法采取土地置换土地的方式，亦无须进行遥远的甚至跨省的"异地安置"，而与就地后靠安置类型较为相近。将置换概念引入城市郊区移民补偿时主要应用在两个方面，即土地置换保障和宅基地置换房屋，这里的"置换"重点在于"换"，表示替换或者交换。其中，土地置换保障是基于农村集体土地的功能和价值角度的安置方式，宅基地置换房屋在城镇化建设中是自愿进行的，而在城市郊区征地拆迁时是一种被动的安置方式。陈颐①是较早提出"土地换保障"安置理念的学者，他认为土地自身有产出和可以提供就业机会的保障功能，土地征收补偿时应当用一种社会保障替代土地保障，其实质或核心是承认农民在让出承包土地或被征用土地的情况下，应当获得某种补偿，并且这种补偿应当被用来为其建立社会保险。卢海元②的研究也围绕"土地换保障"这种安置理念，他认为被征收土地承载了农民安置的实际社会成本，以此为依据进行补偿安置才能够做到合理、长效。这种做法在长三角和珠三角城市化进程中的征地补偿安置中得到了较早的实践，并且收到了一定的效果。但是越来越多的人开始认为这种做法夸大了土地为农民提供保障的作用，认为那种将"土地作为生存保障手段"与把土地制度作为社会保障制度来设计的观点是相混淆、甚至是错误的。③樊小刚④认为土地保障功能具有局限性，应构建城乡之间社会保障制度的衔接通道。温铁军⑤也否定了通过城市化、私有化和企

①　陈颐：《论"以土地换保障"》，《学海》2000 年第 3 期。
②　卢海元：《土地换保障：妥善安置失地农民的基本设想》，《中国农村观察》2003 年第 6 期。
③　秦晖：《土地与保障以及"土地换保障"》，《经济观察报》2007 年 11 月 26 日。
④　樊小刚：《土地的保障功能与农村社会保障制度创新》，《财经论丛》2003 年第 4 期。
⑤　温铁军：《农民社会保障与土地制度改革》，《学习月刊》2006 年第 19 期。

业进入农业形成规模经营这三种方式剥离土地对农民的社会保障功能的思路，认为"村社制度本身才是建立最低成本的保障制度的基础"。

2.3.2 置换理论的内涵

可见，置换概念已经被多次运用于城市化进程中的移民补偿研究当中，但其主要含义仍然集中在交换和替换上。现有置换概念不完整，有些甚至是不可用于郊区征地拆迁的，带有片面性。为此，本书在实践的基础上结合相关理论，有针对性地提出了用于解决城市化进程中郊区移民补偿安置问题的置换理论，试图从置换的角度对比移民前后土地价值的变化、房屋价值的变化和移民角色的变化，分析移民群体在土地置换、房屋置换和角色置换过程中获得的收益和付出的成本，通过建立利益均衡模型分析置换过程中发生的利益冲突。该理论的内涵主要包括以下五个方面。

第一，本书所提的置换理论的本质是一种不对称的置换。由于置换双方的价值并非一一对应，而且过程当中可能还会涉及其他因素，包括中间夹杂的主观因素和客观因素、利益相关方的意志等。

第二，置换理论是一种交换，但是又不是完整意义的交换，是交换的一个组成部分。置换的形式并非一般意义的等价交换，即不是按照市场价格的等价交换。

第三，置换理论的核心内容是重置和转换。在城市郊区移民过程中，置换的形式包括土地置换、房屋置换和角色置换。置换方法包括财产重置和角色转换。财产重置是指城市郊区征地拆迁过程中的财产重置，是双向的变化，不仅包括土地和房屋的价值重置，还包括土地和房屋的功能重置和再造，即财产功能的转换和财产的未来获利能力的转换。角色转换是指移民群体的角色转换，不仅是角色所属身份和职业的转变，还包括相应的人力资本、权益资本和社会资本的转变，是单向的、不可逆转的变化，一种角色的获得标志另一种角色的消失。因此，本书定义的置换可以用英文"Value Replacement and Role Transformation"表示，简写为 VR – RT。

第四，置换理论所适用的原则可以在市场条件下也可以在非市场条件下进行，此处物物交换的对象不仅包括原始意义上的实物形式，还包括权益、角色等。

第五，置换理论是在与现有的移民补偿理论相对比的基础上提出来的。一方面，现有的移民补偿理论仍然带有浓厚的计划经济思维特征，补偿价格未能反映移民损失的真实价值，不符合社会公正原则，安置保障方式比较单一，不符合可持续发展原则，未能够使移民群体成为工程的受益者。另一方面，虽然已经有越来越多的学者将置换概念引入城市化进程中的移民补偿研究当中，但是未形成体系。因此，置换理论是移民补偿理论发展到一定阶段的产物，从补偿到置换，不仅有实物的补偿，还包含权益的置换。

2.3.3　置换理论的原则

①科学性原则。科学性是一切科学研究的基本要求，置换理论的构建亦需要建立在科学、合理的基础之上。置换理论中所包含的财产重置，其研究基础就是对城市郊区土地和房屋的价值进行合理评价，角色转换就是要对城市郊区移民群体置换前后角色价值进行评估。前者偏重于定量分析，后者偏重于定性分析，在评估过程中应该把定量分析和定性分析相结合，把静态分析和动态分析相结合，使评估结果更具有科学性和真实性。

②系统性原则。这里的"置换"是一种系统性的置换，不但包括土地置换、房屋置换和角色置换，而且各种置换之间具有关联性，它们相互作用，相互影响，因此是一种不同于一般"置换"的综合性、系统性置换。

③公正性原则。即置换过程中获得的收益与付出的成本成正相关，结果既不是"相应的补偿"或"适当的补偿"，也不是"完全补偿"，而是公正补偿，包括程序的公正和结果的公正，公正合理的程序，更有利于实现公正结果的预期。特别是进行置换前土地价值和房屋价值评估时，必须站在公正的立场上，

确定一个客观合理的价格，不受被评估对象各方当事人利益的影响。

④可持续性原则。置换理论的两个重要内涵就是财产的重置和角色的转换，其中，财产重置不仅包括财产现状功能的转换，还包括财产的未来获利能力的转换，角色的转换亦包括相应的人力资本、权益资本和社会资本的转变。无论哪一项都说明移民补偿安置的好坏将直接影响移民群体的可持续发展能力。移民群体是城市化进程中的主体，理应享受城市化带来的收益，而拥有可持续发展的能力就是享受收益的前提。城市郊区移民补偿安置不仅关系某个项目的进展，还影响整个城市化的进程，只注重眼前利益，破坏移民群体的可持续发展能力，将对城市化进程造成不良后果。因此，置换理论的构建亦要建立在可持续性的基础上，只有这样才能够实现可持续的城市化。

⑤参与性原则。城市郊区工程移民属于非自愿移民，土地置换、房屋置换和角色置换不仅会改变移民群体的经济生活，还会对其社会生活产生重大的影响，甚至关系到今后的生存和子孙后代的繁衍生息。移民群体是城市化进程中不可避免产生的群体，不能够单纯做被动的牺牲者，而应当成为主动的受益者，实现这一目标的前提就是移民群体充分参与到置换过程和利益分配当中，在安置方案的设计与实施监督以及社区活动等方面充分发挥主动性。

图 2 - 1 解释了置换理论结构，图中上半部分是置换理论提出的前提和背景，下半部分是置换理论的内容和构成。

2.4　城市郊区移民补偿安置研究框架

通过对移民补偿制度演变历史的论述和补偿制度合理性的评价，可以得出，现行的移民补偿安置制度（图 2 - 2）存在一定的缺陷，在原有的补偿思路下无法进行创新和突破。

首先，置换前后土地和房屋的功能发生了变化，原有的权益功能、租赁功能和经营功能发生损失，甚至完全失去，而这

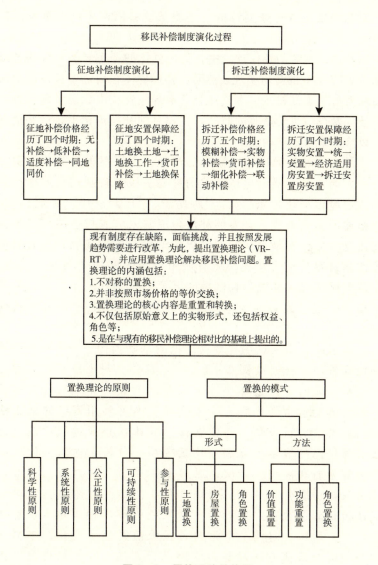

图 2 - 1 置换理论结构图

部分隐性价值在现有的补偿理论中往往被忽视。要想真正实现公平公正，应在承认农村居民财产权利的前提下，充分认识置换前土地的价值和房屋的价值，并且通过安置手段将土地和房屋原有的功能进行恢复再造，才能赋予移民群体可持续发展的能力。

其次，现有的补偿理论中，移民群体的角色转换往往通过赋予"城市化"的身份实现。然而，移民群体在角色置换过程中还面临人力资本、权益资本、社会资本等隐性损失，以及角色置换后社区融合与身份适应的问题。在现有的补偿理论下，这些损失和风险并未考虑在内。

最后，城市郊区农村家庭资产中，房屋不再是简单的固定资产，而是日益成为生产经营的重要手段。特别是在城中村地区，房屋多样化功能凸显，"种房子"①已经取代"种地"，成为重要的生产方式。现有的补偿理论并未将农村房屋作为单独的研究对象，而是视房屋如同集体土地上的附属物，只看到房屋的建筑物价值，忽视房屋有城市特色的多样化功能。因此，在研究城市郊区移民补偿问题时既要将其当作一个整体，又要将整体分成土地置换、房屋置换和角色置换三个部分进行研究。

基于此，本书试图在置换理论的基础上构建一个新的移民补偿安置研究框架（图2-3、4）。首先，对土地置换过程进行剖析。城市郊区集体土地为农用地和建设用地，置换前后土地价值所包含的内容发生了变化，本书利用资产评估方法对前后价值进行评估。并依据移民群体在置换过程中获得的收益和付出的成本建立利益均衡模型，分析土地置换过程中产生的矛盾和冲突。其次，对房屋置换过程进行剖析。城市郊区农村房屋分为住宅、店铺、企业，移民群体包括农村居民还包括郊区企业、店铺等土地承租人和店铺承租人。置换前后住宅房屋、店铺、企业的房屋价值发生了变化，本书同样利用资产评估方法对前后价值进行评估。并依据移民群体在置换过程中获得的收益和付出的成本建立利益均衡模型，分析房屋置换过程中产生的矛盾和冲突，发现现行补偿政策未解决的问题，特别是住宅的功能减少、企业和店铺的区位

---

① 黄河：《非暴力拆迁的深圳样本》，《南方周末》2010年2月4日，第D20版。

变差直接导致的房屋价值贬值、房屋潜在功能损失、企业店铺过渡期经营收入损失，以及恢复重建成本和无形资产损失无法得到补偿等问题。最后，对角色置换进行剖析。对农民身份转变前后所拥有的权利的变化、发生的有形和无形的成本损失，以及现行政策下失地农民进入市民角色所面临的主观风险和客观风险进行分析。郊区租赁企业地位的演变说明了拆迁导致企业角色改变，要为此支付成本。

　　通过对三种置换的分析，本书得出结论：土地产权残缺、房屋产权残缺和角色权利残缺是移民补偿问题不能得到很好解决的主要原因。土地和房屋的功能发生了变化，原有的权益功能、租赁功能和经营功能发生损失，甚至完全失去，而这部分隐性价值往往在补偿安置中容易被忽视。角色转换时忽略了对移民群体人力资本、权益资本、社会资本所发生的隐性损失的补偿。因而，土地和房屋功能没有恢复，忽视角色再造，是移民安置问题不能被很好解决的主要原因。本书利用产权理论说明如何进行土地产权、房屋产权的改革，以及角色权利的调整，并试图运用置换理论（VR-RT）说明通过土地和房屋的价值重置和功能重置，以及角色转换过程中权力赋予、公众参与和教育培训等方式来平衡置换前后利益的不均，并实现补偿安置的可持续性。

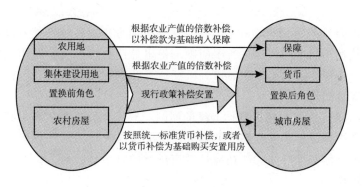

图 2 - 2　现行政策下的置换过程

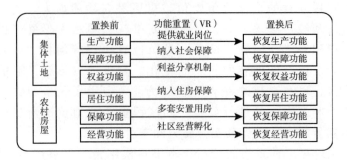

图 2−3 置换理论下的土地置换和房屋置换

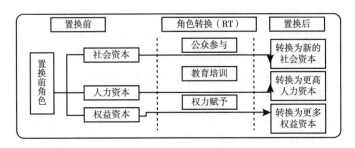

图 2−4 置换理论下的角色置换

2.5 本章小结

（1）从补偿价格和安置保障两个方面分别对征地补偿制度和拆迁补偿制度的演变进行了回顾，得出补偿价格和安置政策的历史变迁规律，并归纳出城市郊区征地补偿安置政策和拆迁补偿安置政策的特点。

（2）通过对移民补偿制度的回顾，从社会公正视角和可持续发展视角分析了制度演变的趋势，指出现行带有"计划色彩"的移民补偿制度已经无法适应日益市场化的城市建设行为，存在不合理性。

（3）指出现有补偿制度在补偿价格、安置保障和非住宅房屋拆迁补偿等方面存在的缺陷和遇到的挑战，包括征地补偿价格、拆迁补偿价格在补偿内容、补偿标准等方面不符合社会公正原则，征地安置保障和住房安置保障方式单一、不具备可持续性，非住宅房屋补偿的重要性被忽视等。

（4）为弥补现行移民补偿制度存在的缺陷，将置换概念引入城市郊区移民补偿过程，在制度演变规律和合理性评价的基础上构建了针对城市郊区移民补偿的置换理论，并对置换理论的内涵和原则进行描述。然后，提出基于置换理论的移民补偿安置研究框架来作为改进移民补偿制度的建议，以期实现城市郊区移民补偿的公正性和可持续性。

第3章
城市郊区土地置换及
补偿安置研究

3.1 城市郊区土地置换前后价值评估

3.1.1 置换前土地价值分析

置换前，城市郊区土地作为一种资源，是具有价值的，而且在城市化进程中，人们不断投入大量的物化劳动和活劳动进行土地开发，使土地的功能得以形成和完善，从而使土地具有价值属性。根据土地用途，农村集体土地可以分为农用地和建设用地，两者功能不同。农用地不仅具有创造农业产出的功能，对于祖祖辈辈以农业、以土地为生的农民来说，还具有保障功能。与农用地相关的权利是土地承包经营权，这是农村居民作为集体成员的证明，可以使农民享受土地带来的福利分红权益和集体资产分配权益。集体建设用地，是指农民集体所有的，用于非农用途的土地，包括用于经营用途的乡镇企业用地、用于居住用途的宅基地，以及用于村集体公共事业的建设用地。因此，集体建设用地具有服务功能、经营功能和居住功能。与集体建设用地相关的权利是集体建设用地使用权，是指法定主体依法取得的对集体所有的土地进行非农目的的占有、使用和收益的权利，包括宅基地使用权、乡镇企业建设用地使用权和村集体公益建设用地使用权。集体建设用地使用权可以进行流转，即使用权人等将其占有的农村集体建设用地通过依法批给、出租、转让、入股等方式让与他人占有和使用。

根据项目性质，国有建设用地可以分为公益性用地和经营性用地，前者是以公共利益为目的的，具有共享性和非排他性，后者是以营利为目的，包括工业用地、商业用地和房地产开发用地等。

因而，由城市郊区土地功能体现出来的土地价值可以分为经济价值、保障价值和权益价值。

（1）经济价值。

土地经济价值是通过对土地资源效应的一部分或全部的直接消费所体现出来的直接使用价值。从物质层面上讲，土地是一种自然资源（土地物质），有生产能力和收益能力，能够创造经济效益，具有经济价值。土地价格"无非是出租土地的资本化收入"[1]，从这种意义上讲，土地价格可以说是由收益能力决定的，与其所在区位、利用现状、用途及发展趋势有很大的关系，上述因素可以作为土地经济价值的度量。

农地的经济价值是指在特定的自然条件（土壤、气候、地形）下生产农作物的生产能力和收益能力。这种收益能力是指按照一定的土地利用方式，合理有效利用土地获得纯收益的能力，这种收益计算往往是根据客观的正常年收益（即产量与价格的乘积）扣除生产成本所得。其中，农作物产量取决于农用地生产能力，价格遵循市场规律，生产成本由区位条件决定。

集体建设用地的经济价值是指通过出租、兴建村办企业、投资入股等方式"经营土地"获得收益的能力。集体建设用地从某种意义上说是一种集体资产，除了给村民分配宅基地作为住宅用途以外，"经营土地"的收益由村集体支配，用于发展村公益事业，为村民提供就业机会，创造福利。特别是在城市郊区，集体建设用地所发挥的经营性作用尤为重要，相应的经济价值也尤为突出。

（2）保障价值。

土地保障价值是指土地发挥社会效益带来的间接使用价值。从资本层面上讲，土地也是一种社会经济资源（土地资本），除

---

[1]　转引自吴鹏《土地价格构成与成本法估价》，《中国商界（下期）》2009 年第 8 期。

了能够创造出经济效益以外，还能发挥一定的社会效益，起到一系列社会保障的作用。土地保障价值与保障对象的数量、水平和范围有很大关系。

农地不仅具有涵养水源、调节微气候、防止土壤侵蚀、净化水质和空气等生态功能，还承载着农民养老、医疗、就业等一系列的社会保障功能。从广义上讲，农地的保障价值是由于农地资源外部性而产生的利他性价值外溢所体现出来的间接使用价值，能够提供包括食物安全保障、气候调节、水源涵养、维持生态平衡等方面的服务，且通过这种服务获得收益的个人和团体是未通过市场交易"不劳而获"的，能够对土地所有人乃至全社会成员起到保障的作用，主要是指土地的生态服务价值。从狭义上讲，农地的保障价值是指农地为农民提供养老、就业保障的价值，正如姚洋所指出的，"在中国农村几乎还不存在一个有效的社会保障制度下，目前以均分土地为特征的农地制度在为农村人口提供社会保障方面，不失为对现金型社会保障的一种有效替代"①，且这种替代往往是隐形的、间接的。由于广义的农地保障价值作用对象是全社会成员，并且在置换前后未发生变化，因此，本书在讨论农地保障价值时，采用的是狭义的概念。

与农地作为农民职业的隐形替代相比，集体建设用地通过经济价值带来的外部性和对郊区经济的辐射性，不但能够繁荣郊区经济，而且能够直接为农民提供就业岗位，起到就业和养老保障的作用。郊区农村由于特殊的区位优势、便利的交通条件和产业集群效应，一方面可以直接参与到投资入股项目中；另一方面可以吸引企业落户，在利用土地获得租金收益的同时，繁荣郊区农村的房屋租赁市场、餐饮服务行业，并为村民带来更多非农就业机会，从而出现"兼业"农民现象，即工厂上半天班，回家种半天地。此外，集体建设用地还有一部分作为基础设施为村民提供服务，方便村民生产生活，拥有公益价值。城市郊区农村集体建设用地的经济价值要远高于远郊农村的。

---

① 姚洋：《土地、制度和农业发展》，北京大学出版社，2004，第107页。

城市郊区人均耕地面积少，农业规模小，水利基础设施的公益价值要低于远郊农村的，但是公路、供电、供水等基础设施的公益价值要比远郊农村的高。

（3）权益价值。

土地权益价值是指土地对其使用权人或者所有权人所体现出来的排他性价值。从产权层面上讲，土地以及与之关联的一系列权益共同构成了一种对土地使用者和所有者的权益保障，并为其带来一定的收益。

集体土地的权益价值是指农村居民利用集体土地使用权分享集体福利分红的能力。改革开放后，我国农村开始实行家庭联产承包责任制，在土地福利性均分的原则下，把土地作为保障农民基本生活需要的主要手段，并通过土地政策努力协调公平与效率的关系。土地的福利绩效足以抵消其效率损失，从而为家庭经济的发展及其保障功能奠定了基础，为农民的土地保障和家庭保障提供了制度安排。按照现代产权理论，权利主体应凭其实际拥有土地权能的大小按比例参与收益的分配。在我国现有的农村土地制度下，农村集体经济组织是土地的所有者，农户以家庭联产承包的形式享有土地的经营权，此外，农户还享有集体福利分红和参与集体资产分配的权利。因此，从产权层面上讲，农用地及与之关联的一系列权益，共同构成一种对土地使用者和所有者的权益保障。征用土地实际上是政府用征地补偿来交换农户拥有的土地权益。国家治理乡村的成本大于收益时，需要利用乡村权威精英的资源权威、福利等管治乡村社会。① 城市郊区农村集体经济组织将建设用地出租给企业或村集体企业自用，租金收益和经营收益由村集体支配，用于发展村集体公益事业和发放村民福利。由于福利发放标准根据村民土地承包数量确定，因此拥有土地承包经营权，就拥有享受福利分红的权益。

农民不但拥有土地承包经营权，并且拥有其他资产，即村集体征地后的剩余资产。郊区土地价值有增值的特点，这笔资产增

---

① 张静：《现代公共规则与乡村社会》，上海书店出版社，2006，第 37 页。

值再分配对于农户来说意义重大。因此，拥有土地，就拥有参与村集体资产分配的权益。

城市郊区集体土地价值还具有空间差异性、增长性、外部性和辐射性的特性。

（1）空间差异性。

土地价值的空间差异性是指因凝结在土地上的人类社会劳动量存在地域差异而产生价值差异的特性。按照区域经济学的观点，社会与经济活动总是偏好那些能够使其成本最低或效益最高的地区，区域经济越发达的地区，得到的开发和投入的劳动越多，相应地土地价值也就越高。因而，越靠近城市的近郊，越能够吸引较多资金进行土地开发，土地价值含量就越高；反之，越是远离城市的地区，特别是远郊农村，经济水平越低下，土地价值含量越低。

（2）增长性。

土地价值的增长性是指城市郊区土地价值不断增加的特性。城市郊区是城市增长的前沿阵地，伴随政府对城市公共基础设施的不断投入，土地使用者或经营者也对土地进行不断的投资、改造，使投资环境得到不断改善；城市化进程的快速推进，不仅带动了城市周边社会经济发展、城镇人口增加，也刺激了房地产业的发展；由于政策、方针的改变所引起的土地投资需求增加，城镇建设用地供不应求。与远郊农村相比，城市郊区土地增值并非完全在土地征用后的运作经营下瞬间产生，而是在征用前就不断升值，即郊区集体土地本身具有远高于远郊农村土地的价值。

（3）外部性。

土地价值的外部性是指土地价值的形成受到周围地块开发投入影响的特性。由于开发类型和性质的不同，这种影响可能是积极的，也可能是消极的。例如，在某居住区附近修建公园，则会带动该居住区土地价值大幅度增长，而修建垃圾填埋场，则大部分人因为对环境的担忧不愿居住在此地，从而使该居住区的土地价值降低，为了改善环境提高土地价值，该居住区要加大环境治理的投入，付出更高的成本。

（4）辐射性。

土地价值的辐射性是指土地价值会转移或者扩散到周围相邻土地的特性。根据土地价值辐射论，未凝结过人类劳动的土地，包含从相邻土地上积累的社会劳动辐射或者说转移过来的价值量，同凝结了人类劳动的有相同使用价值的土地相比，应具有相同的社会价值。马壮昌[1]将其表述为："建设所产生的功能会扩散到相邻土地、周围土地或更远的土地，使它们的经济效益提高。"张昆仑[2]认为由于房地产开发的不断进行，价值相互辐射，势必使商品的总价格超过商品的总价值，从而引发"价值增值"。

3.1.2　置换后土地价值分析

置换前，城市郊区土地是位于城市规划区内未被征收的农村集体土地；置换后，集体土地转变为国有建设用地。其中，土地价值的变化主要有以下两种情况。

（1）土地性质改变引起的价值变化。

农村集体土地置换为国有建设用地后，不但在土地性质上发生了从集体土地到国有土地的改变，而且土地所有权和使用权也从农村集体和农民手中转移到国家和用地单位手中，土地价值发生了相应的转移。置换后，土地可交易性提高，可以在土地一级市场和二级市场进行资源配置，土地交易收益效应发挥作用，即土地交易性的提高增加了土地拥有者获得土地的概率，相应地也增加了土地投资实现其价值的几率。然而，我国的土地一级市场是由政府垄断，原有的集体土地价值转移到国有土地中，政府通过土地出让金获得土地收益，调节土地市场，通过划拨方式供给公益性项目使用或者纳入城市国有土地储备；土地二级市场是垄断竞争型市场结构，用地单位通过招、拍、挂的方式获得土地，并将土地用于经营性项目，通过对土地开发、投资获得经济利益，获得土地增值收益，使土地价值再次

---

① 马壮昌：《论城市级差地租》，《当代经济研究》1995 年第 1 期。

② 张昆仑：《论"价值辐射"——对一种土地价值理论的思考》，《当代财经》2005 年第 2 期。

发生转移。

在具有垄断性质的土地一级市场上，国家花费征地补偿成本从农民手中"买下"土地，利用土地市场上"三合一"的身份（裁判员、教练员、运动员）将土地用途和土地性质加以改变，将原有产权残缺的集体土地转变为产权完整的国有建设用地，再以市场价格在土地二级市场将其"卖出"，从而在"低买高卖"的不赔本交易中获得巨额收益。

（2）土地用途改变引起的价值变化。

土地性质改变的同时，其用途和功能也发生了变化，包括农业功能到非农业功能的转换和管制用途到规划用途的转换，并且从流通受限到转让自由。功能和用途不同的国有土地，供给方式有所不同。公益性用地可以用于准公益性项目和纯公益性项目，前者产生一定的经营效益，后者纯粹为公益事业服务。经营性项目业主单位需要通过有形土地市场进行招标、挂牌或拍卖出让程序，并最终获得国有土地使用证。公益性项目则不需要经过出让，最终获得《建设用地批准书》。前者获得土地需要花费巨额的土地出让金，后者则是通过国家无偿划拨。从现行法律规定来看，划拨土地使用权不是依靠土地使用者有权处分的财产权，划拨土地使用权的处分权属于国家。然而，同样一块土地，无论是以哪种形式从农村集体土地转为国有建设用地，其参与资源配置的方式都是发生了土地流转产权交易的转变。这种转变不但实现了土地价值的增值，而且实现了土地的资本化。

可见，置换过程中，城市郊区土地的实物形态并未发生改变，然而，存在其中的经济价值、保障价值和权益价值发生了转移和变化，并且与置换后的土地用途密切相关。

（1）经济价值。

置换后土地经济价值是指土地作为项目的载体发挥的生产服务功能所具有的价值，如具有公益性质的交通基础设施项目中土地所提供的交通运输服务功能、具有经营性质的房地产项目中土地所提供的居住服务功能等具有的价值。

（2）保障价值。

置换后土地保障价值是指土地作为项目的载体发挥的生态

服务、环境保护、就业保障等功能所具有的价值。如具有公益性质的湿地公园项目中，湿地作为土地资源的特殊形态，不仅具有生产动植物产品、能源、水运等经济价值，还可以通过调节气候、水土保持维系当地、甚至是整个城市生态系统的良性循环，达到环境保护的目的；此外，湿地自然形成的产业链条还可以创造一定的就业机会，因而具有生态、环境、就业等保障价值。具有经营性质的企业经营项目，在为当地提供大量就业岗位的同时，带动了地方经济，提高了当地的生活水平，财政富余了，就有可能增加生态服务、加大环境保护设施的建设。

（3）权益价值。

置换后土地权益价值是指土地除了作为实物形态所具有的空间载体功能、建设经营功能、生态保持功能等所具有的价值以外，还包含不呈现为实物形态却有资产使用价值的特定权利，这种特定权利构成土地对其所有者和使用者所具有的价值。如土地使用权的价值，是对国有土地的使用、收益、处置的权利。公益性用地由于不经过土地市场出让，而是直接划拨取得，因而在处置权上受到限制，即土地使用权的转让受限；经营性用地是通过在土地市场招、拍、挂程序，花费土地出让金成本获得，从而具有对国有土地使用权的转让、抵押等权利。

城市化进程也是土地非农化的置换过程、土地所有权从农村集体到国家所有的转移过程，以及土地功能强制改变的过程。若抛开土地用途管制的限制，则农地是否非农化都具有同样的土地功能——生产功能、保障功能和生态服务功能，其中，保障功能又包含心理安全、收入底线保证、社会保障、未来增值等功能。生产功能实现土地市场价值，保障功能和生态服务功能实现土地非市场价值。然而，在土地用途管制下，土地功能的发挥受到限制，而且不同用途下土地的开发程度不同，社会必要劳动量的投入就不同，因而置换前后土地价值发生改变。

3.1.3　置换前后土地价值的评估方法

城市郊区土地价值的特点决定了需要设计一种有针对性的价

值评估方法，从而综合考虑土地的市场价值和非市场价值，以及土地未来增值的潜在价值。由于建设用地与其上建筑物房屋共同构成不动产价值，因此，有关建设用地的价值评估将在第 4 章中与房屋价值结合在一起进行评估。本章只对农地价值进行单独评估。

3.1.3.1 置换前土地价值评估方法

农地价值计算包含三个部分：农地经济价值计算、保障价值计算和权益价值计算。其中，农地经济价值是根据农地内部流转成本价格的方法计算，即收益还原法；保障价值是根据保障农民基本生活所需费用的影子价格计算，即影子价格法；权益价值是根据实物期权测算。农地总价值为：

$$V_{地} = E + S + P \qquad 式(3.1)$$

式中，$V_{地}$ 代表农地总价值，E 代表农地经济价值，S 代表农地保障价值，P 代表农地权益价值。

（1）收益还原法。

收益还原法的基本原理是把购买农地作为一种投资，地价款作为购买未来若干年农地收益而投入的资本。收益还原法通过将待估农地在未来每年预期的纯收益，以一定的收益还原率统一还原到评估基准日来计算农地价值。由于土地的固定性、不增性、个别性和永续性等特点，农民在联产承包责任制的政策下，不但拥有土地现时的纯收益，而且能期待在未来时间内土地源源不断地制造经济产出，因此，在土地被征收后应当将土地的这项纯收益中农民不能获得的部分，以一定的还原利率折算为现时价值的总额。本书采用《中华人民共和国国土资源行业标准》（TD/T1006－2003）农用地估价规程中的收益还原法，其公式为：

$$E = \frac{R}{r}\left[1 - \frac{1}{(1+r)^{n}}\right] \qquad 式(3.2)$$

式中：R 代表土地年净收益，为土地年总收益与总费用之差，而总收益和总费用须分别根据土地产出和生产消耗的市场价格确定；r 代表土地还原率；n 为土地利用年限。由于按照《物权法》规定，承包期满三十年仍然可以续期，因此土地利用无限年期，n

应当趋于无穷大，因此式 3.2 又可以写成：

$$E = \frac{R}{r} \qquad \qquad 式(3.3)$$

（2）影子价格法。

农地作为对现金型社会保障的一种有效替代，在计算其保障价值时，可以按照替代原则采用影子价格法来计算，即假设农民在没有土地的情况下，需要多少资金才能够保障其基本生活。

假设 S 为单位面积土地的保障价值，x_i 为人均第 i 年保障失地农民基本生活所需要的资金，X_i 为人均第 i 年的保障失地农民生活所需要的资金的现值，r_i 为第 i 年的还原利率（$i = 1$，$2, \cdots, n$），k 为每年所需人均保障资金的年平均增长率，TX_m 为人均男性所需要的能够保障生活的资金总需求，TX_w 为人均女性所需要的能够保障生活的资金总需求，p_m 为男性所占比例，p_w 为女性所占比例，n_m 为男性平均寿命，n_w 为女性平均寿命，a_m 为征地时男性平均年龄，a_w 为征地时女性平均年龄，s 为保障需求修正系数，d 为土地依赖程度修正系数，L 为人均土地面积，则有以下推导。

以男性为例，用男性平均寿命减去征地时男性平均年龄即 $n_m - a_m$，可得男性在征地后所要保障的年数，则：

$$x_1 = X_1(1 + r_1)$$
$$x_2 = X_2(1 + r_1)(1 + r_2) = x_1(1 + k)$$
$$\cdots\cdots$$
$$x_i = X_i(1 + r_1)(1 + r_2)\cdots(1 + r_i) = x_1(1 + k)^{i-1}$$
$$\cdots\cdots$$
$$x_{n_m-a_m} = X_{n_m-a_m}(1 + r_1)(1 + r_2)\cdots(1 + r_i)\cdots(1 + r_{n_m-a_m})$$
$$= x_1(1 + k)^{n_m-a_m-1}$$

$$式(3.4)$$

可以将式 3.4 变形为

$$X_1 = \frac{x_1}{1 + r_1}$$

$$X_2 = \frac{x_2}{(1+r_1)(1+r_2)} = \frac{x_1(1+k)}{(1+r_1)(1+r_2)}$$

......

$$X_i = \frac{x_i}{(1+r_1)(1+r_2)\cdots(1+r_i)} = \frac{x_1(1+k)^{i-1}}{(1+r_1)(1+r_2)\cdots(1+r_i)}$$

......

$$X_{n_m-a_m} = \frac{x_{n_m-a_m}}{(1+r_1)(1+r_2)\cdots(1+r_i)\cdots(1+r_{n_m-a_m})}$$

$$= \frac{x_1(1+k)^{n_m-a_m-1}}{(1+r_1)(1+r_2)\cdots(1+r_i)\cdots(1+r_{n_m-a_m})}$$

式(3.5)

如果每年的还原利率不变，即 $r_1 = r_2 = \cdots r_n = r$，又令 $x_1 = x$，则男性在 $n_m - a_m$ 年中人均所需的保障基本生活资金总需求为：

$$TX_m = \sum_{i=1}^{n_m-a_m} X_i = \frac{x}{1+r} + \frac{x(1+k)}{(1+r)^2} + \cdots + \frac{x(1+k)^{i-1}}{(1+r)^i} + \cdots + \frac{x(1+k)^{n_m-a_m-1}}{(1+r)^{n_m-a_m}}$$

$$= \frac{x}{1+r}\left[1 + \frac{1+k}{1+r} + \cdots + \left(\frac{1+k}{1+r}\right)^{i-1} + \cdots + \left(\frac{1+k}{1+r}\right)^{n_m-a_m-1}\right]$$

$$= \frac{x}{1+r}\sum_{i=1}^{n_m-a_m}\left(\frac{1+k}{1+r}\right)^{i-1}$$

式(3.6)

同理可得，女性在 $n_w - a_w$ 年中人均所需的保障基本生活资金总需求为：

$$TX_w = \frac{x}{1+r}\sum_{i=1}^{n_w-a_w}\left(\frac{1+k}{1+r}\right)^{i-1}$$

式(3.7)

单位面积上需要保障的失地农民数量 l 可以用 $\left[\frac{1}{L}+1\right]$ [①]表

---

① $\left[\frac{1}{L}+1\right]$ 为高斯取整函数，为了充分保障失地农民的利益，根据保障失地农民基本生活原则，采取进一法，即当 $\frac{1}{L}$ 所计算得出的单位面积土地保障人数不为整数时，则取其上限的整数。

示，则 $l \times p_m$ 和 $l \times p_w$ 分别为征收单位面积土地需要保障的男性农民和女性农民，那么单位面积土地保障价值为：

$$(TX_m \times p_m + TX_w \times p_w) \times l \qquad \text{式}(3.8)$$

然而，土地并非农民获得保障的唯一手段，特别是城市郊区农民，还通过多种兼业经营获取收入，作为保障来源。因此，应当引入保障需求修正系数 s 和土地依赖程度修正系数 d。保障需求修正系数 s 反映了失地农民的保障需求因素，因为不是所有的失地农民在失去土地以后都需要给其最基本的生活保障，并且不同年龄阶段的农民还将土地看作不同性质的保障来源，例如老年人就将土地看作养老保障，准老年人将土地看作就业保障，年轻人更多地将土地看作一种未来征地补偿资金收益的保障，因而对保障需求的程度也不同。可用生活、就业没有保障的农民数量占农民总数的比例来估算该系数。土地依赖程度修正系数 d 则体现农户对土地的依赖程度，因为农户对土地的依赖程度越高，土地对他们生活水平维持的重要性就越高，根据替代原则，在土地被征收后对其基本生活保障的资金需求量也就越大。可用农业收入在总收入中所占比例来计算土地依赖修正系数。因此，应该用保障需求修正系数 s 和土地依赖程度修正系数 d 对公式加以修正。

综上所述，单位面积土地的保障价值计算公式为：

$$S = (TX_m \times p_m + TX_w \times p_w) \times l \times s \times d$$

$$= \frac{x}{1+r} \times \left(\sum_{i=1}^{n_m - a_m} \left(\frac{1+k}{1+r} \right)^{i-1} \times p_m + \sum_{i=1}^{n_w - a_w} \left(\frac{1+k}{1+r} \right)^{i-1} \times p_w \right) \times l \times s \times d$$

$$\text{式}(3.9)$$

式中，保障失地农民基本生活所需要的资金 x 可以用当年城镇居民最低生活保障标准作为参考，这是因为在土地置换的同时也发生了角色置换，农民农转非成为市民后要转变生活方式，消费水平也会发生变化，因此基本生活所需资金要高于土地置换前。

（3）剩余价值法。

农地不仅为农民创造农业生产收益提供了物质基础，还为农民参与分享村集体资产收益提供了权利基础。因此，拥有农地不仅可以使农民享受土地承包经营权益，还可以享受村集体资产收益、福利分红权益。集体福利权益的价值计算采取收益还原法。

①集体福利权益价值计算。

农民享受村集体福利分红权益事实上也是一种享受土地非农化增值收益的权益显化。刘芳等[①]考察了昆山市的富民合作社，认为农民在富民合作社制度创新中获得了更多的土地非农化增值收益，具体表现为股份分红收益及社会保障功能的显化，而且这种创新方式在保障农民土地权益的基础上，实现了农地生产功能和社会保障功能的分离。因此，可以使用收益还原法对集体福利权益价值进行计算，即以征地时间为基准时间，计算剩余承包期内获得福利分红的权益价值，公式如下：

$$P_1 = \sum_{i=1}^{n} \frac{p_i}{(1+r)^{(i-1)}} \qquad 式(3.10)$$

式中，r 代表收益还原率，p_i 代表第 i 年从土地上获得的租金收益，P_1 代表单位面积土地集体福利权益价值。

②参与集体资产分配权利。

农民不但拥有土地承包经营权，以及与承包土地相关的分享村集体福利的权益，而且拥有参与集体资产分配的权利。土地征收时，土地补偿费的 70% 和全部的安置补助费补偿给农民个人，30% 土地补偿费和村集体公共设施用地的全部补偿费归属村集体，成为村集体资产。村集体除了将这笔资产的一部分用于公益事业之外，还应将其作为集体资产分配给村民，同福利分红一样，每年分配。计算公式如下：

$$P_2 = \sum_{i=1}^{n} \frac{q_i}{(1+r)^{(i-1)}} \qquad 式(3.11)$$

式中，r 代表收益还原率，q_i 代表第 i 年获得的集体资产分配，P_2 代表单位面积土地集体资产分配权益价值。

---

① 刘芳、钱忠好、郭忠兴：《外部利润、同意一致性与昆山富民合作社制度创新—昆山富合作社制度创新的制度经济学解析》，《农业经济问题》2006 年第12 期。

此外，城市郊区征地的特征是数量少、频率高，因此郊区农村往往经历不止一次的土地征收过程，每次的土地征收使一部分人转为城市居民，并产生一部分剩余资产。如果是整个小组受到征地影响或者征地后人均耕地少于规定数量（例如南京市为 0.1 亩），则撤销该小组，并对小组的剩余集体资产进行分配。但是若征地影响部分小组成员，则不进行集体资产分配，等到全部土地征收完毕再进行，此时的分配主体是在编的村集体成员，即之前征地"农转非"的小组成员无权参与。这种做法是有失公正的，由于之前因征地"农转非"而离开村集体组织的成员也同样为集体经济发展作出过贡献，在集体剩余资产的分配上应当与在编成员享有同等权利。征地后，这部分资产的拥有者是受影响村的其他成员，包括农民和村集体，因此，征地方不会支付，若村集体不愿意支付，则受影响农民无法得到这笔补偿，农民被征地后对该项资产增值再分配的敏感度与该项资产增值量的多少有关。于是，出现失地农民"农转非"几年后，看到这笔剩余资产快速增值，而要求"非转农"，参与再分配的现象。因此，土地征收还令农民参与集体资产分配的权利受到损失。

因此，建议在征地前，让村民以入股方式参与集体资产经营，即使征地后"农转非"离开小组，也可以以股权形式继续享受集体资产分配，在撤组和撤村时酌情参与集体资产分配。这种土地价值的评估标准可以按照个人劳动贡献的大小来确定，即实际的农业劳动年龄。农民被征地时年龄与劳动力年龄 16 岁之差表示为 $age1$，用撤组时的资产 c 除以全体成员农业劳动年龄 age 为每一个农业劳动年龄作出的劳动贡献 p，最后 $p \times age1$ 即为获得补偿。

3.1.3.2　置换后土地价值评估方法

虽然置换前后土地价值内容有部分重合，但是无法一一对应，故本书对置换后采取总价值评估。尽管评估方法不同，但是都是从不同角度完整地测算了土地的总价值。从目标分析的方法和结果来看，殊途同归，具有可比性。

置换后国有土地按照用途分为公益性用地和经营性用地。前者具有很高的公益价值，并不直接产生经济效益，因而根据项目具有的服务功能采取贡献法对土地进行评估；后者具有很高的市场价值，并且直接产生巨大的经济效益，因而根据土地的市场价格作为置换后经营性用地的价值评估参考，采取市场评估法进行价值评估。

（1）公益性用地价值评估。

公益性项目具有非排他性和边际消费成本为零的特性。这类项目建成后，全社会可以共同受益，并且有助于提高社会公众的服务程度，但盈利不高或者完全不盈利，所以很难在市场上找到公益性用地的价格。评估价格时往往按照土地取得成本与土地开发成本之和来计算，并不能体现土地的市场价值。而且从社会总体的福利和效用来看，公益性用地具有经济价值、保障价值和权益价值，但是对使用这类用地的每一个人收费的话，成本太大或者根本不可能，因此，这类土地的收益不能显现，市场资源的配置功能失灵。

绿地、公园等公益性项目用地，范围广，辐射半径大，在周围地块寻找与之相近的案例比较困难，可以通过绿地贡献法[①]计算该项目对周围各类用地的贡献，即对项目主要消费的市场供给圈进行划定，并将整个市场供给作为一个整体，通过将外部收益内部化的方式来确定公益性用地的价值。以城市商业用地、住宅用地和工业用地的基准地价为依据，结合项目主要消费的市场供给圈覆盖范围及其土地利用结构来测算，公式如下：

$$P = \frac{\sum_{i=1}^{n} P_{bi} \times S_{bi} + \sum_{i=1}^{n} P_{ri} \times S_{ri} + \sum_{i=1}^{n} P_{ci} \times S_{ci}}{S} \times \lambda \qquad 式(3.12)$$

式中，P 为土地置换为公益性用地后的价值，P_{bi}、P_{ri}、P_{ci} 分别表示该项目供给圈（服务范围）内第 i 级商业用地、住宅用地和工业用地的基准地价，S_{bi}、S_{ri}、S_{ci} 分别表示该项目供给圈（服务范围）内第 i 级商业用地、住宅用地和工业用地的面积，S 为供给圈的总面积，λ 为该公益性用地相对于其他项目的修正系数。同时，供给圈（服务范围）的面积可以看作该公益性项目辐射范

---

① 《城镇土地估价规程》（GB/T 18508 – 2001）。2001 年 12 月 13 日发布，由国家质量监督检验检疫总局作为中华人民共和国目录标准发布（12 号）。

围以内的面积除去项目用地面积，而辐射范围可以通过确定辐射半径来计算。

（2）经营性用地价值评估。

经营性用地经过土地二级市场流转，常用估价方法为市场比较法，即以市场上已成交土地的价格作为评估对象的参照价格，并依据后者已知的价格，进行一系列的因素修正，这些因素包括交易日期因素、交易情况因素、区域因素和个别因素四类，从而修正得出待评估土地最可能实现的合理价格。利用该方法评估需要做到以下几点：首先，必须尽可能多地收集地产市场交易实例资料，才能够满足分析、比较的需要；其次，评估质量的好坏与两者相关性成正比，即进行比较的地产项目与评估对象之间的相关性越强，评估的效果就越好；最后，因素修正时，操作过程往往带有很多的主观因素，土地资产项目之间并没有特别紧密的相似度，也没有绝对分明的界限，因此土地资产项目的相似可以看作一种模糊现象，一般决策技术无法准确应用或者条件不满足，可以采用模糊数学方法弥补这种不足。

3.2　移民群体视角的土地置换成本-收益分析

城市郊区征地移民群体中农民是直接付出成本和获得补偿收益的主体，在征地过程中不仅失去土地，还失去与土地相关联的一系列权益。作为理性的"经济人"，农民自然会将征地过程中的成本和收益进行比较，并以此作为理性决策的基础。

3.2.1　成本收益模型

在土地置换过程中，通过征地程序，集体土地转变为国有土地，集体土地所有权发生了转移，由于价值相互辐射效应，土地发生了增值。城市郊区失地农民和村集体失去了集体土地，也就失去了与之关联的经济价值、保障价值、权益价值，使其生存成本和社会成本发生变化，从而影响经济生活水平。也可以将其成本分为有形成本和无形成本。其中，有形成本为土地经济收益这项可见成本，无形成本则包括与土地相关的保障成本、权益成本和人力资源成本。

土地征用的成本收益与失地农民的规模之间有一定关系，因此征地成本函数可以表示为：

$$X = X(P) \qquad\qquad 式(3.13)$$

补偿收益函数可以表示为：

$$Y = Y(P) \qquad\qquad 式(3.14)$$

以上两式中，X、Y、P 分别代表土地成本、补偿收益和失地农民数量。征地补偿收益率 I 和失地农民获得的净收益 Y_n 的计算公式如下：

$$I = \frac{Y}{X} \quad 和 \quad Y_n = Y - X \qquad\qquad 式(3.15)$$

（1）土地置换过程中的成本。

在征地过程中，失地农民付出的土地成本函数可以具体化为：

$$X = \sum X_i \quad (i = 1,2,3,4) \qquad\qquad 式(3.16)$$

上式中，X_1、X_2、X_3、X_4 分别代表土地生产资源成本和土地社会保障成本、土地权益保障成本和土地经营机会成本。

①土地生产资源成本。

失去土地的经济收益价值，意味着农民要为重新获得土地生产资源付出成本。农民失去土地，也就失去通过土地资源获得未来农业经济收益的机会，也无法通过继续耕种土地获得生存资料，如果要获得与耕种土地收益同等的生存资料，就要付出一定的成本来购买这部分要素资源。同时，失去土地使农民彻底失去了获得土地升值收益的可能，如果想重新获得这部分收益，则需要为此支付新的要素成本。

②土地社会保障成本。

失去土地的社会保障价值，意味着农民要为重新获得养老保障、就业保障、医疗保障付出成本。农民以医疗、养老、就业等社会保险形式作为保障替代，并为此花费一定的成本。

③土地权益保障成本。

失去土地的权益保障价值，意味着农民要为重新获得土地权益付出成本。拥有土地承包经营权，就拥有享受村集体土地分红和参与集体资产分配的资格，在实行农转非初期，获得一个城市居民资格需要花费成本一次性买断，主要是长期以来城乡户口二元结构带来的城乡权利差异所造成，农转非被看作一种收益的过程。随着户口政策的逐渐冰释，城市户口的吸引力远不如从前，而土地保障作用对于农民来说更为明显，土地承包经营权的权益保障价值也更加凸显，失去土地后，要重新获得这种权益往往是付出成本都做不到的。现在很多地区失地农民农转非后发现无法继续参与村集体分红，而作为城市居民也没有任何优势可言，因此，强烈要求转回农村户口，即"非转农"。仅仅转为农民户口，是没有吸引力的，这样做最重要的原因在于城市郊区农村土地不断升值，农村集体资产不断增加，经营土地获得收益分红不断增多，村集体成员享受到的福利也不断增加。失去土地后，无法享受这份权益，这才是失地农民非转农的真正原因。

④土地经营机会成本。

城市郊区集体土地由于所处区位与城市国有土地相差不大，虽然不断遭到城市的蚕食，但随之身价倍增。城市郊区农村集体利用不断增值的集体土地从事非农业经营，不但可以获得较高的经营收益，而且可以带动村内和周边的商业服务业繁荣，因此用土地获得经营收入在城市郊区农村比较多见。失去土地，也就意味着失去土地的经营机会。

失地前，由于城市郊区土地不断增值，村集体利用土地经营获得收益，从而使农民获得集体土地所赋予的权益保障，可以享受稳定的收益。失地后，征地补偿费是农民维持可持续生计的唯一资本，除了用于家庭日常消费支出以及子女上学的必要开支外，还需要用于缴纳社会养老保险。实际上，用于经营或投资的资金非常少，而且失地农民通过经营投资获利又有一定的难度。这一方面是由于失地农民本身缺乏长远打算，基本理财思路就是存入银行，图的是保险和省事，他们不仅缺乏投资理财知识，还缺少投资技术培训，容易出现盲目投资行为；另一方面是由于失地农民拿到征地款后没有投资计划性，容易产生花钱无控制、染上赌博等恶习，丧失良好的投资机会，不利于可持续生计的恢复。投资的盲目性和无计划性，使失地农民错失投资机会，相当一部分人在数年之后可能会落到生活无着的困境。

（2）土地置换过程中的收益。

土地置换过程中移民获得的收益可以分为直接货币补偿收益和间接安置预期收益。前者为货币形式的一次性征地补偿，后者通过"土地换保障"、留地安置等方式获得未来收益，由于这笔资金并未发放到失地农民手中，而是直接打到社会保障账户或者集体资产账户，因此，从某种意义上说是一种间接非货币补偿。

按照现有政策，征地补偿费用包括三块：土地补偿费、安置补助费、青苗和地上附着物补偿费。土地补偿费和安置补助费按照土地年产值倍数计算，土地年产值根据各地一定时期内农业生产基本情况和土地区位进行测算；青苗和地上附着物根据市场重置价格补偿。根据不同的安置方式，征地补偿费发放的方式和比例也不同。

除一次性货币补偿安置以外，城市郊区现行较为典型的安置补偿方式包括"土地换保障"和留地安置。前一种做法是将征地补偿费用中的全部安置补助费和部分或全部土地补偿费用于为失地农民购买养老、失业、医疗等社会保险；后一种做法是在给予失地农民一定的现金补偿的基础上，按照城市规划确定的土地用途，在被征收土地中留出一定比例的土地或非农建设用地指标，给被征地集体经济组织从事土地开发和经营，安置失地农民。目前，留地的范围主要在城市郊区和经济较发达的地区，这些地方土地资产日益显化，地价较高。留地的比例一般为被征用土地面积的 5%~10%，最高可达 15%。① 无论哪一种做法，与直接货币补偿相比，都使征地补偿发生了增值。

---

① 中国土地勘测规划院：《中国征地移民风险管理能力建设项目研究报告》，《亚洲开发银行 REAT 6091》2006 年第 3 期。

因此，可以将土地补偿费 Y_1 分为两部分，一部分是移民获得直接货币补偿收益 Y_2，另一部分是用于保障和增值的预备资金（$Y_1 - Y_2$），间接安置预期收益即使用预备资金所获得的增值收益 Z，可以看作预备资金的函数，公式如下：

$$Z = f(Y_1 - Y_2) \qquad 式(3.17)$$

在"土地换保障"方式下，预备资金的增值收益即为失地农民社会保障的未来年金；在留地安置方式下，预备资金增值收益即为留地的租金收益。因此，基于移民群体视角的征地补偿收益可以表示为：

$$Y = Y_2 + Z = Y_2 + f(Y_1 - Y_2) \qquad 式(3.18)$$

（3）成本收益的均衡分析。

当 I 等于 1 时，失地农民在征地过程中付出的成本与获得的补偿收益相均衡，既保证了城市用地需要，又保障了失地农民的收入恢复，土地资源得到合理利用。

当 I 大于 1 时，征地补偿给失地农民带来的收益不但完全弥补了征地过程中损失的成本，而且还有剩余，有利于失地农民收入恢复和利益保障。从移民群体视角来看，这是成本收益模型的最优结果。

当 I 小于 1 时，征地补偿给失地农民带来的收益尚未达到失地农民为此付出的成本水平，损害了失地农民的利益，不利于失地农民收入恢复和未来生活质量的提高。虽然政府在短期内获得了低成本开发的收益，但是从长远来看，失地农民付出成本却长期无法得到弥补，必定会产生不满，抵制征地，严重的将导致社会冲突，致使土地供给下降，工程项目受阻，增加政府维持社会秩序的行政成本。

3.2.2　不同年龄段移民群体的成本收益分析

土地置换前，所有土地使用权人是等权的，对于拥有土地承包权的农民来说，同样土地的产出与年龄没有关系，即成本收益分析模型中不同年龄阶段农民付出的成本是一致的。然而土地置换后，用失地农民基本生活保障安置方式来替代土地的保障功能，则不同年龄段的人在享受土地保障权利上发生了从等权到不等权的变化。根据生命周期理论，不同年龄段失地农民自身抵御风险的能力不相同，同时不同年龄段失地农民面临的养老风险不同，继而由风险带来的养老压力也不同。本书参照南京市被征地农民基本生活保障中的年龄段划分方法，对不同年龄段失地农民在征地过程中付出的成本和获得的收益进行分析。

第一年龄段，小于 16 岁。未成年人并非直接拥有农地承包权，而是因为村民身份间接享受到村集体资产增值收益分配的权益，因而失去土地，使该年龄段的人付出了权益保障成本。征地补偿安置对该年龄段人群采取一次性货币补偿形式，因此该年龄段的人在征地过程中仅获得直接货币补偿收益。

第二年龄段，女性大于或者等于 16 岁、小于 45 岁，男性大于或者等于 16 岁、小于 50 岁。青壮年劳动力并未将土地当作养老保障，而是更多地看作一种未来的资金收益，即征地拆迁时获得的补偿款。由于失地保障是将一次性获得的土地损失补偿进行一次性储蓄，到达退休年龄后按照政府制定的规则分期支付。因而，被强制加入失地保障就等于将补偿款进行一种 20~30 年的定期存款，无法立即看到收益。该年龄段人群更希望利用补偿款进行其他投资，可以在较短时间内获得收益，至于未来养老，可以通过就业加入城镇职工养老保险，将来发放退休金的档次高于失地保障的标准。

第三年龄段，女性大于或者等于 45 岁、小于 55 岁，男性大于或者等于 50 岁、小于 60 岁。准老年人在养老与土地问题上存在着矛盾心理，一方面认为有土地在就有保障，另一方面又希望跟城市老年人一样领取退休金。因此失地后纳入失地保障对其价值的高低取决于保障程度，但是由于现有的失地保障低于城镇养老保障，准老年人更愿意将补偿款投资到城镇养老保障上，即使需要多付出一定的成本。

第四年龄段，女性大于或者等于 55 岁，男性大于或者等于 60 岁。土地置换前，长期的农村生活方式使老年人养成勤俭节约的低成本生活习惯，老年人养老也基本靠儿女贴补。土地置换后，一次性领取一笔补偿金对其意义不大，反而容易被子女挪作他用，使其养老没有依靠。而每月领取稳定的保障金，在其心目中的感觉就像城市老人"领工资"一样，相比于土地靠天收获的风险性和不稳定性，失地保障是较为稳定的养老收入来源。

因此，对于青壮年劳动力和准老年人来说，统一纳入失地保障的做法使受影响人失去了进行其他投资的机会收益，并未发挥最大的作用。

3.2.3　土地增值收益分配过程中的利益冲突

在土地置换的两个阶段中，农民只在第一阶段参与了利益分配，而在第二阶段土地产生巨额增值，农民却无权参与。在快速城市化过程中，农民在多大程度上能够参与土地用途转变产生的增值收益分配，是由其拥有国家规定的土地产权而能够享受的权益所决定的，即农地产权制度，特别是农地权利的转让制度。

根据著名的科斯定理，产权的主要功能就是帮助交易双方形成交易时的预期。产权是对物品的使用权、收益权和转让权。清晰的产权，将有利于降低交易费用，必须对其进行法律约束和保护；模糊的产权则会增加交易成本，在法律约束之外寻找生存空间并且不受法律保护。农地向国有土地转换过程中，即土地置换过程，与其他交易一样，从搜寻交易对象、讨价还价、订立契约，到监督契约执行、维护交易秩序，都需要付出相应的成本。在土地置换过程中，政策风险和谈判风险都增加了交易费用，也就是置换的成本，是一种土地置换的社会成本。这与科斯在《社会成本问题》一文中提到的社会成本仅仅是交易成本的观点不同。因而，引起土地增值收益分配过程中利益冲突的主要原因包括如下方面。

（1）二元结构，人为拉大差距。

城市郊区属于城市规划区内，与周围城市片区接轨或者混杂在一起，从区位看没有什么分别，只有从农村特色的房屋群落才能看出是城市郊区农村。按照土地租金分配规律，同样区位的土地应当有同样的租金价格，即土地收益应当是相等的。

$$R_1 \times S_1 = R_2 \times S_2 \qquad\qquad 式(3.19)$$

式中：R 代表单位面积土地租金，其差异由市场供需情况、环境和设施情况决定。开发强度越高，环境状况越不尽如人意，租金水平越低；反之，租金水平越高。正如同一地段内，城市郊区集体建设用地被无规划地超强度开发利用，其租金价格远远低于按照一定利用规划开发的城市国有土地的租金价格。

S 代表土地使用面积。城市片区国有土地的集约利用和合理规划，主要为商业和服务业提供场地，这类产业利用小面积的土地就能创造巨大的收益；相比之下，城市郊区集体土地低廉的租金和优良的区位吸引了大量加工、制造企业入驻，这类产业的性质决定了其需要占用较大面积的土地。

可见，就某一地段而言，城市郊区集体土地租金与周边地区租金相差较大的现象和同等区位土地租金相等的规律相矛盾。

（2）产权不明，增加社会成本。

由于土地产权不明，虽然城市郊区集体土地功能和用途带来的收益没有受到法律保护，但也没有受到法律的明确约束，因而在法律的"空隙"内自发产生了将土地收益最大化的利用模式。其合法的前提仍然是用途管制，即在不改变农地用途的前提下，将集体土地收益发挥到最大，如土地入股、建设用地租赁、用宅基地建家庭企业等。这些方式已经让集体土地发挥了经营性功能，但是由于产权限制，在置换时这些经营性功能不能够得到相应价值的补偿和相应功能的恢复。因而在征地谈判时，交易成本增加。

3.3 基于 VR-RT 理论的征地补偿制度创新

按照制度变迁理论，只有当预期的净收益超过预期的成本时，一个社会才有改变现有制度和产权结构的企图，一项制度安排才会被创新。[①] 制度不是一成不变的，而是处于不断地发展演变之中，制度创新的基本动力来自现有制度未能实现的潜在收益，制度创新的目标是使制度的状态达到纳什均衡，并且使制度创新的参与者获得额外利益，实现从"冲突"到"互惠"的转变。对于农民来说，土地一方面是生产资料，另一方面也是一项财产权利。制度创新的效益一方面表现为增加生产的产出，另一方面表现为增加财产的权利和财产的价值。制度创新的成本在于其承受制度创新的成本和制度创新后交易成本的增加情况。[②] 本书从社会公正角度和可持续发展角度对现行征地补偿制度进行评价，发现其不合理性，即意味着存在制度创新的动力。

根据置换理论（VR-RT），土地置换应当包括土地价值的重置和土地功能的重置。征地补偿制度的创新，要以社会公正为原则，充分认识置换前土地价值，并在补偿时作为根据；安置方案创新，要以可持续发展为原则，通过安置方案创新对置换前土地功能进行恢复和再造。只有这样，各利益相关主体的创新潜能才能被充分释放、发挥，制度才能不断调整，逼近纳什均衡。

3.3.1　征地补偿制度创新动力

（1）内在动因。

土地承包到户制度实施之前，农地主要由村集体直接管理和处置，征地时由项目单位直接面对村集体，农民并没有获得土地承包经营权这项财产权，也就没有直接感受到征地带来的土地损失，因此，农民对失地并不敏感。土地承包到户之后，农民获得土地承包权，土地除了作为农村居民的生产资料以外，对农民的保障功能愈发凸显。征地直接导致农民财产权的损失和保障的丧失，而现有制度仍然沿袭以前直接面对村集体补偿的方式，必然导致征地的不公正和低效率。一种制度的效率高

---

① R. 科斯、A. 阿尔钦、D. 诺斯:《财产权利与制度变迁——产权学派与新制度学派译文集》，刘守英等译，上海三联书店，1994，第 274 页。

② 陈天宝:《农村产权制度改革》，中国社会出版社，2008，第 31 页。

低是决定其是否应当更新换代的标准。当某种制度的激励水平下降时，交易成本就会上升，相应的制度效率则会降低，而导致制度激励水平下降的正是制度的内在缺陷。现行征地补偿政策有一定的边际制度空间，从一种视角来看存在一定的缺陷，与社会经济发展要求相矛盾，所造成的社会问题已经渐渐凸显。从另一种视角来看又给经济当事人创造外部利润提供了机会，使农民可以在不违反现行法律法规的前提下，通过土地使用权或资金入股经营等方式在制度边际上因地制宜地进行创新，创造非农经济收益。

（2）人为动因。

从计划经济时期到社会主义市场经济时期的征地补偿制度变迁，与失地农民的权利意识和价值观念变化密切相关。计划经济时期，社会普遍的价值观念是无私奉公，"舍小家，为大家"成为公认的道德标准，加之一切按照国家计划进行经济建设，无偿征地制度也就有存在的合理性。改革开放初期，国家开始从计划经济向社会主义市场经济过渡，征地不再是纯粹的国家计划行为，人们开始意识到个人利益的重要性，无偿征地补偿制度成为一种牺牲个人利益的做法。在计划经济体制下无视个人利益、无视经济激励的做法不再行得通，征地补偿制度也发生变迁，从无偿变为有偿，但补偿水平仍然偏低。随着社会主义市场经济的不断完善和深入人心，社会环境也发生了巨大的改变，市场价值观念深深植入人们心中，日常生活中信息量大，共享程度高，使人们填鸭式地接触并掌握了一些市场规律，并反映在作出具有市场机制特征的行为上，随着时间的推移，这些行为成为人们社会生活中的习惯。与经济快速增长和城市化的推进相伴而生的是失地农民的队伍不断壮大，失地农民问题日益突出，他们的市场价值观尤其是维权意识不断增强，对经济行为的敏感程度也在不断提高，促使征地补偿标准有所提高。虽然失地农民在征地补偿标准的制定上没有讨价还价的能力，可是当标准长期低于他们预期收益时，会激发他们的不满情绪，严重的会导致社会冲突和群体性事件，因此也就存在通过市场化改革征地补偿制度、进行制度创新的动力。

3.3.2　征地补偿制度创新路径

3.3.2.1　征地公正补偿之路径——土地价值重置

征地公正补偿之路径即按照社会公正原则进行征地补偿制度的改革，对土地置换前的价值进行充分认可，并体现在补偿内容之中。这一原则包含两方面的含义：其一是按照城乡一体化的要求整体推进城乡配套的体制改革，彻底破除城乡二元经济社会结构，给农民提供基本而有保障的公共产品，给被征地农民以公平的国民待遇和以土地使用权为核心的完整的财产权利以及平等自由的发展空间；其二是严格规范政府的征地行为，建立公开、公正、公平的征地制度，将土地规划、年度用地计划、征地补偿标准、安置办法等内容纳入政务公开范围，杜绝土地交易中的暗箱操作。要达到公正补偿，可以通过建立市场化征地补偿机制实现。

根据公正补偿原则，征地补偿标准应与公正原则保持一致。市场化是一种由政府主导型的机制向市场主导型的机制转变的过程。在这个过程中，政府与其他经济当事人之间的服从命令关系转变为市场主体间自愿平等的关系。[①] 国家对土地资源的强制性管制和调控，使土地成为生产资料中最不"市场化"的要素，在征地补偿中泯灭了土地的完全价值。只有尊重土地价值，尊重农民权利，使征地补偿逐步市场化，才能从根本上实现耕地资源的最优配置和农民利益的最大保护，从而实现社会的可持续发展。

（1）征地补偿价格市场化趋势。

市场化补偿机制改革是指通过机制改革使整个征地过程都在市场原则下进行，根据当时的市场价格或以市场价格为基础来确定补偿标准，即征地补偿价格市场化。补偿价格创新并不是要完全按照土地市场价格进行征地补偿，这样做虽然农民将比较满意，但势必导致征地成本大为上升，影响经济建设的进展，也忽略了建设项目的正外部性带给全社会的收益。因此，征地补偿价

---

① 余鹏翼、李善民：《广东南海农地使用权市场化的制度绩效分析》，《南方经济》2004 年第 9 期。

格既要走市场化的道路，也要把握一个度，即在不同的时期，在社会经济发展的不同阶段，市场化程度应当有所不同。在我国经济转轨刚刚结束、正进入社会主义市场经济快速发展的时期，仍然需要大量的建设用地，一方面没有历史制度的路径依赖，另一方面没有经济高度发展的外部环境，要达到征地补偿价格完全市场化还不具备时机。因此在现阶段，应当以市场化原则作为征地补偿基础，使补偿标准逐步向市场价格靠拢，完整补偿内容，规范补偿程序，加强监督管理，维护被征地者的利益，最大限度地体现"效率、公平"的原则。征地补偿价格逐步市场化可以从以下几点出发。

①根据征地前土地价值进行充分补偿，即充分认识农地价值，扩充现有征地补偿内容。征地前的农村集体土地价值包括经济价值、保障价值和权益价值，因此，对征地前价值进行合理评估，按照评估结果给予补偿，农民不再参与征地过程中发生的增值分配，该方法可以使失地农民在征地过程中的收益成本达到均衡状态。

②根据征地后土地价值进行增值分配。征地后土地成为国有建设用地，用途发生改变，价值发生了增值，因此应当综合考虑农地价格和征用后建设用地价格来确定征地补偿价格。利用已有的成熟估价方法，着眼于被征土地增值性、相关产权主体的变更、用途的过渡性等，根据被征土地所属城镇的宏观规划和所属小区域的客观经济发展背景，将征地补偿价格分为两部分，即农地形式下的价格份额和未来变为建设用地形式下的价格份额，两者通过各自的权重共同构成农地征用价格。该方法对农地价格仍然采用现在的"倍数法"进行征地补偿，建设用地价格根据待估农地所处的具体客观情况和区域规划条件，依照其周围的建设用地价格水平，利用模糊数学方法进行评估，两种价格的权重份额根据平均年租金比例计算。该方法以失地农民参与土地增值收益分配的必要性为基础，从而合理制定征地补偿的价格。从价格服务于市场的角度出发，提高征地补偿价格，可以起到限制农地向建设用地供给过剩、辅助国家土地用途管制的作用，不仅兼顾征地各方利益，还可以提高城市郊区土地

利用效率。

③完善现行的征地区片综合地价制度。该方法通过将被征用土地的补偿标准测算为片区综合土地市场价格来实现。征地区片是指一定范围内集体土地农用地的产值、土地区位、农用地等级、农民生活水平、人均耕地数量、农民社会保障情况、当地经济发展水平、土地供求关系等条件基本一致的区域。而现行征地区片综合地价的主要测算方法包括年产值法、农地价格因素修正法、征地个案比较法等，这些方法都存在很大的主观性、随意性，没有合理的测算依据，而且各地的测算方法也是五花八门，不利于补偿的公正性。区片划分原则上不打破村界，不分农用地、建设用地和未利用地，但是不同地区农村土地的价值根据土地用途差异很大，特别是城市郊区农村集体土地中，建设用地价值远高于农用地，不分地类的测算方法欠缺考虑。这三种测算方法，都有各自的优缺点，年产值法在评估农地经济价值时有一定的意义，但经济价值只占土地价值的一部分，其他部分是无法用年产值来计量的，因此，在计算征地区片综合地价时，须针对具体情况，采取两种或两种以上的测算方法，在此基础上综合平衡确定征地补偿标准。

（2）土地资源配置市场化趋势。

农村集体土地不仅包括农地，还包括集体建设用地。在城市郊区，后者通过经营性用途，能够实现的价值非常高。因此，有学者提出变革现行征地制度，对集体建设用地中的经营性用地按市场价交易，或者非国有化，通过一定程序或方式让集体土地直接入市转为城镇建设用地，可以提高土地资源市场配置度。[1] 当前，正在进行的集体非农建设用地流转试点的成功，将打破长期以来土地征收垄断增量建设用地供给的格局，加速土地资源配置市场化的进程。

这一制度创新的前提是对存量农村非农建设用地的放松管制，使其在城市规划建设范围之内达到最优利用，确立农用地转

---

[1]　陈利根、陈会广：《土地征用制度改革与创新：一个经济学分析框架[J]》，《中国农村观察》2003 年第 6 期。

用的土地发展权，为土地发展权制度选择提供了一个原初方案。试想一旦这种农村土地市场化制度创新取得成功，失地农民和村镇集体土地的权益转换收益将会大大增加，开发商用地成本和交易费用降低，双方一起成为制度创新的获益者，然而作为原来制度下受益方的地方政府却损失了丰厚的收益——土地出让价与征地价的价差，土地主管部门损失了权力收益，减少了"寻租"空间，增加了管理成本，成为制度创新的利益受损者。在法定的新增国有土地有偿使用费主要用于耕地开发的制度安排下，地方政府的损失仅是收益的合理转移。可以预见的是，这种制度创新的结果是帕累托有效的，潜在的帕累托改善引导资源有效配置，集体土地资源配置市场化制度下总体的收益值将大于受损值，交易成本将大幅度降低。①

因此，应坚持公平征地、合理补偿、妥善善后的原则，通过征地补偿货币化土地经济价值，全面补偿失地农民的损失，同时辅以显化土地保障价值和权益价值的安置方式，从而使其利益的损益达到均衡状态。

3.3.2.2 征地可持续发展之路径——土地功能重置

征地可持续发展之路径即从可持续发展角度出发改革现有征地补偿制度，使其满足失地农民可持续生计的要求，并体现在征地安置手段中。这一要求可以从时间上分为三层含义：其一是在征地发生到结束之间，要达到对土地作为维持生计手段的功能恢复，即土地经济功能的重置，从而规避征地初期风险；其二是在征地发生之后初期，要达到对土地作为保障生计手段的功能恢复，即土地保障功能的重置，从而规避过渡期风险；其三是征地发生之后很长一段时间内，要让失地农民参与到土地增值收益合理分配中，使其获得可持续生计的手段，即土地权益功能的重置。土地作为重要的生产资料，具有经济价值、保障价值和权益价值，不仅是农民维持生计的重要手段，还是农民发展生计的手段之一。现有的征地补偿政策未考虑到土地作为农民发展手段的

① 杨涛：《城市化进程中失地农民利益保障研究》，博士学位论文，河海大学，2007，第126页。

功能，导致征地后农民可持续生计的恢复存在巨大风险。一方面，失地农民随着维权意识不断增强和觉悟不断提高，征地后不再仅仅考虑补偿金高低的问题，而是将就业、养老保险之类未来生计问题放在首位；另一方面，随着城市化的不断推进，失地农民队伍越来越壮大，作为少量个体时，他们在征地过程中不具有讨价还价的能力，而当他们形成一个庞大的群体时，他们的利益诉求不能再被忽视，一旦他们的利益长期被排除在共享机制之外，生活得不到保障，可持续生计的恢复受损，那么就会引发群体性事件，造成社会冲突，从而引发社会危机。可见，无论是制度因素还是人为因素，都推动了征地补偿制度创新的步伐。根据可持续发展三个层次的要求，可以从以下几个方面进行制度创新。

（1）通过合理补偿，实现土地经济功能重置。

征地前后，失地农民的家庭资产发生了置换，征地补偿金可以看作对失地农民原有资产置换的费用，是征地后初期解决其基本生活需要和重谋生计的重要来源，是实现其可持续生计的前提。现有补偿政策可以从以下几个方面改进，使失地农民可以维持生计。首先，补偿金内容更加全面，并及时到位。征地补偿金是失地后最直接的生计恢复来源，因此，合理制定补偿标准，全面认识土地价值，严格监督征地流程，从而保障补偿金足额到位是征地后第一阶段维持生计的重要步骤。其次，提高生计能力，补充投资。即使按照完全价值置换资产，最多也只能使失地农民维持和以前一样的发展速度，而不能弥补由此损失的时间。由于农业生计手段的丧失，失地农民必须转向其他行业，进行相应的技能培训，需要投入一定的时间、人力和物力，花费一定的成本，因此应当向失地农民提供补充投资，或者将补充投资纳入补偿当中。

（2）通过合理安置，实现土地保障功能重置。

保障生计要从失地农民养老保障、就业保障和医疗保障做起，通过对失地农民进行可持续性安置，缓解征地的后顾之忧。

①构建新型失地保障体系。

在对具体的补偿形式进行分析时，学者往往将注意力集中在失地农民基本生活社会保障制度上。之所以关注该制度，是因为货币补偿的金额过低，影响了农民今后的基本生活，而失地农民基本生活社会保障制度的建立，将有助于稳定农民的生活水准，该制度又被很多学者称为"土地换保障"。但是，也有学者对该种补偿模式提出了质疑，认为失地农民社会生活保障制度蕴藏着巨大的风险——制度风险和道德风险。① 因此，构建一个以产权占有为基础、以财产性收入保障为核心的被征地农民动态保障体系可以尽可能规避制度风险和道德风险，同时满足失地农民保障的需要。② 该体系主要由基本生活保障、收入保障和就业保障组成。通过基本生活保障，满足被征地农民最基本的居住、养老、医疗方面的需要；通过收入保障，实现被征地农民个人财产性收入和分享集体资产经营的增值收益，这一部分也是实现被征地农民收入保障的最为重要的部分；通过就业保障，解决失地农民参与社会竞争先天优势不足的问题，一方面给失地农民提供就业岗位，另一方面根据市场需求有针对性地组织就业培训、拓宽就业渠道，增强失地农民的可持续生计能力。

②实现失地保障到社会保障的良性对接。

城乡二元结构下独立并存的城镇社会养老制度和农村实行的村级层次的自助型分期分红性质的养老保障措施之间缺乏兼容性，阻碍了城乡一体化的社会保障制度目标的实现。③ 因而，失地农民的社会保障必须与当前的农村社会保障制度以及城市的社会保障制度衔接起来，保留一定的相通性或兼容性，而不宜完全独立于现行制度。要实现良性对接需要从以下几个方面进行。

①权利对接。征地引起的不仅是土地损失，还包括失地农民的角色转变。当失地农民转变为市民后，享受的权利也应当发生相应转变，包括教育、医疗、就业、保障等方面。失地农民不仅有生存权的问题，还有发展权的问题，因而，还需要与职工失业

---

① 陈颐：《论"以土地换保障"》，《学海》2000 年第 3 期。

② 周其仁：《农地产权与征地制度——中国城市化面临的重大选择》，《经济学（季刊）》2004 年第 1 期。

③ 陈信勇、蓝邓骏：《失地农民社会保障的制度建构》，《中国软科学》2004 年第 3 期。

保险制度相衔接，建立失地未就业农民的专业培训、知识技能学习等非农产业素质的保障制度，以及为失地农民提供法律服务等福利措施，等等。

②制度对接。建立失地农民保障体系，其中最为重要的是养老保障和医疗保障制度，其资金应按国家、集体、个人及市场征地主体"四级"统筹的办法解决。例如，根据南京市现行失地保障制度，失地农民基本保障中的养老金标准低于南京市城镇居民最低生活保障标准，而随着南京市工资水平快速增长，城镇居民退休养老金提高也较快，相应地，失地农民享受的"养老金"（失地农民基本生活保障其实并未起到养老保障的作用）与城镇职工享受的养老金的差距也在不断拉大。因此，尽快把失地农民纳入城镇社会保障体系，从失地保障走向社会养老保障，实现失地农民保障与城镇居民社会养老保障的良性对接是一件迫在眉睫的事情。建立失地农民的社会养老保险要分清对象，对于已经就业的失地农民，直接归入城镇职工养老保险制度，对尚未就业的失地农民应建立有别于城镇的统账结合的养老保险模式，可以借鉴城镇职工基本养老保险制度实行统账结合的模式，由政府负担部分和村集体缴纳资金的一部分，用作养老保险基金，建立养老保险的统筹账户，统筹层次暂以县市级为宜。以村集体负担的部分资金和个人从安置补助费中列支的资金建立个人账户。同时，根据权利与义务对等的原则，并结合城镇职工养老保险制度的经验，采取个人缴费的方法来充实个人养老账户，缴费水平可以较低但应有一个下限，并鼓励多缴。失地农民的养老保障待遇与缴费多少直接挂钩，并且应不低于当地最低生活保障水平，否则制度的价值无从实现。

③商业保险与政府结合。

政府主导型的失地农民保障的好处是一步到位地解决问题。但缺陷也很明显，最突出的就是未来保险基金可能出现巨大亏空，增加财政负担。例如，由于城市建设的需要，上海市被征地农民数量已经超过了百万，为此上海市将被征地农民的养老纳入了社会养老保险体系，并由相关政府部门负责管理运作，但是出现了比较严重的资金问题。而采取商业保险与政府相结合的方式，即政府从被征地农民的补偿安置费用中拿出一部分直接划拨给保险公司，同时，从财政拿出一笔补贴来建立保险基金，政府就不必再设置专门机构和人员来进行管理，保险公司按照与政府签订的协议向农民发放养老金，并收取一定的手续费。这样做的好处在于政府和保险公司双方的责任与义务十分明确，而且政府给予的补贴可以按照实际运行的情况逐渐增加。这样做，一方面政府不至于财政吃紧，另一方面保险公司也不会因风险和市场等原因退出，使被保险人的利益受到损害。同时，还要规范商业保险与政府结合模式的措施和实施方案，加强保险市场监管力度，扩大保障范围，不仅解决养老保障，还要涉及农民关心的医疗、生活等保障领域。

（3）通过增值分配，实现土地权益功能重置。

土地在置换过程中不仅用途发生了改变，使用权和所有权亦发生了转移。土地功能的置换不仅应当包括土地功能和用途的转换，还应当包括土地未来获利能力的转换。因而，实现土地权益功能重置，就意味着不能剥夺置换前土地所有者和使用者分享土地未来获利功能的权利。这就要让农民参与到土地增值收益分配中来，可以通过利益共享机制的建立来实现。

①分享主体。

征地补偿按原用途还是按市场价格补偿表面上是一个收益分配的问题，而实质上是谁有权分享工业化城市化成果的问题。首先，农民作为土地所有权拥有者之一，在征地过程中付出土地作为代价，理应参与利益分配、被纳入分享主体，而不应当被排除在外。蒋省三、刘守英①在研究了广东南海市经济发展与土地股份合作制后，提出让农民获取级差收益，分享工业化成果。其次，要确认利益分享参与方。在公正原则下，所有参与者要共享收益，并且要达到付出与收益之间的均衡状态。② 然而在实际的

---

① 蒋省三、刘守英：《土地资本化与农村工业化——广东省佛山市南海调卉》，《经济学季刊》2004 年第 4（1）期。

② 汪辉、黄祖辉：《公共利益、征地范围与公平补偿——从两个土地投机案例谈起》，《经济学季刊》2004 年第 4（1）期。

征地过程中，参与各方力量悬殊，地方政府经营土地获取财政收入，开发商征地作抵押获取贷款，基层官员趁机寻租"揩油"，最终以失去土地为代价的农民却与收益分享无缘，造成收益成本的不平衡，违背公正原则，也与和谐社会理念相悖，农民甚至要为自己损失的机会收益埋单。对于现行征地补偿制度，农民从心理上和实际情况上都是无法接受的，因此存在制度创新的动力。虽然农民在地位和势力上处于弱势，但是在数量上是多方，因此制度创新是否具有效果取决于"整个集体"能否实现一致同意。如果农民无法分享土地增值收益，就不会赞同制度创新的内容，就说明制度创新效果不尽如人意，仍须改进。

②参与机制。

现有的补偿方案可以说是消极的，以"保持失地农民的收入水平不下降"为标准，无法实现所有参与者分享收益，达到社会公正的程度。因此，可以通过建立公正有效的利益分享机制进行制度创新。首先，公正评估征地前土地价值，提供征地补偿参考。土地价值的构成是探讨和认识土地征收补偿及收益分配问题的逻辑起点，它是应该给予农民和集体对应补偿的价值基础。因此，充分认识征地前土地价值是利益分享机制建立的基础。失地农民是以付出土地作为代价被动参与到征地过程中的，要保证收益分配的公正性，最起码不能让参与人的成本超出收益，这就要对征地前土地价值进行全面评估，并将其作为补偿参考。其次，合理设计安置方式，提供参与利益共享机会。现有的征地补偿政策对安置方式没有明确规定其种类和具体做法，但是在集体土地流转方面留下了一定的制度空间，各地根据实际情况不断进行尝试，试图在制度空间范围内找到最佳路径，解决失地农民参与未来增值收益分配的问题。较为典型的做法是"土地换保障"和留地安置。前者实质上是在假定土地未被征收的情况下，在土地用途和性质均未发生变化，仍作为农村集体土地的情况下，对农民未来获得的收益损失的一种弥补，这是对土地农业用途价值的连续性补偿。在这种假设下，土地并未发生增值。这种方式在一定程度上可以算是一种替代土地养老保障功能的做法，但是这种做法仅能满足老年人的一部分养老需求，对于中青年劳动力来说，未起到就业保障作用，更无法替代土地的完整保障功能，即养老保障、医疗保障和就业保障。后者则是在假设土地征收后，所有权没有转移，但是土地用途从农业转向非农业用途，农民收益从农业收入向非农业经营收入转移，"留地安置"后收益有所增加，因此土地发生了增值。这种方式下，土地权益价值得到显化，对实现土地保障价值有益。目前，经济较为发达地区正在通过各种安置途径使农民可以参与到土地增值收益分配当中，这可以看作对征地补偿制度创新的有益尝试。例如，昆山市的富民合作社制度，将土地承包经营权进行了非农化经营功能的延伸，因此获得了更多的土地非农化增值收益，具体表现为股份分红收益及社会保障功能的显化。富民合作社的做法说明农民充分认识到土地具有生产功能、就业保障功能和养老保障功能，并在实际操作中将其分离，通过农民股份分红，显化了土地的养老保障功能，通过吸引大量企业投资建厂，带动了商业服务业发展，也增加了工作岗位，显化了土地的就业保障功能。由于这种方法对村集体的经营管理能力、经济实力、村民权利意识等内在条件和区位、周边经济发展情况等外在条件要求都很高，因此要得到推广还有待进一步完善，但是它作为一种土地增值收益分配的方法，在很大程度上保证了失地农民能够参与到征地过程中的利益共享中，所以还是值得借鉴的。最后，通过农地股份制改革对现有政策进行补充。农村家庭土地承包制与征地制度具有互补性，农地股份制改革并不是为了规模化经营，这是由于农地规模经济的实现条件是较高的分工和专业化水平，而我国现有的市场交易效率不高，分工和专业化水平未达到实现土地规模经营的标准。

3.4 本章小结

本章是在第 2 章提出的城市郊区移民补偿安置研究框架中的第一部分内容。

（1）置换前农村集体土地包括农用地和建设用地，置换后国有土地按照用途分为公益性用地和经营性用地。本章通过对土地置换前后土地价值内容进行阐述和相应的价值评估方法进行介绍，对城市郊区集体土地价值形成较为全面的认识。

（2）从移民群体角度建立成本收益模型，把土地置换过程中移民群体付出的包含土地生产资源成本、土地社会保障成本、土地权益保障成本、土地经营机会成本与通过征地补偿和保障安置获得的收益之比作为利益均衡条件，并且提出减少成本和增加收益的建议。

（3）运用产权理论对城市郊区集体土地增值的原因和土地增值收益分配的利益冲突进行分析，得出土地置换过程就是土地所有权从农村集体向国家单方向转移的过程，具有不可逆性。农民之所以不能够享受到土地增值收益，关键在于土地产权的残缺，因而农民财产权利得不到保护。本章提出基于 VR‑RT 理论的征地补偿制度创新的路径，即通过市场化征地补偿机制和增值利益分享机制实现土地价值重置，通过构建新型失地保障体系、与城市社会保障对接、商业保险参与等方式实现土地功能重置。

第4章
城市郊区房屋置换及
补偿安置研究

4.1 城市郊区房屋置换前后价值评估

4.1.1 城市郊区房屋类型与价值分析

　　房屋的定义有狭义和广义之分。狭义的房屋定义为一种满足消费者居住效用的耐用消费品；广义的房屋定义为一种建筑物，是可以承载人们的居住、经营和其他社会活动的场所。本书所指城市郊区房屋拆迁中的"房屋"使用其广义定义，包括城市郊区的居民住宅房屋、企业厂房和店铺。房屋作为建筑物，基本功能在于提供人们一个遮风挡雨的活动场所，用于居住、经营等，是一种资产，具有建筑物价值。房屋建造于土地之上，以土地存在为基础，因此还具有土地价值。城市郊区房屋作为实物的存在，它不仅具有有形价值的一面，还具有无形价值的一面，且无形价值是通过其物质载体反映与传播出来的。

4.1.1.1 城市郊区农村房屋类型

　　城市郊区集体土地上的房屋类型非常复杂，不仅跟房屋用途、功能有关，还与房屋产权人和产权类型有关。

　　房屋按照用途，分为住宅类房屋和非住宅类房屋，按照具体用途又可分为住宅、店铺、企业和公益类房屋。其中住宅还可以根据功能分为自住房屋、租赁房屋和连家店，有些企业还将租赁来的部分场地再租赁出去，形成厂中厂。

按照产权类型，分为有产权房屋和无产权房屋。其中无产权房屋是现实存在的违章建筑和临时建筑，在城市郊区农村集体土地上此类房屋众多，拆迁时不可避免。例如在南京市湿地公园项目的拆迁中，被拆迁的农村房屋中临时建筑和违章建筑的面积占总拆迁面积的63%，获得的补偿占总金额的18%，而发挥租赁功能的往往是这些房屋。有关违章建筑是否有市场价值，是否应当进行补偿，目前国家没有统一法规可循，但可借鉴城市房屋拆迁中有关违章建筑的规定。按照《拆迁管理条例》第22条，拆除违章建筑和超过批准期限的临时建筑，不予补偿，拆除未超过批准期限的临时建筑，应当给予适当补偿。违章建筑是指在城市规划区内未经批准擅自建造的房屋。有四种类型：第一，无证建筑，即未取得建设用地规划许可证的；第二，改变规定建成的建筑，即虽取得许可，但擅自将建筑工程规划许可证的规定改变的；第三，改变用途建造的建筑，即擅自改变使用性质的；第四，不能将未经批准而建造的房屋全部认为是违章建筑，因为直到1983年《城镇个人建造住宅管理办法》实施时，城市房屋建造才大致有章可循。临时建筑是指在城市规划区内非为居住等目的而永久建造的建筑物或构筑物。临时建筑的存续有时间限制，期满后应将其拆除。实践中，对集体土地上违建建筑和临时建筑，按照其修建年代补偿。例如南京市湿地公园项目在对被拆迁农村房屋中的违章建筑和临时建筑进行拆迁补偿时，考虑到这些无产权建筑有租赁功能和经营功能，具有一定的价值，于是将其中违章面积折成1/2的产权面积进行补偿，临时建筑按照结构重置价格进行补偿。然而，集体土地上违章建筑和临时建筑的认定，并不精确，不像国有土地上的建筑认定起来有明确的年代和范围，而且农民产权意识薄弱，加之相关部门没有依法引导其保护财产权利，一直居住的房屋往往没有办理合法手续而成为无产权房屋，在拆迁时利益受到损害。

房屋按照产权人性质，分为集体所有房屋、农村居民所有房屋和城市居民所有房屋。集体所有房屋是指村集体在集体建设用地上建造的用于公益事业和经营的房屋，往往用于店铺、厂房、养老院、幼儿园等用途；农村居民所有房屋是指村民在分配给自

己的宅基地上按照"一地一宅"规划建造的住宅房屋，村民拥有
房屋的所有权和宅基地的使用权；城市居民所有房屋是指城市郊
区村民在征地农转非或者城市购买房屋后，户口由农村户籍转为
城市户籍，但是原来村里的房屋没有变卖，仍然存在，这类房屋
产权人虽然已经失去农民身份，但是户口变动对房屋所有权是不
产生影响的，而且根据"地随房走"的原则，房屋的所有权人同
时还享有建筑范围内的土地使用权，因此在拆迁时，这类房屋与
农村居民房屋应该享受同等待遇。

由于本章以房屋价值为研究基础，因此按照房屋用途将城市
郊区房屋分为住宅类房屋和非住宅类房屋进行研究。其中住宅类
房屋是指建造在村民宅基地上的具有租赁用途、生产经营用途和
自住用途的房屋，包括居民房屋和连家店①，房屋所有权属于村
民；非住宅类房屋是指建造在集体建设用地上的具有生产、经营
用途的房屋，包括企业和店铺。自建厂房的企业拥有房屋所有
权。店铺租赁或者购买村集体门面房，前者拥有房屋使用权，后
者拥有房屋的所有权。

4.1.1.2 城市郊区农村房屋价值分析

房屋价值应当包括房屋本身的建造价值和作为宅基地的地
租。所以房屋价格形成的基础，是建造住宅的社会必要劳动时间
加上土地征用费和开发费。

（1）有形价值。

房屋有形价值是指土地及其上建筑物所构成的不动产价值。

①建筑物价值。影响房屋建筑物价值的因素包括建筑物的物
理属性、功能用途和外部空间价值。建筑物的物理属性包括建造
方式、建筑结构、内部设施和附属设施。建筑物的建造方式和建
筑结构是影响建筑物的成本和空间利用的重要因素，建筑物内部

---

① 根据《南京市征地拆迁补偿安置办法》（宁政发［2004］93 号，2004 年 1 月
1 日起实施）中的定义：连家店是指拥有土地使用证、房屋产权证（建房许
可证）、工商营业执照的住宅性质的房屋，即房屋既用来居住又用来开店，
从事经营活动。其性质介于一般的房屋出租居住和店铺之间，连家店的租金
介于两者之间。本文参照该定义，并根据实际情况将其延展，从事经营的店
铺以外，连家店还包括从事生产活动的家庭式作坊。

设施和附属设施是影响建筑物环境质量的重要因素。建筑物的功能是由其物理属性决定的,可以分为居住功能、经营功能、生产功能。除此以外,建筑物经历了时间和历史的洗礼,还具有文化传承的功能,具有历史文化价值。建筑物的外部空间价值是指外部空间为建筑物使用者带来的效用价值。由两部分组成,一部分是户外空间的生产成本,即人类劳动价值在户外空间的凝结;另一部分是由户外空间的基本功能、社会效能、景观效能、生态效能①所带来的效能价值。

　　②土地价值。房屋如果不依附于土地将不复存在,也没有价值,因此土地对房屋价值的实现有前提和基础的作用。城市郊区房屋存在的基础是农村集体土地,其中宅基地与其上建筑物构成农村居民住宅,建设用地与其上建筑物构成企业、店铺以及公共设施。然而,房屋财产所有权和土地所有权分属不同的主体,建筑物价值和土地价值所产生的收益也分属不同的主体。居民住宅是完全属于村民的财产,用于构建房屋的基础——宅基地——却不属于农民,其所有权属于农村集体,农民只有使用权;企业和店铺对房屋只有租赁使用权,即部分使用权,其余部分使用权和构建房屋的基础——集体建设用地——的所有权均属于村集体。

　　(2)无形价值。

　　城市郊区房屋具有的无形价值按照房屋用途分为住宅无形价值、企业无形价值、店铺无形价值。住宅无形价值包括文化传承、遗赠等价值,企业和店铺无形价值是由企业和店铺的无形资产创造的价值。农户房屋的无形价值与农村的生活方式、生产方式以及亲情传承有密切的关系,农村庭院可以作为"社会关系网络"的节点,这些附着在房屋之上的有关区域的、历史的、亲情的等无形附加值,是一种隐性价值。企业和店铺无形价值包括产权人长期以来积累的客户资源、声誉资源、渠道资源等。此外,集体土地上的企业和店铺依托城市郊区的资源发展,可以进行低成本的生产运营,廉价的地租和劳动力大大减轻了企业的负担。

---

　　① 徐善彬:《基于一般价值理论的居住区户外空间价值构成》,《山西建筑》2009 年第 2 期。

4.1.2 置换前后房屋价值的变化

4.1.2.1 住宅房屋置换前后价值变化

通过房屋置换，城市郊区集体土地上住宅房屋转变为国有土地上房屋，两者价值差异如下。

（1）建筑物价值。

第一，从建筑物的物理属性上看，两者有差异。①建造方式：前者是自建，后者是开发商建造。自己建造房屋的好处在于成本低、质量有保证，但缺陷是结构往往不合理，空间不能够得到有效利用；开发商建造房屋的好处在于钢混结构楼房要比农村房屋结实，并且充分利用土地空间，缺陷是为了节约成本可能出现偷工减料，质量无法保证。②建筑结构：前者以砖混结构为主，自建单层或者多层，独门独户；后者以钢混结构为主，以楼房为主，非独门独户，别墅除外。③内部设施：前者供排水设施不集中，而且有些地区不完善，很少有地区通天然气；后者供排水设施和天然气设施完善，城市集中统一供应和处理。④附属设施：前者有院落，后者没有。农村的布局结构基本上除了农民房屋就是耕地和建设用地，极少有公共休闲设施，因此每家每户的院落就承担了休闲的功能；而城市楼房不可能给每户留下私人的休闲空间，因此将公共休闲设施集中在小区内部。

第二，从用途和功能上看，前者具有居住、经营、租赁功能，后者虽然仍具有居住、经营、租赁功能，但是受到用途和空间限制，不能够从事经营活动。

置换前，农村集体土地上住宅房屋的多元化功能不但保障了农村居民的基本居住需要，而且成为其收入来源的重要组成部分，同土地一样起到生活保障和就业保障的作用。城市郊区已经成为流动人口（农村剩余劳动力）转移的主要场所，形成了失地原住农民和外来人口共生的状态，Zhang 等[1]称之为中国城市移民的

---

[1] Zhang L., Simon X. B. Zhao and J. P. Tian, "Self-help in housing and chengzhongcun in China's urbanization," *International Journal of Urban and Regional Research*, Vol. 27 (4) (2003): 912–938.

"房屋自救"。因此，置换前住宅房屋具有居住价值和保障价值。

①居住价值。是一个很抽象的概念，是指住宅房屋保障农民居住的价值。与城市房屋相比，农村房屋具有很大的效用：一方面地处城市规划区以内，生活设施方便，交通优越，区位不亚于城市房屋；另一方面郊区农民能够在宅基地上修建一层到多层的建筑，房屋宽敞，居住舒适。据统计，郊区农村人均居住面积是城市人均居住面积的 1.5~3 倍。

②保障价值。是指郊区农村居民房屋不仅可以用于居住，还由于面积大，位置佳，周围有巨大商机，因此可以用于出租和经营，成为一种财产经营手段。对于不同年龄段的郊区农民来说，房屋具有不同的保障价值，特别是对郊区的准老年人和老年人具有多方位保障的功能，能够为其提供收入保障、就业保障和养老保障。

收入保障是指城市郊区企业的进驻和流动人口的大量流入刺激了郊区农村居民的"房东经济"，"房东经济"成为郊区农村最为普遍的一种非农经济，不需要技术、资金，只要将空闲房屋腾空出租便可每月获得固定的房租收入，大量的流动人口为稳定的房租收入和房屋租赁市场提供了可能。

就业保障是指农村居民利用自己房屋作为连家店从事生产、经营活动，从而获得非农就业机会。一种连家店是将靠近街道或者大路的房屋作为门面房，经营烟酒百货、餐饮，或者利用庭院从事家庭作坊等生意。用作经营场所的房屋，是具有郊区农村特色的房屋类型，也可以称为"前店后房"，即兼有居住和经营功能的住宅房屋。另一种连家店是利用庭院或者附属房屋做生产车间，购买并安装一系列设备，依靠家庭成员拥有的特殊技能从事加工制造、汽配维修等类型的生产经营活动，也称为"家庭式作坊"，即兼有居住功能和生产功能的住宅房屋。连家店在城市郊区普遍存在且具有很大价值，一方面是由于郊区特殊的地理位置和繁荣的商贸服务业，另一方面是由于连家店的存在为家庭成员提供了从事非农生产、经营活动的条件，也为其提供了就业保障。

养老保障是指城市郊区住宅房屋为农村家庭养老提供了保障。城市郊区农村家庭养老的模式主要有两种：第一种是全家人住在一起，即家庭养老；第二种是分开居住，自身养老与家庭养老结合。以南京市湿地公园项目影响的 QQ 村为例，75% 家庭的老年人和其他家庭成员居住在一起，20% 家庭的老年人与其他家庭成员分开居住。第一种情况中，准老年人所占比例较大，居住在一起是以抚养为主、养老为辅。由于准老年人仍然有很强的自理能力，可以帮助子女做家务、带孩子等，与其他家庭成员在一起，无论心理上还是经济上都是有保障的，因此老年人更加接受与家人居住在一起的家庭养老模式。第二种情况，可以说是由第一种情况演化而来，年轻人家庭稳定后，开始独立生活，虽然房子不在一起，但是在同村内，距离很近，因此还是以家庭养老为主、老年人自身养老为辅。由于郊区企业多，流动人口活跃，因此有很好的租赁市场，老年人利用房屋进行店铺经营、部分房屋出租等，可以获得稳定的月收入，经济上具有一定的独立性。

置换后，单就建筑物价值来讲，城市国有土地上住宅房屋在生活环境、房屋结构、配套设施等方面的价值要高于集体土地上住宅房屋，但前者无法实现多元化功能。一方面是硬件上的限制，即城市国有土地上房屋户型小、多楼层，租赁功能受限制，经营功能难以实现。例如用于安置 QQ 村的南京 JG 经济适用房小区，主力户型为 $40m^2$ 到 $85m^2$，户均 1.5 套，即置换后的户均面积是 $60m^2$ 到 $127.5m^2$，而受拆迁影响的 QQ 村户均面积为 $175m^2$，因此拆迁后的房屋很难满足出租功能。另一方面是软件上的限制，郊区企业众多，随之带动了附属经济，包括租房、零售、餐饮、娱乐等行业相继发达，流动人口多是房屋出租、经营的最有利条件，而搬迁后，这一条件失去，房屋租赁和经营的优势也就没有了。在目前的拆迁补偿内容中并未涵盖房屋租赁功能和经营功能的价值，在补偿时，并不针对店铺经营进行有针对性的评估，而是在营业面积的部分增加每平方米 1 到 2 倍的补偿，相当于对店铺损失做一次性结算，而这样的补偿金额往往仅为店铺年利润的 4~5 倍。此外，搬迁后，一个两代以上的家庭至少可以分到两套住房，于是老年人与子女就会分开居住，加之楼房户型限制，不具备家庭养老的基础设施条件，从而也改变了农村几千年以来的家庭养老习惯，逐步将养老推向社会，更多地依赖社会养老体系。因此，养老保障质量在很大程度上取决于社会养老保障体系健全与否，养老保障价值的实现存在巨大的风险。

第三，从空间价值上看，前者既有私人的户外空间，也有公共的户外空间，且公共户外空间是与其有紧密关系的农村集体，有强烈的归属感；后者只有公共的户外空间，而且具有独立性，要经过很长时间才有可能建立社区归属感，而归属感对人很重要，不仅是一种依靠，还是一种被认同、被认可的感觉。此外，户外空间还具有基本功能、社会效能、景观效能、生态效能。[①]

综上所述，住宅房屋置换后，城市住宅房屋居住价值有所提升，但是原有农村房屋所具有的收入保障价值、就业保障价值完全丧失，养老保障价值的实现也面临巨大的风险。

（2）土地价值。

房屋如果不依附于土地将不复存在，也没有价值，因此土地对房屋价值的实现有前提和基础的作用。农村房屋依附于农村宅基地，而城市房屋依附的国有住宅用地堪称城市"宅基地"，两者的区别见表 4 – 1。

表 4 – 1　农村宅基地与城市"宅基地"相比较

	农村宅基地	城市"宅基地"	农村宅基地存在问题
房地契取得方式	集体无偿划拨	一种情况是通过市场化取得，如商品房；一种情况是通过行政划拨取得	无偿划拨虽然满足了农民平等的住房需求，但导致宅基地无序占用现象产生
住宅数量	一户一宅	不限	一户一宅并没有保护耕地，一户多宅的现象大量存在

---

① 徐善彬：《基于一般价值理论的居住区户外空间价值构成》，《山西建筑》2009 年第 2 期。

续表

	农村宅基地	城市"宅基地"	农村宅基地存在问题
产权发生变化	不变	产权转移,使用权也转移	—
商品化程度	低程度商品化	完全商品化	解决农村自给自足问题,但阻碍了农村经济的发展
决策主体和所有者主体分合	村集体是所有者主体,但不是决策主体	政府是所有者,也是决策主体	所有者主体和决策主体分离导致审批程序复杂,效率低下

由以上分析可见,农村房屋与城市房屋在房地产权上存在一定的差异,包括以下两个方面。

①流通性差异。

前者流通性有限。根据《土地管理法》的规定,农民将其房屋转让给本经济组织的成员,即农民出卖、出租住房后,再申请宅基地的,不予批准。可见,宅基地使用权转让有限制,按照此逻辑,农村房屋成为"死产"、被闲置的可能性极大。宅基地可以看成是集体无偿供给村民的福利待遇,按理说不能用这种福利来给自己创利,只能供自己居住。一旦失去村民身份,宅基地使用权将随之失去,整个房屋交易也将落空。按照这样的规定,农村房屋只能在农村范围内流转、买卖。房地产的原则是"地随房走",但农村只有宅基地方面的规定,没有房屋方面的法律规定,变为"房随地走"。房屋与宅基地的所有权是分离的,由于宅基地的所有权是属于农村集体的,房屋所有人仅拥有宅基地的使用权,因此房屋的资本品价值和消费品价值难以得到完全的实现。

后者在城市房地产市场内具有完全的流通性。产权人拥有完整的房屋产权和国有住宅用地所有权,房屋可以用于市场交易,实现市场价值,是受到保护的私人财产。也可以说,房屋置换后建筑物与土地合并为物业价值,房屋作为一种消费品或者资本品通过市场交换,其价值得以完全实现。

②财产权合法性差异。

前者财产权未受到保护。在现行的法律框架下，涉及农村房屋所有权的法律很少，最主要的是《土地管理法》，其次还包括《宪法》《民法通则》和《物权法》，虽然都笼统地提到"合法的财产受保护"，但只规定了一户农民能享有一块宅基地使用权，并未给予其"合法"享有宅基地上房屋所有权的权利——进行产权登记并颁发全国通用的证书。

后者财产权合法，受到保护。购房者在购买商品房、向国家缴纳相关税费之后，可获得房屋产权证。城市房屋不仅具备国有土地的使用证，还具备城市房屋所有权证书，并且购房者可以向不动产登记机关申请登记并取得不动产的权属证书，作为财产权"合法"的凭证。购房者不但拥有对所有房屋的占有、使用、收益和处分权利，而且权利受到法律保护。

综上所述，住宅房屋置换后，土地使用权和所有权发生转移，房屋与土地相结合形成物业价值，价值提升，商品化程度提高了。

（3）无形价值。

住宅房屋，不仅是承载居住的场所，成为一种居所，还无形中成为人们生活的一部分。自古以来，居所和人们的生活已经是血脉相融，密不可分，甚至成为我们不用宣扬就能体现身份价值的生活名片。

置换前，集体土地上住宅房屋与庭院相结合，承载了农村生产方式、生活方式和村俗民风，具有一定的文化价值和历史价值，房屋建筑空间以家庭为单位划分，建筑风格和质量好坏能够从外形轻易分辨，从而体现户主的身份价值，与地理位置关系不大。

置换后，用于安置的城市房屋是按照国家住宅建设标准设计，在城市特定区域集中建设，得到政府政策扶持的保障性住房，以中、低收入家庭为供应对象。这类区域由于过分集中，容易导致社会阶层在空间上的分化与隔离，使经济适用房戴上"低收入者聚落""城市贫民区"的帽子，不但造成居民的心理压力，不利于小区治安、文化的发展，容易形成一系列社会和环境问题，而且不利于农村居民向城市生活方式的过渡，使其刚刚"移民城市"，就被边缘化，从而落入"非农非居"的尴尬境地。

综上所述，住宅房屋置换后，建筑物价值有所提高，但是房屋功能多元化无法实现。房屋和土地所有权人合二为一，构成了房屋的物业价值，可以用于实现房屋的市场价值，但物质、经济、社会文化影响力方面的因素限制了物业价值的充分体现。

4.1.2.2　店铺置换前后价值变化

通常在城市郊区购买店铺从事经营的现象并不多见，一方面是由于郊区房地产市场不完善，各项产权手续不能够受到法律保护，另一方面是由于店铺经营者本身流动性较强，而花费较高的成本一次性购买后在出手时可能面临有价无市，并不具备投资可行性。因而，店铺产权人一般通过租用村集体的门面房经营，拥有房屋和土地的使用权，房屋和土地的所有权归村集体，拆迁时对房屋产权人和土地所有权人给予货币补偿，店铺承租人与村集体协商补偿方案。一般来说，村集体租赁门面房的协议上都说明遇到拆迁时将终止合同。因此拆迁时，店铺产权人将得到由村集体退还的未发生租金，然后自己另行选址，重新租赁。因此，作为房屋租赁人的村集体，将得到货币补偿；而作为房屋承租人的店铺产权人，在拆迁中仅得到装修补偿和一定的营业损失补偿，他们失去的宝贵无形资产却被忽视了。店铺拆迁前具有有形价值以及无形资产价值，拆迁后转化为货币形式，不具有实物价值。

（1）店铺置换前价值。

①有形价值。

店铺的根本属性是生产资料，是商业经营活动的载体，作为一种具有增值效应的生产资料，在使用消耗的同时换来增加收益，实现其有形价值。房地产行业有句话："住宅越用越旧，而商铺越用越值钱。"这种价值就来自于经营。店铺的经营价值可以从经营利润上体现出来，店铺经营好坏，直接波及店铺市场价值，因而是店铺有形价值的直接体现。此外，经营价值还是一种动态的价值，受到很多因素的影响，有主观的也有客观的。

主观上，经营者有独到眼光，经营质量好，获得良好的口碑并积累一批忠实顾客是店铺经营获得成功的关键；如果做不到，店铺将因此贬值。

客观上店铺选址最重要的就是人流量，拥有最大潜在客户

群，可以为店铺经营打下基础，因此繁华地段的店铺租金往往
是一般地段的数倍，乃至数十倍。同时，选择了优势地理位
置，但没有经营特色，仍然无法脱颖而出、获得高额经营利
润。"酒香不怕巷子深"，保持店铺经营特色，也是不容忽视
的。在信息时代的今天，口碑相传范围更加广泛、速度更为迅
捷，因此做好店铺经营的质量和特色也是店铺经营价值体现的
关键。

②无形价值。

店铺经营者长期以来积累的客户资源、声誉资源、渠道资源
等，是店铺生存的根本，都与店铺所处位置、周围环境有关。搬
迁后，从选址，到租赁，到最终店铺开始经营并收回成本需要至
少半年的时间，还面临再次搬迁、客源不足、渠道不利等风险，
要恢复重建新的无形资产有一定的困难。

除此以外，店铺往往需要很少的员工，人力资本的高低主要
是与店铺产权人的技术和能力有关，在置换过程中，店铺产权人
的技术和能力不会突然发生变化，因而这部分无形资产价值并未
发生变化，在分析中不做讨论。

（2）店铺置换后价值。

店铺的价值权属具有异质性。店铺的经营价值是由店铺所处
的位置和店铺房屋实体的存在带来的，是一种有形价值，因此属
于房屋产权人；而店铺的无形资产价值是由店铺的经营者通过苦
心经营获得的，属于店铺产权人。拆迁时，对店铺采取货币补
偿，不再安排新的选址。拆迁后，店铺产权人另找地方租赁房屋
重新开始经营，重新建立店铺的无形资产价值；房屋产权人即村
集体，将店铺拆迁补偿金用于集体资产经营，其中也包括修建新
的门面房用来出租，重新建立店铺的经营价值。因此，从某种意
义上说，店铺置换后有形资产价值发生了转移，但无形资产价值
完全损失掉了。

4.1.2.3　企业置换前后价值变化

城市郊区企业是指通过租赁获得集体建设用地使用权，并在
其上建造厂房，进行生产经营的企业，拥有集体土地使用权和企
业房屋的所有权。企业房地产作为一个整体，不仅包含企业建筑

物价值、企业本身的无形资产价值，还包括企业所占用的土地的价值，即企业用地价值。

（1）企业置换前价值。

①土地价值。

土地是企业存在的基础，也是工业经济发展的最基本的生产要素之一。由于企业在选址时，并不拘泥于具体城市和区位，存在广泛的选择空间，最佳的布局原则就是使生产成本最低，因此土地获得成本就成为企业选址的决定性因素。与城市的工业用地相比，通过租赁形式获得城市郊区农村集体建设用地对中小型企业来说是最佳的发展方式。一方面，企业不需要还未开工就一次性投入大笔资金在土地获得上；另一方面，郊区的交通和资源与城市差距并不算大。

对农村集体来说，将建设用地出租给企业收取租金，或者通过集体建设用地流转、入股等方式运作，都能够实现土地经营价值。农村集体作为土地所有权人将土地出租给企业因而拥有出租人权益，享受土地出租带来的收益，实现土地的所有权价值。

②建筑物价值。

非住宅房屋，或称生产性用房，如企业的厂房、车间等，主要功能是进行产品生产，是企业生产活动的载体，企业重要、大型设备的操作实现空间。企业可以根据不同的生产需要进行空间的弹性调整，即企业租赁集体土地后，可以在其上修建一定的厂房，当出现空间剩余时，还可以出租给别的小企业进行生产，于是出现了厂中厂现象，从另一个方面为企业实现了增值收益。

生产价值的实现也受到一定因素的影响。

首先，企业经营类型。对于加工类型的企业来说，交通便利、物流发达的地区，无论人流量多少，对生产和销售都是有利的，特别是郊区外贸加工企业，通过各种渠道接受订单后进行生产，销售渠道与企业区位无关，因此企业寻找新选址不需要花费过高成本，甚至可以在次级区位寻找，只要地租便宜、劳动力廉价即可；资源依赖型企业，需要靠近资源所在地，对区位要求较高，寻找一个新的选址需要花费更高的成本，例如郊区沙厂，需要依靠郊区河流进行采沙，并且在河道旁边花费成本建造吊杆（成本约为 5 万元/个），进行搬迁和重新选址非常困难，即使找到新选址，也面临生产成本的增加，因为可能由河运原料变为公路运输，运费提高，导致生产成本提高。

其次，交通地理条件。无论哪种类型的企业，选址时都需要考虑交通便利性，郊区地理位置优越，土地租金低廉，是企业实现生产价值的最佳位置。

③无形资产价值。

非住宅房屋除了具有有形资产价值以外，还具有无形资产价值。对于企业来说，获取的利润不仅要依靠有形资产创造的加工利润或有形资产商品的贸易利润，还要依赖无形资产创造的利润，这些利润是高于行业平均水平的超额利润。企业的无形资产可以分为四类：知识产权类、契约权力类、关系类、综合类。[①]知识产权类无形资产包括专利、商标权、非专利技术等不易复制和丧失的资产；契约权力类无形资产包括优惠合同、特许经营权、土地使用权等企业通过签订契约有权获得优越产销地位而形成的无形资产；关系类无形资产包括企业内部人事关系、熟练工人和企业外部供销网络；综合类无形资产主要指商誉等促使企业在同行业市场竞争中处于较为优越地位的综合性资产。企业拆迁导致无形资产损失程度最大的为契约权力类、关系类和综合类无形资产。

（2）企业置换后的价值。

企业类似于住宅，其房屋所有权和土地所有权是分离的。企业租赁村集体土地，具有土地的使用权，并为该使用权付出成本，在租赁土地上建设厂房、车间等房屋，成为这类房屋的所有权人。拆迁时，对企业房屋采取货币补偿，不再另行安排选址；对村集体建设用地采取征地补偿，不进行农业人口安置。对于企业来说，在拆迁过渡期，企业需要重新选址、储存设备、建造厂房、搬迁设备、安装设备、安排原有工人或者重新招聘工人并培训等，重新建立企业后，企业面临重建供销渠道、社会网络、商

---

① 张明龙：《企业无形资产的考察》，《长白学刊》1996 年第 3 期。

誉的重重任务，无论如何，原有的无形资产都发生了一定程度的耗散，如果要维持，必须花费一定的成本。因此企业置换后，仍然拥有有形资产和无形资产价值，但是都发生了相应的变化。对于村集体来说，集体建设用地转换为货币补偿，失去集体建设用地的所有权价值。

4.1.3　置换前后房屋价值的评估方法

根据城市郊区房屋类型，本书将对住宅房屋、店铺和企业的价值进行评估。城市郊区房屋价值的特点决定了需要设计一种有针对性的价值评估方法，综合考虑房屋的有形价值和无形价值。由于土地是房屋存在的基础，也是房屋价值实现的前提，因此，在评估房屋价值时将房屋和土地一起作为房地产价值进行评估。房屋置换前后价值的比较可以看作农村房地产价值（农村房屋与建设用地价值之和）与城市房地产价值的比较。以下评估以单位面积（m^2）房屋价值为基础计算。

4.1.3.1　住宅房屋置换前后价值评估方法

（1）住宅房屋置换前的价值评估。

住宅房屋与宅基地相结合具有居住价值、保障价值和宅基地价值，其中居住价值使用市场比较法计算，保障价值和宅基地的土地价值用收益还原法来计算。住宅房屋的价值可以表示为：

$$V_{住} = L + S + T \qquad\qquad 式(4.1)$$

式中，$V_{住}$表示置换前住宅房屋价值，L表示住宅房屋居住价值，S表示保障价值，T表示宅基地价值。

①居住价值。

租赁人通过付出租金成本可以获得基本的居住功能，且租金水平与地段和房屋类型有关，因而租金水平在一定程度上反映房屋的居住价值。郊区房屋地处城市规划区内，与周围城市房屋地段相当，处于相近路段和相近街区的"供需圈"内，因此在进行集体土地上房屋价值评估时可以相同地段城市房屋价值和评估方法作为参考。城市房屋价值评估最常用的方法是市场比较法，而城市郊区住宅房屋用途和使用条件的可变空间较大、市场限制少、市场吸引力不弱，且具有一定可比性的市场案例较多，因此亦可采用市场比较法进行评估。根据市场比较法计算公式 1.1，在评估房屋的居住功能时，将 r_1、r_2、r_3 所代表的影响房屋价值交易情况因素修正系数、交易日期因素修正系数和房地产状况调整系数替换为租赁价格系数和租赁面积系数。此外，由于城市房屋价格中包含了国有土地的价值，因而要将其剔除。可以用以下公式表示住宅类房屋的居住价值：

$$L = (P - P_宅) \times \frac{R_1}{R_2} \times \frac{A_1}{A_2} \qquad \text{式}(4.2)$$

式中，L 表示住宅房屋的居住价值，P 表示评价时点相同地段城市房屋的单位面积价格，$P_宅$ 表示相同地段国有住宅用地的基准价格，R_1 和 R_2 分别代表评价时点相同地段单位面积集体土地房屋租金和城市房屋租金，A_1 和 A_2 分别代表农村房屋和城市房屋的人均住宅面积。由于农村房屋总面积大，其中大部分用于出租，因此为了区分开居住和经营、出租的功能，此处农村房屋人均居住面积是指房屋总面积减去用于租赁的面积之后按照农村家庭人口计算的平均面积。

②保障价值。

农村房屋的保障价值是由房屋租赁、经营、养老等多元化功能实现的。计算房屋租赁获得的收入保障价值和经营获得的经营保障价值均可以采用收益还原法。由于房屋无论是通过租赁还是经营都可以带来收益，根据预期收益原则，价值是由未来可产生的预期收益所创造的，因此，房屋的保障价值即为这些预期收益的现在价值。置换前房屋的保障价值为：

$$S = S_1 + S_2 \qquad \text{式}(4.3)$$

式中，S 表示置换前农村居住房屋保障价值综合，S_1 表示居住房屋的收入保障价值，S_2 表示居住房屋的经营保障价值。

第一，收入保障价值。

城市郊区农村住宅房屋出租获得租金，通过对租金价值进行评估，按照单位面积年租金和年租率进行折算，可以求出房屋收入保障价值。从理论上看，当房地产功能得到最有效发挥，拥有最高使用率和最佳用途，且具有可持续性时，租金价值与房屋租赁功能的市场价值之间就存在了一种可预测的关系——贴现的净租金收入流将约等于市场价值，计算的核心在于确定租金纯收益和租金的资本化率。可以用下式表示：

$$P_1 - \frac{P_2}{(1+i)^n} = \sum_{t=1}^{n} \frac{a_t}{(1+i)^{t-1}} \qquad 式（4.4）$$

式中，P_1 为租赁发生时的房屋价格，P_2 为租赁结束时的房屋价格，n 为租赁的月数（由于租金按月收取，所以租赁时间也按照月来计算），a_t 为房屋租赁期限第 t 月份的租金，i 为房屋租金的月收益还原率。

由于郊区房屋租赁市场活跃，房源丰富，因此租赁价格趋于平稳，每月租金基本固定，均为 a。上式可以简化为：

$$P_1 - \frac{P_2}{(1+i)^n} = a \sum_{t=1}^{n} (1+i)^{-(t-1)} \qquad 式（4.5）$$

计算房屋租赁收益时要使用纯收益，因此需要去掉房屋租赁期间为了防止损耗所花费的维修、维护房屋的成本，即房屋租赁成本。上式中，左边即为房屋租赁成本，可以将房屋看成一项固定资产进行折旧，租赁期越长，花费的成本越高，越要考虑到固定资产折旧。使用年限法对折旧进行估算，假设租赁时每年房屋租赁成本的现值相同，在租赁时，房屋寿命为 N 年，则从租赁日开始每年花费的房屋租赁成本为房屋初始价值即租赁时价格的 $\frac{1}{N}$，租赁期间房屋租赁成本 C 可以用公式表示为：

$$C = \frac{1}{12N} \times P_1 \times n \qquad 式（4.6）$$

因此，式（4.5）也可以表示为：

$$\frac{1}{12N} \times P_1 \times n = a \sum_{t=1}^{n} (1+i)^{-(t-1)} \qquad 式（4.7）$$

即：

$$P_1 = \frac{a \sum\limits_{t=1}^{n} (1 + i)^{-(t-1)}}{n} \times 12N \qquad \text{式}(4.8)$$

设：

$$r = \frac{n}{12N \sum\limits_{t=1}^{n} (1 + i)^{-(t-1)}} \qquad \text{式}(4.9)$$

房屋的租赁收益价值可以表示为：

$$P_1 = \frac{a}{r} \qquad \text{式}(4.10)$$

式中，r 为月租金率，也就是按照收益还原法采用的计算公式中的资本化率。可见，房屋用于租赁功能的价值与月租金率关系很大，租金固定不变时，月租金率越小，表明初始的租赁价值越高。由于农村房屋所依附的宅基地没有使用时间的限制，因此房屋可用于租赁的年限 $12n$ 与房屋寿命 N 接近一致，且 n 取无限期，则 r 与 i 相等。置换前住宅房屋收入保障价值可以用租赁发生时的价格来表示，单位面积的收入保障价值为：

$$S_1 = \frac{a}{rm} = \frac{a}{im} \qquad \text{式}(4.11)$$

式中，m 为房屋平均用于租赁的面积，S_1 为单位面积的收入保障价值。

第二，经营保障价值。

住宅房屋作为连家店营业获得经营收入，可以通过对经营收益进行还原来计算住宅房屋作为连家店的经营价值，连家店为城市郊区农民的非农就业提供了条件和场所，因此也具有就业保障功能。然而，并非所有的农村住宅房屋都具备成为连家店的条件，只有那些靠近马路、有一定车流量和人流量、位置较好的住宅房屋临街部分才具备经营条件。而其他住宅房屋不能够直接用作店铺经营，但也存在成为家庭作坊的可能，主要与家庭成员的技术水平有关。因此，利用公式 1.4，单位面积连家店的就业保障价值可以用收益法计算：

$$S_2 = \frac{a_1 b_1}{r_1 m_1} + \frac{a_2 b_2}{r_2 m_2} = \frac{1}{r} \times \left(\frac{a_1 b_1}{m_1} + \frac{a_2 b_2}{m_2} \right) \qquad 式(4.12)$$

式中，S_2 代表置换前住宅房屋单位面积的就业保障价值，b_1 为住宅房屋成为"前店后房"的概率，m_1 为"前店"即店铺的面积，a_1 为经营净收益，r_1 为经营收益的资本化率，b_2 为住宅房屋成为"家庭作坊"的概率，a_2 为"家庭作坊"的生产收益，r_2 为生产收益的资本化率，"家庭作坊"的面积为 m_2。连家店无论是以"前店后房"还是以"家庭作坊"形式存在，都是依托住宅房屋进行经营，通过将部分住宅房屋改造为商业用途而获得收益，并省去租赁房屋经营所需花费的成本，因而可以将住宅房屋作为商业用房的资本化率 r 看作连家店经营收益和生产收益的资本化率，即 r_1 和 r_2 都等于 r。

此处的经营收益为店铺的净利润，即经营收入与经营成本之差。连家店属于农村居民自有住房，不存在租赁成本，由家庭成员经营，也不存在人力成本，因此经营成本主要包括相关的税金和进货成本等。生产收益为家庭作坊的净利润，即生产销售收入与生产成本之差。家庭作坊生产需要一定的设备和少量的雇佣工人，生产成本包括原材料、运输费、折旧费、工资和税金等。

③宅基地价值。

宅基地属于农村集体建设用地，其价值可以按照机会成本法计算，即买断集体建设用地所有权，就使集体建设用地使用权流转的机会收益丧失了，因此，可以参照集体建设用地使用权价格来估算集体建设用地的价值，从而为集体建设用地征用标准做参考。集体建设用地使用权流转时的代表双方，即政府和村集体，实力悬殊，而且村委会代表村集体行使集体建设用地所有权，可信赖度相对较差，不可预见因素较多，投资风险较大。与国有土地使用权相比，集体建设用地使用权稳定性差，使用风险较大。另外，针对集体建设用地流转规范的专业法律、法规滞后，往往是集体土地的开发利用已经成批地进行了，政府管理部门还没有具体的管理办法和相关的政策出台。

鉴于目前有关农村建设用地流转价格的计算尚未规范，要确定集体建设用地流转利益的合理性成为一个难题。集体建设用地三种用途中，公共事业用途的公共事业价值在征地补偿时作为附属设施将按照市场价格给予相应的补偿，而作为经营开发用途和宅基地的经济价值却被忽视，因此将这部分价值估算出来作为集体建设用地补偿的内容非常必要。基于此，本书以资源要素对经济增长的贡献和现行集体建设用地租金水平作为集体建设用地价值参考，采用收益还原法计算，则单位面积宅基地价值的计算公式如下：

$$T = \frac{\sum\limits_{i=1}^{n} \dfrac{R_i}{(1+r)^n}}{666.7} \qquad \text{式}(4.13)$$

式中，R_i 代表集体建设用地第 i 年的租金，r 为土地收益还原率。

（2）住宅房屋置换后价值评估。

农村集体土地上住宅房屋置换为国有土地上的楼房，这个过程中涉及三种价格。第一是房屋拆迁补偿价格；第二是安置房申购价格，即政府限定的安置房建造成本价格；第三是安置房周边商品房的市场价格。虽然安置房在性质上是可以进入房地产市场并按照市场价格交易流通的，但是有些地方拆迁安置房在产权可以流通转让之前有一定的时间限制，例如南京市将被征地农民纳入城市住房保障体系，用经济适用房安置，然而经济适用房政策规定从购买时开始，5 年后才可以上市交易，并且按照住房保障需要由政府按照一定的价格优先回购。因而，按照估价时点周围商品房的市场价格来表示置换后住宅房屋的价值不妥，应当用安置房所在地的国有土地出让价格计算安置房土地的价值，将安置房申购价格作为房屋建筑物价值，两者之和即为置换后安置房价值。计算公式如下：

$$V_{住}' = P_{地} + P_{房} \qquad \text{式}(4.14)$$

式中，$V_{住}'$ 表示置换后住宅房屋价值，$P_{地}$ 表示评估时安置地点的土地价格，$P_{房}$ 表示安置房申购价格。

4.1.3.2 店铺置换前后价值评估方法

（1）店铺置换前价值评估。

置换前，城市郊区农村店铺的价值由有形资产价值和无形资产价值构成。城市郊区农村集体土地上的店铺虽然与一般城市的商业店铺和农民住宅房屋改建的连家店在租金成本上有所不同，但是都包含了有形价值和无形价值。店铺的价值是通过租赁实现的，其有形价值以土地和房屋为基础存在并为其产权人村集体带来收益，无形价值由店铺产权人投入资本创造并获取超额收益。店铺置换前有形资产价值可以使用收益还原法计算，无形资产价值采用重置成本法计算。

$$V_铺 = B_铺 + N_铺 \qquad \text{式}(4.15)$$

式中，$V_铺$ 表示置换前店铺总价值，$B_铺$ 表示置换前店铺的有形资产价值，$N_铺$ 表示置换前店铺的无形资产价值。

①有形资产价值。

首先假设店铺为纯商业店铺，再利用收益还原法计算出店铺的房地产价值。由于其中包含了国有商业用地价值，因此将按照国有商业用地计算的土地价值剥离出，并用集体建设用地价值替换，由于店铺用地和宅基地类似，因此可以用宅基地价值表示。于是，集体土地上店铺的有形价值即为：

$$B_铺 = \frac{\sum_{i=1}^{n} \frac{a_{铺i}}{(1+r)}}{m} - p_商 + T \qquad \text{式}(4.16)$$

式中，$a_{铺i}$ 是置换前店铺年租金，r 为商业用房的收益还原率，$p_商$ 为相同地段国有商业用地基准价格，m 为店铺面积，T 为单位面积店铺土地价格。

②无形资产价值。

店铺的无形资产价值是指店铺产权人长期以来积累的客户资源、声誉资源、渠道资源等，能为企业带来超额收益，因此可以根据其带来的超额收益进行价值评估。首先在店铺获得的实际收益中，扣除按当地同行业平均利润率计算的净收益，即为店铺的超额收益，然后按照当地同行业平均利润率将超额收益资本化，可以得到店铺的无形价值。

$$N_铺 = \frac{b_{铺1} - b_{铺2} \times q}{q} \qquad \text{式}(4.17)$$

式中, $b_{铺1}$ 和 $b_{铺2}$ 分别代表店铺的纯收益和总收入, q 代表当地同行业平均利润率水平。

（2）店铺置换后价值评估。

由于店铺权属的异质性，置换过程中，店铺产权人并不参与补偿安置，而是被迫同村集体中止租赁合同，另找他处经营，因此不参与店铺置换中价值的转移。置换后，集体土地转变为国有土地，村集体在获得征地拆迁补偿金后，在剩余土地上修建新的门面房用来出租，重新建立店铺的经营价值。从某种意义上说，店铺置换后有形资产价值发生了转移，但无形资产价值完全损失掉了。因此，置换后，对于村集体来说，原来店铺有形价值转化到了新店铺有形价值之中。

$$V_{铺}' = B_{铺}' = \frac{\sum_{i=1}^{n} \frac{a'_{铺i}}{(1+r)}}{m'} - p_{商} + T \qquad 式(4.18)$$

式中, $V_{铺}'$ 表示置换后店铺总价值, $B_{铺}'$ 表示置换后店铺有形资产价值, $a'_{铺i}$ 是置换后店铺年租金, r 为商业用房的收益还原率, $p_{商}$ 为相同地段国有商业用地基准价格, m' 为店铺面积, T 为单位面积店铺土地价格。

4.1.3.3　企业置换前后价值评估方法

（1）企业置换前价值评估。

城市郊区企业通过租赁获得房地产使用权，从而获得承租人权益，同时，集体土地所有权人获得出租人权益，但在占有、使用、收益和处置权上受到了一定限制。因而，置换前城市郊区企业价值分为两类，一类是对于出租人的价值，即建设用地的价值，另一类是对于承租人的价值，包括企业建筑物价值和无形价值。企业房地产价值为：

$$V_{企} = V_{企1} + V_{企2} + V_{企3} \qquad 式(4.19)$$

式中, $V_{企}$ 代表置换前企业房屋总价值, $V_{企1}$ 代表企业用地的土地价值, $V_{企2}$ 代表建筑物价值, $V_{企3}$ 代表企业无形价值。

①土地价值。

企业用地的评估其实就是对企业用地在剩余时间里的使用权

价值的评估及租赁到期后的剩余价值的评估。[①] 可以用收益还原法计算出拆迁时点企业用地的价值，以货币形式对其未来租金收益进行度量，其方法如下：

$$V = \sum_{i=1}^{n} \frac{a_i}{(1+r)^n} \qquad \text{式}(4.20)$$

式中，a_i 是第 i 年土地租金，r 为企业用地的资本化率。

假设企业与村集体合约共 M 年，拆迁时为企业租赁合约第 m 年，则以拆迁时点为基准时间，剩余合同年限按照租约上的租金价格，合同以外的年限按照市场价格计算并将其折现到基准时间，两者之和即为企业用地价值：

$$V_{企1} = \sum_{t=1}^{M-m} \frac{a_t}{(1+r)^t} + \frac{1}{(1+r)^{(M-m)}} \sum_{s=1}^{n-m} \frac{b_s}{(1+r)^s} \qquad \text{式}(4.21)$$

式中，a_t 表示租赁期内第 t 年的和约租金价格，b_s 表示租赁期以外第 s 年的市场租赁价格。

②建筑物价值。

企业建筑物不仅包括厂房、车间、仓库等有结构的房屋，还包括机器设备、水泥平台等地上附属物。企业建筑物价值是指一切在租赁土地空间上的房屋和附属物的价值。企业拆迁补偿往往通过协商决定，而协商过程中最容易达成一致意见的就是建筑物价值的评估标准，因而这部分价值参考拆迁补偿标准和最终补偿结果计算。

③无形资产价值。

置换前，企业拥有的无形资产除了商誉和人力资本以外，还包括通过租赁村集体土地而获得的土地租赁权，属于契约类无形资产。因而，企业无形资产价值为：

$$V_{企3} = V_{租赁权} + V_{商誉} + V_{人力} \qquad \text{式}(4.22)$$

式中，$V_{租赁权}$ 表示置换前企业租赁权价值，$V_{商誉}$ 表示企业商誉价值，$V_{人力}$ 表示企业的人力资本价值。

---

① 陈保平、张贵强、吴姣美：《浅析有租约限制的房地产评估》，《中国资产评估》2007 年第 9 期。

由于租赁权价值可以看作企业在与村集体有租约的情况下，按照租约上的租金水平而非市场租金价格获取土地使用权所节省的成本，因此可以采用收益还原法分别计算出有租约情况下和无租约情况下企业用地的价值，两种情况下计算之间的差额即为企业租赁权价值。

商誉的存在会使企业长期获得超额利润，因此可以根据其带来的超额收益进行价值评估。首先，在企业获得的实际收益中，扣除按社会平均利润率计算的净收益及非商誉因素（如政策优惠、特殊行业或垄断经营等）取得的净收益，即为超额收益，然后，按照社会平均利润率将超额收益资本化，即为商誉价值。[1]计算公式为：

$$V_{商誉} = \frac{R_{超}}{p'} = \frac{R_{实} - p' \times R_{总} - R_{非}}{p'} \qquad 式（4.23）$$

式中，$V_{商誉}$ 表示商誉价值，$R_{超}$ 代表企业超额收益，$R_{总}$、$R_{实}$、$R_{非}$ 分别代表企业总收益、实际净收益和非商誉因素净收益，p' 代表行业平均利润率。

人力资本是企业通过对员工不断培训、奖励等获得，并且通过员工忠诚度来维持的，员工拥有熟练技能和对企业文化的忠诚认可也是企业经营发展的有力保障。因此，衡量企业的人力资本价值可以通过企业对员工在培训、教育等方面投入的成本来计算。

（2）企业置换后价值评估。

置换后，企业原有的房地产的价值分成了两部分，一部分是属于村集体的建设用地价值，另一部分是属于企业所有权人的企业价值。村集体建设用地与农用地一起置换为国有土地后，通过划拨或者出让为城市建设提供生产资料，其价值与农用地相同。因此，置换前农村建设用地能够用作非农经营，与农用地相比具有较高的经济价值，而置换后不再按照原来用途区分，一起成为国有建设用地，其经济价值根据置换后的用途来决定，相当于对原来农村集体土地资源的重新分配。

---

[1]　李敏之：《浅析知识经济时代无形资产的确认、计量与摊销》，《西安财经学院学报》2007 年第 9 期。

　　企业与村集体的租赁合同中止，失去土地租赁权价值，同时
获得房屋拆迁补偿后，另行选址继续经营。企业价值仍然包含土
地价值、建筑物价值和无形资产价值，其中土地价值由新选址的
租金水平决定，建筑物价值和无形资产价值在搬迁过程中发生了
一定程度的损耗，包括设备搬迁、人员流失、合同违约等。置换
后企业价值可以表示为下式：

$$V_{企}' = V'_{企1} + (V_{企2} + V_{企3} - L) \qquad 式(4.24)$$

　　式中，$V'_{企}$ 表示置换后企业总价值，L 表示置换过程中的损耗
值，$V'_{企1}$ 表示置换后的土地价值。

4.2　移民群体视角的房屋置换
成本 – 收益分析

　　城市郊区房屋拆迁过程中移民群体付出了哪些成本，即因为
拆迁需要搬迁重建而付出了哪些成本？对于农村居民来说，拆迁
引起的不仅仅是不动产价值损失的问题，搬迁重建也不仅仅是房
屋置换那么简单。农村住宅房屋是承载农村生活方式和文化传统
的场所，对农民来说有难以割舍的情怀，房屋拆迁，不仅意味着
一次房屋的置换，还意味着生活方式、生产方式以及亲情传承的
重大改变。对于店铺来说，小本经营最为依赖的客户群和店铺声
誉随着拆迁一并损失，而店铺从关闭到恢复营业又需要花费一
定的成本并面临极大的不确定性。对于企业来说，拆迁引起的
不仅是厂房、设备等有形资产的损失，还包括企业声誉、供销
渠道等无形资产损失，搬迁过渡期间还面临人力资源流失、停
产停业损失等。城市郊区房屋拆迁过程中移民群体又获得了怎
样的收益？在现行的补偿政策下，对居民房屋拆迁，给予货币
补偿和购买经济适用房相结合的补偿安置；对企业和店铺，仅
给予货币补偿。货币补偿并非依据房屋实际的价值，而是根据
近期测算的统一重置价格标准。作为理性的“经济人”，移民群
体自然会将房屋置换过程中的成本和收益进行比较，并以此作
为理性决策的基础。

4.2.1　成本收益模型

（1）成本收益模型。

拆迁成本函数可以表示为：

$$X = X(H) \qquad\qquad 式(4.25)$$

补偿收益函数可以表示为：

$$Y = Y(H) \qquad\qquad 式(4.26)$$

以上两式中，X、Y、H分别代表房屋拆迁成本、补偿收益和拆迁户数。达到利益均衡的目标是拆迁补偿收益率等于1，或者移民群体获得的拆迁补偿净收益Y_n为0。设I为拆迁补偿收益率，则符合以下公式：

$$I = \frac{Y}{X} \geqslant 1 \text{ 和 } Y_n = Y - X \geqslant 0 \qquad\qquad 式(4.27)$$

（2）成本收益的均衡分析。

当I等于1时，成本与收益均衡，实现了房屋的完全置换，使农村居民、店铺和企业得到完全补偿，为进一步改善生产生活提供了条件。

当I大于1时，移民群体在房屋置换过程中获得超额的补偿收益，不但弥补了原有住宅房屋、企业、店铺的有形损失和无形损失，以及搬迁过渡的成本，而且获得投资收益的机会，因而从移民群体角度来看，是成本收益模型的最优结果。

当I小于1时，拆迁补偿给移民群体带来的收益尚未达到他们付出的成本水平，政府忽视了搬迁重建需要花费成本的事实，损害了移民群体的利益，不利于农村居民向城市居民过渡，不利于店铺恢复经营，也不利于企业搬迁重建。

4.2.2　住宅房屋成本收益分析

（1）住宅房屋置换过程中的成本。

在住宅房屋置换过程中，移民付出的房屋成本函数可以具体化为：

$$X_{住} = \sum X_{住i}(i = 1,2,3) \qquad 式(4.28)$$

式中，$X_{住1}$代表住宅房屋财产损失成本，可以用住宅房屋置换前价值表示，$X_{住2}$代表迁移成本，可以用置换后住宅房屋价值的9%表示，$X_{住3}$代表置换的机会成本。

第一，财产损失成本。

拆迁使农民损失了一项重要的家庭财产——住宅房屋，此外还有与住宅房屋相关的附属物等庭院建筑物的损失，这些财产与宅基地共同构成农村居民赖以生存的家庭环境。它是农民的安身立命之所，甚至是其祖祖辈辈的居所；是农民终身积蓄所在，不少农民竭其一生就是修房造屋；是农民全部财产的集中体现；是农民的重要归宿，不论走到哪里，农村的房屋都是他们牵挂的家。农村房屋不仅是农民的安身立命之所，也是祖祖辈辈精神传承的载体，是家的延续；农村房屋是家庭中重大财产的集中体现，翻建新房在农村是家庭重大事件，据调查，在边远农村更是如此，对房屋象征意义的崇拜达到了一定高度。在征地后，对补偿费用用途的选择上，农民会首选修建房屋。在城市郊区农村，居民住宅房屋拥有除居住以外的租赁、经营等多种功能，在家庭财产中的地位更加重要。因此，失去房屋就失去了与房屋相关的一系列价值，即城市郊区住宅房屋的价值。

第二，迁移成本。

城市郊区房屋拆迁导致农村家庭的城市化流动，必然会引起农民社会经济生活的变化，这就意味着要产生迁移成本。迁移不仅是一个动作，即包括了过渡、搬迁的过程，还是一个状态的改变，即从农村生活状态改变为城市生活状态；从人口学角度来看，还是一种人口迁移。迁移成本不仅包括发生迁移的过程中产生的内在成本，即过渡、搬迁等发生的费用，还包括生活状态改变前后所产生的生产、生活成本差异，是一种外在成本。这种内在和外在成本最终作用的结果就是使家庭生活成本、生产成本和时间成本增加。

①过渡费。由于很少有工程可以在拆迁前将安置小区建设完毕，因此存在一段过渡期，在这段时期里，城市郊区农村家

庭需要租赁房屋，过渡期成本不仅包括房屋租金，还包括搜寻租赁信息的搜寻成本、搬家费用等开销，从而导致生活成本增加。

②搬迁费。搬迁后，与拆迁前农村的自给自足生活相比，日常生活开销明显增大，并且要对房屋进行二次投入，不仅包括再次支付搬家费用，还包括对房屋进行装修。对于已将补偿款的大部分用于支付购房费用的家庭来说，装修成为一种负担，因此有些困难家庭或者老年人干脆就不装修房屋，以节省搬迁后的开支，为今后高成本的城市生活预留费用。

③物业费。农民在从农村到城市、从平房到楼房迁移中遭遇的最大变化是物业管理费的产生。农村生活中，家庭享受村集体的福利，无论是垃圾费还是公共设施维护费用都是由村集体来支付，不需要村民操心。迁移到经济适用房小区之后，农民不仅丧失了原有的福利，还需要为生活方式转变付出成本，这会引起抵触情绪和一定的心理负担。由于传统的农家生活习惯一时难以改变，经济适用房小区内往往会出现一些尴尬的场面，例如将小区绿地破坏后用来"见缝插针"地种菜、乱丢垃圾、乱放车辆、防盗意识松懈等。这不仅不利于农民到市民的角色转变，还会形成一种隐性的社会歧视，增加了其融入社会的成本。

与生活开销增大相伴的是就业机会的减少，拆迁前村内有大量的企业提供岗位，村民可以通过村委会专门的就业部门找到工作，而搬迁后，要到城市居民的劳动力市场中竞争岗位，缺乏劳动技能、长期靠租金收入或者从事简单体力劳动的村民不具备优势，因此容易成为失业人群。

④关系费用。由于房屋的异质性和空间固定性，拆迁后置换到一套很好匹配自己需要的房屋并非易事。拆迁安置房屋虽然省去了搜寻成本，但也将农民的选择机会限制在楼层和朝向上。通过抽签决定选择顺序，看似公平，但其中也有一部分村干部或者"有关系"的人会越过规则，选到位置好、朝向好、楼层好的房屋，破坏了拆迁补偿的公平、公正原则。作为经济人的其他拆迁户，也会花费成本走关系，以求可以在房屋分配中获得优先权和主动权，从而导致人际关系成本上升。除此以外，原来建立的邻

里关系就丧失了①，因而又产生了精神方面的成本。

按照 Smith, Rosen, Fallis② 的估计，所有迁移成本折合成现金形式，可能占到房屋价值的 8% ~ 10%，考虑到房屋总价的巨大，这个成本非常高。Smith 等所指的迁移成本是指在城市房地产市场上重新寻找房屋并搬迁所产生的费用，包含搜寻成本、搬迁成本、精神成本，其中搜寻成本占重要比例。与之相比，拆迁后城市郊区农村居民的迁移搜寻成本很低甚至不会发生，而除了搬迁成本和精神成本之外还会发生过渡期费用以及关系费用和物业费③，因此，城市郊区农村房屋拆迁的迁移成本与城市迁移成本相当，取其中间值，即置换后房屋价值的 9%。

第三，机会成本。

失去城市郊区住宅房屋，也就失去了与之相关的多种功能带来收益的机会，因此产生了房屋用于租赁、生产、经营的机会成本。根据对南京市郊区 QQ 村拆迁户的调查，85% 受影响的家庭拥有房租收入，房租收入占家庭收入 20% ~ 40% 的家庭比较多。拥有店铺经营收入的家庭占总户数的 12.9%，其中店铺经营的副业收入占总收入的比重集中在 60% ~ 100%。

此外，正是由于住宅房屋的多种功能，城市郊区养老具有多种模式。第一种是全家人住在一起，即家庭养老；第二种是分开居住，自身养老与家庭养老结合。以 QQ 村为例，70% 家庭的老年人和其他家庭成员居住在一起，25% 家庭的老年人与其他家庭成员分开居住。第一种情况中，准老年人所占比例较大，居住在一起是以抚养为主、养老为辅。由于准老年人有很强的自理能力，可以帮助子女做家务、带孩子等，与其他家庭成员在一起，无论心理上还是经济上都是有保障的，因此老年人更加接受与家人居住在一起的家庭养老模式。第二种情况，可以

① Hanushek, Eric and John Quigley, "What is the Price Elasticity of Housing Demand," *Review of the Economic Statistics*, vol. 62 (1980).

② Smith, Lawrence B., Kenneth T. Rosen and George Fallis, "Recent Developments in Economic Models of Housing Markets," *Journal of Economic Literature*, vol. 26 (1988).

③ 朱喆：《最复杂的商品》，博士学位论文，复旦大学，2005，第 33 页。

说是第一种情况演化而来，年轻人家庭稳定后，开始独立生活，虽然房子不在一起，但是在同村内，距离很近，因此还是以家庭养老为主、老年人自身养老为辅。由于郊区企业多，流动人口活跃，因此有很好的租赁市场，老年人利用房屋进行店铺经营、部分房屋出租等，可以获得稳定的月收入，在经济上具有一定的独立性。因此，失去住宅房屋，也就失去了可以用于养老保障的机会成本。

（2）住宅房屋置换过程中的收益。

城市郊区集体土地上住宅房屋拆迁，最常见的补偿安置为产权调换和购买经济适用房，即原有的集体宅基地上的房屋置换为城市国有土地上的房屋，从拥有建房证、只能在村内交易的房屋置换为拥有完全所有权、可以上市交易的房屋。补偿安置程序一般是首先对房屋、附着物等财产损失按照补偿标准进行估价，然后按照其是否需要过渡进行补助，再对其搬迁进行一次性补助，最后安排购买安置房。因此，在住宅房屋置换过程中农民获得的全部收益包括直接货币收益和间接安置收益，其中直接货币收益包括财产损失补偿收益和搬迁补助收益，间接安置收益为低成本购买安置房的机会收益。住宅房屋置换过程中移民获得的房屋收益可以具体化为：

$$Y_{住} = Y_2 + f(Y_1 - Y_2) \qquad\qquad 式(4.29)$$

式中，Y_1 代表全部货币补偿收益，Y_2 代表申购安置房之后的结余货币补偿，即直接货币收益，则 $Y_1 - Y_2$ 为购买安置房的货币补偿收益，该收益通过安置房价值的增加也产生了增值，$f(Y_1 - Y_2)$ 代表增值收益，即间接安置收益。

①直接货币收益。

根据房屋拆迁补偿标准按照房屋结构、面积和搬迁过渡时间对被拆迁房屋进行货币补偿，即为全部货币补偿收益 Y_1。

住宅房屋中的连家店由于改变住宅房屋用途而获得经营收益，可以看成是一种机会收益，拆迁时获得的补偿是对这种机会成本损失的补偿。生产经营用途的住宅房屋将获得经营损失的补偿，比较常见的是根据房屋重置价格的倍数来补偿。例如南京市连家店补偿标准参照普通住宅房屋重置价格的 1.2 倍执行，不再另行支付停业损失费和其他补偿；镇江市[①]规定非营业性用房（即家庭作坊）参照普通住宅房屋重置价格的 1.2 倍执行，营业性用房（即连家店）根据已领取工商营业执照并持续经营的年限，参照普通住宅房屋重置价格的 1.2 倍到 2 倍执行，并且可以获得停产停业损失和搬迁补助，且标准高于住宅房屋搬迁补助。

搬迁过渡补助的计算有两种方式：一种是规定一个单位面积的补助标准，按照拆迁房屋面积计算；一种是规定每户统一的补助标准，按照户数计算，过渡期一般为 6～18 个月。

一般来说，单位面积的补偿款与安置房定价之间存在一定差距，不能够满足一对一的置换，然而由于拆迁前房屋面积较大，安置房的房型较小，补偿款一般足够申购大于 1 套的安置房，还有结余，即直接货币收益 Y_2。

②间接安置收益。

通过房屋置换，农民获得城市国有土地上安置房的所有权，可以按照市场价值进行交易，实现房屋的市场价值，因此置换过程中农民获得的间接收益即为安置房带来的价值。

安置房不仅可以当作一种投资，通过居住、出租获得回报或一次性卖出获得增值收益，还可以作为一种资产进行抵押。特别是对于农村老年人来说，失去土地后，除了失地农民基本生活保障可以用于养老以外，还可以利用房屋进行养老，例如通过向银行抵押、反向按揭等，获得稳定的收入，从而用于自身医疗保障、日常生活开支等。

此外，在房屋置换过程中，被拆迁农村居民实际上还获得了一种房屋保障性收益，即用接近于建造成本的价格购买具有流通性的国有土地上的房屋，从而获得安置房差价的收益。

---

① 《镇江市市区集体土地房屋拆迁管理暂行办法》，具体为：1 年以上 2 年以下的，增加重置结成新评估价的 20%；2 年以上 3 年以下的，增加 40%；3 年以上 4 年以下的，增加 60%；4 年以上 5 年以下的，增加 80%；5 年以上的，增加 100%。

4.2.3　店铺成本收益分析

（1）店铺置换过程中的成本。

店铺置换过程中的成本包括店铺的财产损失成本和迁移成本。在店铺置换过程中付出的房屋成本函数可以具体化为：

$$X_{铺} = \sum X_{铺i}(i = 1,2) \qquad 式(4.30)$$

式中，$X_{铺1}$ 代表店铺财产损失成本，可以用置换前店铺价值表示，$X_{铺2}$ 代表店铺的迁移成本，可以用盘铺成本与养铺成本之和表示。这期间店铺丧失了经营收益，可以看成是一种经营收益的损失，可用过渡的月数与月营业额的乘积表示盘铺成本和养铺成本之和。盘铺成本包括搜寻成本、店面花费等；养铺成本包括店铺重建、重塑声誉和培养顾客需要花费的时间成本。

　　"要想了解中国个体户的艰难，可以数数他们手中政府收费的发票。"李燕感慨地说。根据全国工商联的有关调查，繁重的政府收费已使得个体私营企业的成本不断提高。一些地方个体私营企业需要缴纳的费用有卫生费（向城建局、环保局、环卫站、文明办缴纳）、劳动用工年检费（向劳动局缴纳）、土地发放费（向土管局缴纳）、耕地占补开发费、出外经营手续费、工商年鉴公告费、造地专项基金、发票结报费、市政押金、电脑票据工本费、土地设施管理费、房产抵押管理费等，各项政府征收税费和基金多达 375 种，这还不包括各种摊派、赞助、协会收费、有偿宣传费、部门下达的报纸杂志费和非生产性招待费。[①]

从以上案例可以了解到一个店铺在正常经营期间要取得正常经营的合法资格需要负担的成本，只有取得合法资格才能够建立声誉、吸引顾客，从而才有希望获得盈利。拆迁时，店铺产权人不仅需要花费搜寻成本重新选址，也称为"盘铺"，还需要重新

①　《810 万个体户"集体出走"之谜》，《市场》2006 年 12 月 8 日。

经历一个取得合法资格、获得声誉和吸引顾客的过程，根据调查访谈，笔者了解到，这个过程至少需要 6 个月的时间，这期间店铺只能付出成本，无法收回投资，因此也称作"养铺"，在这一过程中存在极大的不确定性。

在城市郊区从事店铺经营的群体分为两类。第一类是流动人口，包括外地农民和外地非农业人员。例如南京城郊以苏北农民为主，从事农业经营收入偏低，因此选择主动迁移到经济发达地区，由于缺乏技能和资本，直接进入城市面临生存压力，就业困难，于是选择城市郊区，从低成本的店铺经营做起，经营种类往往是餐饮、日用百货之类，技术含量不高，与村民的连家店存在一定的竞争关系。做得好，可以进入城市进一步发展；做得不好，回原村务农。外地非农业人员在郊区从事店铺经营的原因可能包括城市经营成本过高，无法承受，或者遇到城市拆迁，丧失客户群后，面临昂贵的租赁成本，于是从城市退出到城市边缘地区作为缓冲。这类经营者一般有较强的技能（如理发、维修等）和丰富的经验，因此在郊区经营店铺也驾轻就熟。这类店铺经营者依然是流动人口，存在较强的流动性。第二类是返乡村民。这类店铺经营者出于外出打工、参军等原因长期不在村里，后返回村内，具有一定的"见识"，积累了一定的"本钱"，扩展了一定的"人脉"，利用村内的低廉租金，从事店铺经营，经营类型往往带有一定技术含量，包括汽车修理、房屋装修等。经营内容决定了其并不过多地依赖村民作为顾客，而是以郊区便利的地理位置和交通条件，做过往流动人口的生意。由于这类经营需要使用面积较大的房屋，因此选择租赁村集体的门面。这类店铺经营者流动性不强。

无论哪种类型的店铺，拆迁时都需要经历拆迁、过渡、搬迁、恢复、重建的过程，都要付出迁移成本。拆迁时，对于房屋产权人村集体来说，丧失的是店铺房屋作为一种经营性资产的价值；对于店铺产权人来说，由于房屋是租赁所得，除装修以外，其他都是可以搬移的资产，不存在损失。因此，店铺重要的损失是无形资产，即良好的区位、忠诚的客户群体和店铺声誉。由于店铺与企业不同，不存在品牌问题，所以声誉只是在一定范围内的，离开这个范围就不复存在。此外，城市郊区低成本发展的机会也随着拆迁而丧失。

（2）店铺置换过程中的收益。

由于店铺拆迁采取货币补偿，因此店铺置换过程中的收益即为货币补偿金额。在店铺房屋置换过程中，移民获得的房屋收益函数可以具体化为：

$$Y_铺 = \sum Y_{铺 i}(i = 1,2)　　　　式(4.31)$$

式中，$Y_{铺1}$ 代表对店铺的财产损失补偿，即根据补偿标准计算的店铺重置价格，$Y_{铺2}$ 代表搬迁补助。

就店铺而言，区位和人气是最重要的资源。郊区拥有大量的流动人口、农村居民和川流不息的车辆，区位不差于城市，而且租金低廉，对于店铺经营来说都是最有利的条件。店铺产权人通过租赁或者购买村集体的门面房经营，前者是店铺承租人，不拥有店铺所有权，与之相关的有形资产属于村集体，后者拥有店铺的所有权，与之相关的有形资产属于店铺产权人。

店铺拆迁时，仅对房屋的产权人给予补偿，而对店铺产权人及房屋承租人的有关补偿没有明确规定，因此，拆迁时房屋产权人会提前通知店铺产权人终止合同，并将未发生的合同费用退还，如果合同有事先违约赔偿的条款，则还需要赔偿违约费用。除此以外，店铺产权人无法获得任何补偿。虽然他们没有房屋产权，但是店铺经营实现了房屋的经营价值，不仅令房屋产权人获得经营性房屋的补偿，还成为其租金收入的来源。

4.2.4　企业成本收益分析

（1）企业置换过程中的成本。

企业拆迁，除了意味着房屋拆迁、附着物拆除、设备搬迁和土地占用权丧失外，还会导致原有厂址多年维系的商誉的丧失和原有的供销网络的破坏等无形的损失。因此，企业拆迁面临的不仅包括这些有形资产和无形资产的损失，还有恢复重建的成本。企业在置换过程中付出的成本函数可以具体化为：

$$X_企 = \sum X_{企 i}(i = 1,2)　　　　式(4.32)$$

式中，$X_{企1}$ 代表企业有形资产损失和无形资产损失，可以用置换前企业价值表示，$X_{企2}$ 代表企业恢复重建成本，包含企业在过渡期间的停产停业损失、人员工资、设备储存和搬迁费用等。

①有形资产损失。

企业有形资产损失主要是指企业由于房屋拆迁所付出的成本，可以用置换前的企业财产价值表示。郊区企业占有土地面积较大，往往多于建筑物面积，因此具有房屋数量多、面积大、类型复杂的特点。例如，有些企业在空地上自行修建了厂房或职工宿舍，有些将土地出租给其他企业单位，从而在拆迁中会出现"厂中厂"，还有些以土地使用权出资入股联合开办新企业。企业房屋主要包括管理用房、厂房、仓库、职工宿舍等，拆迁管理用房往往对企业影响不大，因为管理用房面积一般较小，而且位置安排灵活，而拆迁厂房、仓库、职工宿舍等房屋，不仅会造成企业停工停产、库存无处摆放、职工生活成本提高，还因为需要另选合适场址恢复重建而花费巨大的成本。

②无形资产损失。

企业拆迁导致无形资产损失程度最大的为契约权力类、关系类和综合类等无形资产。

企业契约权力类无形资产的损失是指土地使用权的损失。城市郊区企业获得集体土地土地使用权的方式有多种，包括一次性支付租金或年付租金与村集体签订 15 到 20 年的租赁协议，一次性付款买断或以土地使用权作价入股、合作、联营等，或取得若干年或无年限的土地使用权等。虽然郊区土地租金低廉，但存在一定的风险，即土地使用权存在不稳定性和不受保护性，在城市化进程中随时都有可能转移和变化。而且，土地使用权尽管是一种非常重要而不可替代的资源，却往往排列在企业或者政府资产的最末端，在征地拆迁过程中，巨大的利益常常被忽视。例如，《上海市征用集体所有土地拆迁房屋补偿安置若干规定》第九条第二款规定："拆除农村集体经济组织以土地使用权入股、经营等形式与其他单位、个人共同举办的企业所有的非居住房屋，被拆迁人的货币补偿金额计算公式为：被拆除房屋的建安重置价 + 相应的土地使用权取得费用。"由此可见，集体土地上非居住房屋估价的关键在于合理定好各类房屋的建安重置价和集体土地相应的土地使用权取得费用。房屋的建安重置价的评估不存在很大问题，估价的焦点和难点还是集中在确定"相应的土地使用权取得费用"上，一方面是因为评估没有确定的标准和参照，另一方面是因为监管处于失控状态，容易成为少数人操作牟利的对象。

企业关系类无形资产的损失是指因拆迁引起的企业内部人事关系变动、熟练工人流失和企业外部供销网络断裂所造成的损失。企业内部人事关系和熟练工人是企业的巨大财富，在得知企业拆迁消息后，企业内部的人力资源将会发生变化。一般技能的工人可以自愿选择去留，企业可在新建后重新招聘，较为容易。而熟练工人则会对比"去和留"的成本，发现若辞职离开，可以很容易在别的企业找到新的工作直接上岗，若留下，跟随现有企业搬迁，则需要冒停工损失的风险，尽管企业为了挽留他们会给予一定的补贴，但搬迁后的企业是否能够比现在企业的效益更好是一个不确定因素，而且搬迁后企业的地点、交通方便程度也是他们考虑的重要因素。健全的供销链和良好的供销网络对于企业来说也是至关重要的，企业拆迁导致这些无形资产的损失，重新建立不但需要花费时间、增加成本，而且形成稳定的网络和健全的链条后，由于交通便利程度、供销距离等不确定性因素，运营成本往往高于从前。

企业综合类无形资产的损失主要指因企业搬迁而导致的部分商誉的损失。企业拆迁后搬迁至别处，在原有范围内全心经营的客户群可能会有一部分继续追随，但是大部分会随着追随成本的增加而丧失，品牌效用也会随之降低，而在重建厂址范围内重新建立良好的商誉有很大的风险。

③企业恢复重建成本。

企业恢复重建成本包含企业在过渡期间的停产停业损失、人员工资、设备储存和搬迁费用等。企业搬迁期间不能够正常运营，不仅损失正常的经营收入，还会面临因超期交货而失去订单或者合同违约的风险。此外，熟练工人对于企业来说是提高竞争力的一个重要因素，这类工人往往比较稀缺，培训一般工人成为熟练工人需要高额的培训费用和时间，失去熟练工人对拆迁企业来说无疑是雪上加霜，因此为了留住这类工人，在停业期间企业会继续发放工资，但这进一步加重了企业重建的负担。

（2）企业置换过程中的收益。

城市郊区企业拆迁采用的补偿方式为货币补偿，不进行安置。因此，企业在失去有形资产和无形资产后，得到的收益是财产损失的货币补偿、搬迁补助和一定的经营损失补助（称为停产停业损失补助）。由于企业拆迁采取货币补偿，因此企业在置换过程中的收益即为货币补偿金额。企业在房屋置换过程中的收益函数可以具体化为：

$$Y_{企} = \sum Y_{企i}(i = 1,2) \qquad\qquad 式(4.33)$$

式中，$Y_{企1}$代表对企业的财产损失补偿，即根据补偿标准计算的企业重置价格，$Y_{企2}$代表搬迁补助和停产停业损失，根据具体情况确定。

①财产损失补偿。

与住宅房屋一样，企业拆迁时按照地方规定的统一重置价标准得到土地使用权、厂房、设备、附属设施的补偿，例如南京市集体土地上企业拆迁采取的是区位补偿款、原房补偿款、附着物补偿款作为房屋重置价补偿。与住宅房屋相比，原房补偿款标准一致，区位补偿款标准高于住宅房屋，并且少了购房补偿款一项，对其不进行安置。

②搬迁补助。

企业设备也是有形资产的重要组成部分，在搬迁过程中搬迁成本不可避免。按照南京市的相关政策，对集体土地上企业设备搬迁和停产停业损失按照房屋重置价的2%~8%进行一次性补偿。

③经营损失补助。

由拆迁引起的停产停业损失是无形的，但可以预见。同样按照房屋重置价的一定比例进行一次性补偿。

④机会收益。

企业获得货币补偿后，可以自行选择适合自己生产模式的场地租赁并继续经营，一笔补偿金对于企业来说是扩大再生产的主要动力，只要能够找到合适场址，并尽快恢复生产，拆迁可能给企业带来发展契机。例如 QQ 村拆迁中,一家台资企业长期在该村从事外贸生产经营,但是门前一条本应由村集体整修的道路一直没有人负责管理,造成企业周边环境较差,出行不便,使企业丧失了很多国外客户和订单。拆迁后,该企业搬迁至性价比较高的郊区工业园区,不仅改善了企业形象,还增加了业务量。但是由于该厂内技术工人偏多,为了迅速恢复企业生产,节省时间成本,技术人员和设备的整体搬迁需要花费巨大成本,而现有补偿政策下的搬迁补助无法满足,事实就是该企业的拆迁协商持续了将近 1 年,最终以增加补偿费用解决此事。企业置换所发生的成本收益见表 4-2。

表 4-2　房屋置换过程中企业发生的成本收益

资产类型	资产原状	拆迁补偿(收益)	拆迁损失(成本)	重建风险
有形资产	土地	区位补偿款	使用权益成本	重新选址面临的不确定因素和成本增加
	房屋	原房补偿款	出租机会成本	重建厂房面临材料涨价的增加成本
	设备	设备搬迁费	拆卸、储存、安装、折旧成本	设备折旧成本增加
	附属设施	附着物补偿	租赁给厂中厂的租金收入	重新选址面积可能小于从前,附属设施无地可建
无形资产	商誉	停业损失、奖励费	时间成本	重新建立需要成本
	供销关系网络		地理位置	运输成本增加
	人力资源		1. 熟练工人流失; 2. 发放过渡期工人工资; 3. 辞退工人	1. 重聘需要时间和更多成本; 2. 过渡期后工人流失; 3. 重新招聘、培训工人需要时间和资金

4.3　房屋置换过程中的利益冲突

拆迁与征地的不同之处在于拆迁涉及的利益群体更加复杂,

一方面是数量上的增多，另一方面是种类上的多样化。征地协议是由项目方委托土地管理部门与村集体协商达成的，并非同每一户协商，这是由于土地所有权由村集体掌握；而拆迁协议是由项目方委托的房产部门下的拆迁实施机构直接同被拆迁村民或者企业谈判，通过协商达成拆迁补偿协议。因此，征地往往是一种集体行为，而拆迁是个体行为。

征地过程产生的矛盾冲突焦点在于土地巨额增值的利益分配不均问题，其根源在于农地产权残缺和土地用途管制；拆迁过程产生的矛盾亦是由当事人双方利益分割不均造成的。现有的拆迁补偿机制下，政府并未充分认识到农村房屋的多种功能，在农村房屋产权没有理论支持的情况下忽视了对其的保护，加上拆迁过程中作为个体的受影响农户、企业、店铺与地方政府相比力量悬殊，使后者在拆迁利益分割中拥有绝对优势，而前者总是处于相对弱势，并且在拆迁补偿、安置过渡到搬迁重建各个环节遭受利益损害。

（1）房屋置换过程中的利益失衡。

①经济利益失衡。

于建嵘[1]认为，一切利益冲突都与利益主体的分化和利益失衡有关。城市郊区农村作为城市化进程的前沿阵地和没有硝烟的战场，由于征地、拆迁过程中的利益失衡，不断出现冲突事件，并引发了一系列的社会现象。

利益均衡的条件应当是付出的成本等于获得的收益。而从移民角度来看房屋置换前后的成本和收益，显然其付出的成本并未得到相应的补偿，更不用说获得额外的收益，即拆迁补偿收益率 I 小于 1。

②权利失衡。

土地和房屋是城市郊区农民的重要财产。目前，通过土地相关法规的进一步修订，农地使用权已经可以通过租赁、转让、抵押和入股等形式进行流转，部分实现其市场价值。而作为另一项

---

① 于建嵘：《利益、权威和秩序——对村民对抗基层政府的群体性事件的分析》，《中国农村观察》2000 年第 4 期。

重要财产，农村房屋却在一次次修订中越发受到限制，房屋产权残缺，无法发挥和体现房屋作为一种资产的市场价值。我国现行的法律法规对农村房屋的财产权都没有明确的说法和应有的保障，造成农村房屋产权残缺，加之宅基地的使用权转让对象必须是本村成员、转让范围必须在本村范围内等诸多条件，使农村房屋的交易性受到限制，成为"死产"，严重阻碍其价值的显化。从而在拆迁补偿时无法体现其市场价值并进而参照市场价值进行评估。

要盘活"死产"，需要进行农村房屋产权改革。黄为森[1]提出在当前形势下应当进一步开放农村房地产市场，允许农民自由交易其房屋，以实现住宅资源的价值。钟奕勇[2]认为应当通过农村房屋产权流转的方式，让农民的资源在流转机制中形成资产收益，在较短时间内通过房屋租赁、转让、抵押获得租金、转让收益、周转资金，直接或间接增加农民财产性收入。因此，应推动农村房屋产权流转，增加财产性收入的贡献率，从而使农村房屋成为一种增收手段。

（2）房屋置换过程中的矛盾分析。

①置换后土地使用有期限性与房屋无期限性之间的矛盾。

置换前，农村居民拥有宅基地的使用权，没有规定期限，同时拥有住宅房屋的所有权，只要房屋不倒塌、不拆迁、不进行人为的翻新处理，就将一直存在，并拥有无限期使用价值。

置换后，农村居民房屋置换为城市楼房，作为住宅房屋同样具有无限期的使用价值。农村居民拥有的宅基地使用权转化为国有住宅用地的使用权，然而转化后的土地使用权往往是通过有偿出让或者转让方式取得的，按照法律规定是有期限限制的，"土地使用权出让最高年限由国务院规定"[3]。按照用途，最高使用年

---

① 黄为森：《谈谈农村房屋产权交易和权属登记管理问题》，《中国房地产》1999 年第 8 期。

② 钟奕勇：《农村房屋产权流转研究》，硕士学位论文，四川大学，2006，第 14 页。

③ 《中华人民共和国城市房地产管理法（2007 年修正）》第十四条规定。

限为住宅用地 70 年，最低使用年限为商业用地 40 年。[①] 例如，一个拆迁安置小区，70 年后国家可以无偿收回其住宅，或者居民通过缴纳相关土地使用费用来延长期限。由此可见，我国目前销售的商品房屋的所有权会受到土地使用权期限的限制，或者说，由于土地使用权期限的存在，房屋所有权是不完整的。因此，就产生了土地使用有期限性和房屋无期限性之间的矛盾。

②置换后不动产权利不再独立。

置换前，宅基地和房屋是分开认定的不动产，因此具有不动产权利的独立性，即补偿时针对宅基地和房屋分开补偿。虽然此时的土地使用权人和房屋所有权人是统一的，但是权利主体却是独立的，土地权利主体是农村集体，房屋的权利主体是农村居民。因此，集体土地上房屋不具备完全的物权，无法在市场上进行流通，只能在小范围内与同性质的房屋进行交易。

置换后，将原本独立的不动产合并成为房地产，不动产权利亦成为一体，不具有独立性，房屋价值由房地产价格来表现。房屋权利主体合二为一，拥有对房屋和土地的完全产权，并有权将房屋在房地产市场上进行交易。

然而，置换后的土地因性质和用途的转变，土地资源利用效率提高，土地之上可以做各种不同用途的利用，建造各种建筑物；空间的利用权也有了相应的法律认可，尤其是国有土地之上建筑物的延展性、多层性、单元性的特征，使土地及其上建筑物的权利结构复杂多样。

将建筑物、房屋视为一个整体，而不将其作为独立的不动产来对待，不利于确认各种权利和利益。在现代社会，随着经济的发展和对资源利用效率的提高，土地之上与之下可以做各种不同用途的利用，各种空间的利用权也获得法律认可，尤其是土地之上房屋的多层性、单元性以及分层分单元的让与特征，使其权利

---

① 《城镇国有土地使用权出让和转让暂行条例》第十二条规定："土地使用权出让最高年限按下列用途确定：①居住用地 70 年；②工业用地 50 年；③教育、科技、文化、卫生、体育用地 50 年；④商业、旅游、娱乐用地 40 年；⑤综合或者其他用地 50 年。"

结构呈现出极为复杂的状态，因此单纯从房地产权利角度来考虑，是不可能揭示各种权利和利用状态的。土地与建筑物从自然属性上来说是不可分割的，但是将其作为独立的不动产价值进行研究将有利于做到物尽其用，能够有效地利用资源，增加社会财富。

③非住宅房屋拆迁中的矛盾。

企事业单位和店铺在拆迁中统称为非住宅房屋拆迁。城市郊区有大量的企业、店铺带动了郊区农村经济的发展，有些甚至是郊区经济的支柱，对郊区农村经济的发展起到了举足轻重的作用。而现行的非住宅房屋拆迁补偿政策忽视企业拆迁产生的无形资产损失，以及给村集体带来的经济损失。

企业拆迁涉及的利益主体包括企业和村集体。对企业来说，拆迁中断的不仅是生产经营，还包括其生命周期，对于之前生命周期中建立起来的无形资产也会造成毁灭性损失。对村集体来说，一方面用于发展非农经济的资源减少，而对于损失的资源却只能得到一次性货币补偿，失去发展的条件；另一方面企业拆迁带走了工作岗位、流动人口，使郊区的商业、服务业经济受到影响，繁荣不再。对企业拆迁的补偿仅考虑房屋结构重置价格和区位价格，以及伸缩范围很小的营业损失补偿，而未考虑其搬迁重建的成本，使其失去发展的条件和动力。这些企业搬迁后将是郊区其他地方农村经济的催化剂，如果无法恢复经营，也就意味着企业对其他郊区农村起不到应有的催化剂作用，影响郊区经济水平的整体提高。

店铺拆迁涉及租赁店铺和连家店。租赁店铺拆迁补偿的对象是房屋产权人，并且按照住宅房屋补偿标准的一定倍数进行补偿，相当于一次性买断房屋的租赁功能和经营功能。而对于店铺承租人，则没有明确规定如何补偿，只是要求租赁人与承租人之间进行协商，结果往往是承租人被租赁人通知搬迁，并且退还未发生的租金，仅此而已。承租人店铺的营业损失完全没有考虑进去，更不用说声誉和顾客资源的损失。对连家店来说，拆迁补偿情况类似于租赁店铺，但是标准要更低一些，因为连家店往往缺少店铺应有的租赁证明、工商营业执照等手续，于是在补偿时房屋性质的认定是关键，如果被认定为住宅用房，则无法获得其经营损失的补偿，如果被认定为经营性用房，可以获得一定的营业性经济补偿和设备搬迁补助。但是，搬迁后若要重新开店就面临难以获得经营场所的境地，搬迁后的住宅位于小区楼房内部，没有临街的地理位置优势，无法作为营业用房，租赁临街门面又面临高价的租金，从房东转变为房客，于是连家店在拆迁后往往是难于维持的，结果经营多年的店铺纷纷倒闭。拆迁中的"钉子户"往往是这类情况的连家店，他们希望重新获得经营场所，使经营可以延续。

4.4 基于 VR–RT 理论的房屋拆迁补偿制度创新

城市郊区农村房屋拆迁产生的移民群体存在复杂性、多样性和不稳定性的特点，而补偿政策虽然也在不断改进，但往往存在现实情况变化快而补偿政策滞后等问题。因此，一方面拆迁中不断出现新情况和未解决的遗留问题，另一方面从公正角度和可持续发展角度来看，补偿政策存在不合理性，因此制度创新势在必行。

根据置换理论（VR–RT），房屋置换应当包括房屋价值的重置和房屋功能的重置。根据城市郊区农村房屋的特殊性，房屋补偿制度的创新，要以社会公正为原则，充分认识置换前房屋价值，并在补偿时作为根据；安置方案的创新，要以可持续发展为原则，通过安置方案创新对置换前郊区农村房屋的多样化功能进行恢复和再造。

4.4.1 拆迁补偿制度创新动力

制度创新的基本动力来自于现有制度未能实现的潜在收益，因此制度从一种安排形式向另一种安排形式的演进，一般来说可以使参与者获得额外利益，实现从"冲突"到"互惠"的转变。拆迁补偿的参与者包括居民、店铺、企业、政府和项目方，居民、店铺和企业在拆迁中获得补偿收益，而损失重要的财产。同征地补偿制度一样，拆迁补偿制度创新动力也有制度和人为两方面动因。一方面，现有补偿制度本身不能适应拆迁过程中出现的新情况和新问题，对遗留问题的处理也不到位；另一方面，人们对私人财产权的意识逐渐提高，也主动要求制度进行变迁。

第一，制度动因。拆迁与征地不同，在谈判时政府和项目方直接面对的是房屋产权人的个体，因此，只要其中某些个体对制度不满，就将造成总体交易成本增加，制度效率降低，从而促使制度改进。城市郊区集体土地上的居民、店铺、企业在搬迁重建过程中面临各自不同的风险，而现有补偿政策的不合理性激化了这些风险，因为这些补偿政策使移民群体的财产受到损失，甚至使其无法恢复重建。对有些无法达成协议的个体，政府和项目方就利用行政力量进行强制拆迁，从而造成拆迁矛盾层出不穷。而合理的补偿加上适当的安置，不仅可以促进农村居民向城市居民的过渡，还可以使企业、店铺重新选址以恢复生产、经营，为活跃其他地区的经济作出贡献，从整体上来看是促进了城市化进程和城市经济发展的。这样的制度才能够降低交易成本，提高效率，从而增强激励作用。

第二，人为动因。正如马克思所说，"就个别人来说，他的行动的一切动力，都一定要通过他的头脑，一定要转化为他的愿望的动机，才能使他行动起来"①。思想动机是一种心理现象，一旦被人们意识到，将以动机的形式表现出来，并引导人们的活动去满足人的某种需要的念头、想法和意向。而思想动机又是由人的社会需要决定的，社会需要是在一定经济关系中的人的需要，表现为利益关系形式。因此，利益是促发人们行为的推动力和刺激力，并且对人们的行为起到一定的导向作用。

随着社会主义市场经济的深入，追逐经济利益、寻求物质满足成为刺激经济活动积极性的有效因素。一方面，政府加快基础设施的建设，通过在城市郊区的土地置换、房屋置换和人口置换来实现城市化快速发展，并在置换中获取土地、房屋的价值增值；另一方面，人们越来越注重个人利益，维护个人权益和经济利益成为刺激个人经济活动积极性的有效因素。正是利益的导向作用，使人们对个人权益，特别是财产权——能看得见的权利，

---

① 《马克思恩格斯全集》第 21 卷，第 345 页。

重视程度增加。土地和房屋是城市郊区移民群体的重要财产，由于对土地只拥有使用权，而对房屋拥有所有权，因此在遇到房屋拆迁时，争取自身利益的意识尤为强烈。但是在现行的补偿机制下，移民群体的财产权益并未受到应有的重视，财产价值没有得到合理的评估，移民群体无法参与到利益分配当中，仅能够被动地接受与失去价值相差甚远的收益。当一系列因思想动机引发的行动无法达到目标，进而产生利益差异和收益失衡时，必然引发利益冲突，导致现行政策的激励机制失效，从而引起制度变迁。

4.4.2 房屋拆迁补偿制度创新路径

4.4.2.1 拆迁公正补偿之路径——房屋价值重置

城市郊区农村房屋不仅与城市房屋区位接近，还具有功能多元化、形式灵活化、空间可扩展等特点，与城市房屋相比更胜一筹，成为郊区农村家庭和企业资产中的重要组成部分，具有较高的资产价值。充分认识置换前房屋价值是拆迁补偿公正化的前提。然而在现有政策环境和市场化情况下，与城市房屋拆迁补偿不同的是，对农村集体土地上房屋的拆迁补偿并未按照市场经济原则对被拆迁房屋的区位、结构等进行综合评估，即以市场价格为基础来确定补偿标准，而是按照规定标准进行补偿，远低于同等区位的城市房屋，无法体现公平、公正原则。原因有两方面：一方面城市郊区农村房屋产权不清晰，另一方面不存在集体土地上房屋的交易市场，无法采用市场评估法来估计房屋价格。是否能够按照公平公正的标准进行补偿已经成为衡量城市建设项目是否成功的标准，也最易成为公众舆论的焦点。因此，要进行市场化补偿机制改革，需要从补偿对象、补偿内容和补偿标准三个方面入手。

（1）确定补偿对象——市场化拆迁补偿机制建立的前提。

房屋产权及其构成是房屋拆迁时进行补偿的参照依据，目前城市郊区集体土地上房屋按照用途和土地性质分为住宅房屋、店铺和企业房屋。其中住宅房屋不仅用于农民个人居住，还可以用于租赁、经营和生产，因此又分为租赁类住宅房屋、连家店和家庭作坊；店铺和企业通过租赁门面或者租地建厂而使用或拥有房屋，体现了集体建设用地使用权的不同类型。集体土地使用权是多种多样的，房地产的实际占用、收益、处分等权利为不同个体和组织所有，因此应该根据不同的房屋类型使用不同的补偿标准。现有补偿对象虽然区分了住宅房屋和非住宅房屋，但是，对于住宅房屋的不同类型和非住宅房屋的不同类型并未进行清晰的划分，也未制定明确的补偿标准。可见，现有的农村房地产产权不清晰，权利大小不明，是市场化拆迁补偿机制建立的障碍。因此，应该健全拆迁法律法规，明确各产权的主体，才能够明确补偿对象。

（2）完善补偿内容——市场化拆迁补偿机制建立的基础。

补偿内容不应只限于对财产权的补偿，财产权补偿也不应只限于直接损失的补偿。事实上，被拆迁人在拆迁过程中失去的不仅是房屋本身的财产价值，还包括房屋具有的多种功能所带来的价值，房屋拆迁不仅是一次房屋的置换，还意味着生产、生活方式的改变。

因此，拆迁补偿内容不仅应包括财产损失，还应包括改变生产、生活方式所需花费的成本。要建立市场化拆迁补偿机制，就要全面认识城市郊区集体土地上房屋的多样化功能，合理评估其价值，从而制定合理的补偿标准。

（3）合理制定补偿标准——市场化拆迁补偿机制运作的条件。

按照现有政策，农村房屋拆迁已经由单一的政府行政定价，逐步向市场价格联动定价改进，但是目前仍未采用市场评估机制确定补偿标准，而是以各种方式沿袭行政补偿定价方式。

市场化拆迁补偿机制下，应当根据等价有偿原则，用房地产市场评估方法来确定补偿标准。这是因为，按照市场化原则，用地方应当与该块土地和房屋的产权人进行要约或要约邀请，当用地方认为产权人要价不合理时，按照利益最大化原则，用地方会到市场中寻找其他地块，结果要么找到可以获得最高利润的地块，要么放弃开发。用地方放弃该块土地获得其他地块的收益，即为该地块产权人损失的机会收益，即失去了一次收益或者改善自己境遇的机会。在此过程中，双方为追求利益最大化都需要花费一定的成本，而通过市场评估定价，是节约双方成本的最佳途径，能够使双方的交易费用和社会成本达到相对最小，以实现帕累托最优。

然而，在实践中，完全按照市场价值进行补偿未必能够达到公正、公平的效果。一方面，由于拆迁房屋并未进行市场销售，这种市场本身是否存在，房屋价格是否存在还在两可；另一方面，即使房屋价格存在，这种价格也是反映房屋拆迁时点状态，忽略预期获得利润的可能，是非人格化的，且不能反映产权人对房屋的主观偏爱程度，只包括直接损失补偿，而忽略了间接损失的存在。因此，除了将拆迁房屋的区位、用途、建筑面积作为评估因素之外，还要考虑房屋的功能、居住年限、文化价值等因素。其中功能因素除了基本的居住功能之外，还包括租赁、经营、生产等功能。居住年限和文化价值都包含了对产权人主观偏爱程度的反映。

此外，在拆迁补偿政策完善的进程中，应在充分考虑新老政策的衔接以及当地政府的资金能力和拆迁能力的基础上，不断提高补偿标准，并逐步实现补偿标准与市场价格接轨，充分体现农村房地产的现实权益。

4.4.2.2 拆迁可持续发展之路径——房屋功能重置
（1）住宅房屋的功能重置。

置换前，城市郊区农村住宅房屋多样化功能存在的基础是良好的地理位置和房屋地上空间的可扩展性，因此置换后住宅房屋功能重置的关键在于拆迁安置房的区位和房屋置换的等价程度。然而，在现有的保障性住房安置体系下，政府一方面不断推进保护农民房产，另一方面却不断稀释保障性住房的投资价值，即保障性住房租赁、出售的权利受到限制，无法充分发挥房屋多样化的功能。

①保障性住房的定价机制改进。

首先是谁来定价的问题。保障性住房体系是由政府扶持的、公益性质的，用来保障城市中低收入家庭和其他需要保障的群体的。在住房市场出现严重供小于求的情况下，保障性住房体系可以在很大程度上保障特定人群居住权利的实现，例如在大城市迅

速城市化的过程中，出现大量的被拆迁居民需要安置，这时候保
障性住房体系就能够起到重要作用。此时，政府在保障性住房的
定价上要体现绝对的权威，但是开发企业还是要追求收益最大化
的，于是便会考虑降低建筑成本，因而降低了保障性住房的质
量。在中小型城市，市场供给旺盛，地价房价平稳，保障性住房
政策失去了优势，且不一定能够起到效果。而且，这些城市具有
成熟的市场并达到一定的住宅商品化程度，开发企业可以根据需
求供给符合要求的保障性住房，并满足市场需求。此时，政府就
应当调整角色，变干预为参与，没有必要直接出地、出资兴建大
量的微利商品房，而应当将重心放在如何保障被拆迁人今后生产
生活的恢复和发展上。其次是如何定价的问题。一方面要做到定
价与城市社会经济水平联动，否则限制价格过低，会导致开发商
压低成本，出现房屋质量问题，危及被拆迁居民的生命安全，并
成为引发今后纠纷的隐患；另一方面要做到补偿标准与房价联
动，且不说拆迁前房屋的租赁功能和经营功能，单就原来房屋的
居住功能就应当得到完全满足，这是最基本的，应当使失地农民
损失的房产得到合理的置换。正如袁宏川等[①]对房屋拆迁补偿费
与新建商品房定价的关系问题进行分析的那样，两种价格之间存
在一定的联系和规律，因此在确定房屋拆迁补偿标准和新建商品
房定价时，应该在两者之间建立一种互动的价格体系，即一种联
动关系，如规定新建商品房的价格要在被拆迁房屋补偿标准的一
定范围（0.8 ~ 1.5 倍）内浮动，从而防止被拆迁房屋补偿标准过
低和新建商品房定价过高的情况出现。

②逐步放宽"有限产权"的限制。

由于政府对保障性住房在功能、定价、交易上的限制，无论
是按照行政补偿定价申购经济适用房安置，还是按照安置房市场
价格联动定价购买拆迁安置房安置，补偿标准的制定对于城市郊
区农村居民来说都具有一定的不公正性，并且在未来房产升值的
情况下存在一定的风险。

---

① 袁宏川等：《房屋拆迁补偿费与新建商品房价格的关系分析》，《建筑经济》
2006 年第 12 期。

③注重资源的经济性。

考虑到城市土地资源的稀缺性，合理利用土地是最好的，也是最经济的做法，而现有保障性住房户型单一，没有针对不同类型的保障对象区分住房类型，在相同的建设标准下，小户型、小单元、低楼层的房型结构是很不经济的，使用小户型安置农村拆迁移民，并且限制不能够租售都是不合理的。因此，对于城市郊区农村住宅房屋租赁功能和经营功能的恢复，可以通过改变户型、小区设计等方式使置换的保障性住房具备恢复租赁功能的硬件；通过完善周边设施和交通状况，使其具备发挥租赁功能的软件；同时，通过小区内配备综合市场和门面房等形式恢复经营功能，等等。

④选址要有可融入性。

现有的保障性住房建在城市边缘地带，有些甚至比原来城市郊区的区位还要差。一方面，不利于城市郊区失地农民搬迁后生活质量的改善；另一方面，搬迁后居住在这里成为失地农民融入城市生活、进行角色真正转变的障碍。因此，选址要合理规划，避免二次拆迁——从农村拆迁户变成城市拆迁户——越拆越穷的情况。

（2）非住宅房屋的功能重置。

在非住宅房屋置换过程中，企业和店铺的无形资产不同程度地发生了损耗，并产生一系列的迁移成本。置换后企业和店铺能否恢复生产经营、实现可持续发展，不仅与置换后经营收益有关，还与过渡期的迁移成本密切相关。企业和店铺的迁移成本越高，生产经营功能的重置越困难，恢复周期越长，风险也越大。因此，要实现非住宅房屋的功能重置，不仅要对非住宅房屋的价值进行合理评估，给予合理补偿，还要对企业和店铺在过渡期的生产经营损失、无形资产损失给予合理的评估和补偿，并配合一定的辅助手段进行安置和帮助。

①对停工停产损失的含义、构成、时间、价值以及补偿费用进行明确。

停工停产损失是指为公共利益进行项目建设需拆迁企业而导致企业在停工停产期间必须支付的各种费用和损失的正常收益。停工停产损失客观存在，在拆迁补偿时应当按照实际情况合理补偿。停工损失的价值应当充分考虑并且给予合理的评估计量，包括工人薪酬、合同违约金、贷款利息、正常收益的损失等。同时，应当加强公众参与，与被拆迁企业充分协商，将停工损失的评估结果作为停工损失补偿费用谈判的参考依据。对于停工停产过渡时间的确定，应当依据企业规模和国家规定的行业合理建设期。

②企业资产评估要合理可行。

企业的有形资产评估要更加接近现行市场价值，补偿标准要更加细化和及时，对无形资产损失要进行评估并给予适当补偿。在对企业资产进行评估的过程中，公众参与、协商非常重要，由于被拆迁企业经营规模、经营状态各不相同，企业单独作为一个单位，很难像居民一样联合起来一起争取某种权益，往往为了尽快重建企业而不愿与拆迁实施单位进行拉锯战式的谈判，因而在协商过程中处于劣势。因此，要积极引导企业认识自身的价值，将评估准则和项目公开透明化，帮助企业了解评估的内容和标准，从而在双方谈判时可以从一个较为客观的补偿标准出发，通过不断的协商，最后达成较为一致的、合理的补偿方案，这样才有利于企业恢复重建。

③辅助手段。

除了依据政策进行合理补偿以外，对选择不同安置方案的企业还要进行灵活的帮助，这样才能够保证拆迁企业更快更健康地恢复元气。有些企业选择拆迁后不再经营，因此拿到货币补偿即可，对于这部分企业，也应当给予帮助，利用补偿金妥善安置职工和处理固定资产；对于拆迁后择地重建的企业，要提前告知拆迁的消息，讲解拆迁政策，并且为其在别处寻找场址提供信息帮助和优惠政策，在过渡期间要给予一定的帮助和指导。若企业希望转行，则要对企业负责人和管理人员提前提供行业培训和专业指导，帮助其了解哪些行业适合转入，需要哪些准备，如何快速适应行业等，使其可以利用补偿金和原有资本顺利转行，不走弯路。

4.5　本章小结

本章是在第2章提出的城市郊区移民补偿安置研究框架中的

第二部分内容。

（1）对房屋拆迁价值内容和拆迁评估方法进行了总述，并对比了城市房屋和农村房屋在有形价值（建筑物和土地）和无形价值方面的异同，为房屋置换的价值评估做了铺垫。

（2）城市郊区集体土地上房屋拆迁并没有专门的全国性法律规范，往往与土地一起写入地方征地拆迁补偿法规中。然而，单位面积城市郊区农村房屋所拥有的价值和功能却远远大于单位面积集体土地，是农村家庭的重要财产，房屋拆迁补偿也成为移民补偿中最多的一部分。本章通过对房屋置换前后价值内容进行阐述和相应的价值评估方法进行介绍，对城市郊区集体土地上房屋拆迁形成较为全面的认识。

（3）从移民群体角度建立成本收益模型，把房屋置换过程中移民群体的拆迁补偿和安置收益之比作为衡量利益是否均衡的标准，并且提出减少成本和增加收益的建议。

（4）将城市郊区企业和店铺作为移民补偿的研究对象也是本章的创新之一。作为城市郊区非农业经济的重要组成部分，企业和店铺蓬勃发展，但是随着城市化建设项目的推进，大量企业和店铺被迫搬迁，然而相关的补偿安置政策并不合理，相关研究也是凤毛麟角。作为移民群体的成员，企业和店铺理应同农村居民一样受到重视，对其在置换过程中的损失给予应有的补偿。

（5）征地的对象是集体，拆迁的对象是个体。本章运用产权理论对城市郊区房屋置换过程中产生利益失衡和矛盾冲突的原因进行分析，得出房地所有权的分离使农村房屋产权残缺，无法发挥和体现房屋作为一种资产的市场价值，本应该进行一对一补偿谈判，却因权利缺失而无法实现。本章在此基础上提出基于VR－RT理论的拆迁补偿安置政策的改进建议，即通过充分认识置换前农村房屋价值，使征地拆迁补偿机制市场化，从而实现房屋价值重置。通过安置方案创新对置换前郊区农村房屋的多样化功能进行恢复和再造。

第 5 章
城市郊区移民角色置换及
补偿安置研究

城市郊区移民过程中，角色置换是伴随土地置换和房屋置换一起发生的。搬迁重建不仅意味着移民群体财产在空间位置上的转移，也意味着移民群体自身要从原来的角色和社会关系网络中退出，重塑角色，重建社会关系网络。因而，角色置换不仅要付出一次性的退出成本，还要持续不断地为重建投资。

黄河①在《非暴力拆迁的深圳样本》一文中指出，从物质上获得"胜利"的城中村农民拥有了更高收入和更富裕的生活，然而并未成为真正意义上的城市居民。都市日新月异的生存技能要求和变幻莫测的生活节奏，都不是他们能够适应的，而且这种不安和不适应加剧了他们对往昔身份的认同和怀念。因此，一位城中村改造企业的负责人认为，城中村改造过程中，财富的升级固然重要，但是要让传统村民实现"从组织管理，到生存方式，再到思想观念的全面升级"，却异常艰辛。"当人们羡慕着城中村村民的意外之财时，很少有人注意到，在滚滚而来的城市化进程背后，失去了土地和维生技能的村民们，除了偷偷种下房子以外，在很长时间里只能够孤独地守护着自己的家人、乡邻和财富。"

---

① 黄河：《非暴力拆迁的深圳样本》，《南方周末》2010 年 2 月 4 日，第 D20 版。

5.1 城市郊区移民角色置换分析

5.1.1 农村居民角色置换

城市化过程中发生的改变有两种情况：第一，农村的主动城市化，即农村生产生活方式向城市化转变；第二，农村的被动城市化，即城市的生产生活方式向农村扩张、渗透。无论在哪一种城市化进程中，都包含了一个城市化的重要内容，即人口的城市化。人口的城市化包含了两种形式，即农民的市民化和农民的非农化。前者通过身份转变实现，后者通过职业转变实现。农民的市民化不仅仅意味着身份转变，为了实现完整的市民角色转型，还需要通过外部"赋能"和内部"增能"，融入城市，从城市新移民向真正的市民转变。农民的非农化在城市郊区表现得尤为明显，随着城市化的推进，城市郊区"无土农民"日益增多。与远郊"离土农民"外出打工的职业模式不同，城市郊区农民多数选择从事副业经营、到城市上班的兼业模式，加之"瓦片经济"的繁荣，使其收入稳中有升，劳动强度也远低于远郊农民。

5.1.1.1 农村居民角色内涵

首先，城市郊区农村居民，既具有一般农民的特征，即拥有农村户口，从事农业劳动，世代归属于某一个村集体组织，也有其特殊性，即虽然拥有从事农业劳动的条件，但是并不以从事农业劳动为主，有些甚至已经不从事农业劳动，而是同城市居民一样从事工商业活动，因此，"农村居民"更多的是一种户籍制度下的概念。由于角色是社会的产物，是社会地位的动态表现，在社会各界眼中，无论从事何种职业，只要是农业户口，就是"农民"，因此城市郊区农村居民首当其冲的角色就是农民。

其次，一般农民很难想象在现在的角色之外，他们还可以扮演别的角色。因此，角色体验比较单一。[1] 城市郊区农村居民则

---

① 何本方主编《中国成人教育百科全书（社会·历史）》，南海出版公司，1994，第543~544页。

不同，除了农业生产之外，他们还从事租赁、店铺经营、私营企业经营、打工等非农业生产经营，成为房东、店主、企业雇主或工人，具有角色体验多样化的特点，有些以土地入股的城市郊区农村居民甚至还扮演着股东的角色。事实上，早在宋代就出现了"小农、小工、小商的三位一体化"的经营方式，即农民在农业生产的同时，以兼业的方式从事以交换和盈利为目的的手工业小商品生产、小商业经营、小雇佣劳动等。李晓①将个体小农分为"传统型小农经济模式"和"改进型小农经济模式"。前者以家庭成员为核心，眼光向内，在家庭的小圈子里，主要靠挖掘和发挥劳动力与生产资料的自身固有潜力实现再生产，其生存和发展在很大程度上依赖劳动者与土地的结合状况。后者更倾向于眼光向外，力求通过兼营手工业、商业，较多地利用外部市场，与商品经济建立起较密切的联系，在商品交换过程中，缓解土地的制约，补充农业的不足。城市郊区农村居民的生产方式就是改进型小农经济模式，是越来越重要的趋势。

最后，城市郊区农村居民居住在农村庭院，仍带有一定的农村生活习惯，但是除此之外，便利的地理位置使其消费、娱乐等生活方式已与城市一般无二，生活质量远高于一般农村。城市郊区农村一般属于城市街道管辖，从某种意义上说也属于城市社区居民。特别是年轻一代，已经感觉自己与城市居民没有差别了。

5.1.1.2　身份转变引起的角色置换

周作翰等②总结了我国农民身份经历的四次大变迁，分别是农民身份的阶级化、农民身份的结构化、农民身份的社会化和农民身份可能的公民化。并且指出，在现有的城乡二元结构体制下，农民身份从社会化向公民化的转变成为社会转型的内在张力。可见，农民身份被赋予的权利在不断地扩充，向完整的公民权利靠拢，而现有的农民权利存在缺失。农民身份权利的缺失和

---

① 李晓：《论宋代小农、小工、小商的三位一体化趋势》，《中国经济史研究》2004 年第 1 期。

② 周作翰、张英洪：《从农民到公民：农民身份的变迁路径》，《湖南文理学院学报》（社会科学版）2007 年第 11 期。

对相对剥夺感的认同是社会冲突的潜在因素。① 因此，农民身份公民化也是保持城市化公正和可持续发展的重要前提。

农民失去土地后，通过农转非，在户籍上成为市民；农村居民失去房屋后，置换到城市房屋，居住在城市社区，在地域上成为社区居民。

（1）从农民到市民。

农民与市民是两种不同的社会角色。

通常情况下，农民扮演的角色就是持有农业户口的、在"一亩三分地"上从事着知识和技术含量不高的种养业和简单手工业的劳动者；其职业无须竞争上岗，而是世代相传。农民有以下特征：辛勤耕耘，勤俭节约；带有小农思想，政治意识弱，社会圈子小，往往局限在村落范围；生活成本低，集体经济依赖性强等。

城市郊区农民不再以农业生产为主，年轻一代也不再拥有农业生产技能，他们经济头脑灵活，维权意识强，有主动拓展社会圈子的意识，生活方式接近市民。但是与市民相比，在经济权利、社会权利、政治权利等方面仍存在一定的差距。

作为村集体的成员和集体土地的承包责任人，农民享有对所承包的土地的使用权，享受村集体资产经营的福利分红，然而这种使用权和福利权也是有限的。这是由于，一方面集体土地受到严格的用途管制，只能按照政府的统一规划使用，农民拥有集体土地的使用权只是一种象征性产权，并没有实际意义上的支配权；另一方面集体资产运营不够规范，并没有一个科学合理的公司治理模式，虽然说集体经济对城市郊区农民生活影响较大，村民十分关注集体资产的产权制度，但是村民在集体经济事务上的参与权受到限制，缺乏对集体经济运转与监管方面的有效控制，只能说是象征性股东。

通常情况下，市民身份扮演的角色就是持有城市户口的、在城市从事二、三产业的劳动者，他们遵守城市规则，文明程度较高，政治敏感度较高，参与积极性高，承担一定的义务。同时，

---

① 郁立强：《从利益主体视角对农民身份的再认识》，《山东省农业管理干部学院学报》2007 年第 5 期。

拥有更多的城市就业机会，享受一系列的福利和权益，包括财产权、受教育权和养老、失业、医疗等社会福利。由于城市有较为完整的房地产市场和劳动就业市场，市民对其财产不仅拥有完整的使用、处分、支配的权力，还拥有房地产增值的全部收益，同时市民享受城市劳动就业保障的各项优惠政策，找工作时花费成本较低，失业后生活仍有保障。

角色置换后，成为城市新移民的农民将面临双重损失，一方面是损失了享受村籍福利和廉价的生活成本的权利，另一方面又因政策、体制不到位，在享受公共福利政策、社会保障、教育等方面受到歧视，损失了享受市民待遇的权利。因此，他们有可能从收入较为丰厚、生活较为舒适、地位较高的城市郊区农民，转变成为受城市和乡村排斥的"双重弱势群体"——城市新移民。

（2）从农村居民到社区居民。

房屋置换后，农村居民搬迁到城市安置小区，角色置换为城市社区居民。

置换前，城郊农村紧贴城市，有些已经由原来的乡镇管辖转到城市社区管辖，成为农村社区，但是与城市社区相比，农村居民所在的农村社区在组织基础、功能与形态上有较大的不同。首先，农村社区以家庭为单位安排生产与工作，而城市社区以劳动力个体为单位进行培训、招工、失业补助等生产和工作安排；其次，农村社区仍保持部分农业生产功能和集体经济，城市社区不再具有集体经济功能，主要负责社区环境、文化建设等方面事务，让社区居民充分享受社区公共设施带来的福利，并且为社区内的企业提供一定的服务，但是不参与企业的运营；最后，农村社区仍是带有村落性质的管理体制，城市社区是以法理观念为指导的组织机构。

置换后，安置小区成为农村居民向社区居民过渡的区域。由于安置小区居住人群的特殊性，可以将安置小区看作带有农村社区色彩的城市社区，并非纯粹的城市社区。由于带有农村社区的色彩，已经发生身份转换的农村居民在生活习惯、文化偏好等方面都与一般城市社区居民有较明显的区别。从主观上来讲，城市郊区农村居民在角色置换前已经通过在城市工作、消费、娱乐等途径储备和积累了一定的、塑造好市民角色所必需的知识、智慧、能力和经验等，并且形成了自己对市民角色的理解，有些甚至认为市民角色要比农民角色更加自在、自足。这是在拥有土地、尚在农村生活的基础上的理解。但是，在真正失去土地和房屋，完全脱离农村环境的情况下再次去理解市民角色，就是一种完全被动的、强制性的转变。常会看到安置小区由于居民生活习惯不良而出现垃圾乱扔、房屋乱搭、车辆乱摆、家禽乱养等现象，有些甚至将绿地破开种菜，成为有农村特色的城市安置小区。由此引发的歧视导致农村居民角色转换的同时发生了社会地位的下降，容易被周围的城市居民孤立。随之而来的是，安置小区及周边整体人群收入水平偏低，无法带动商业、服务业的发展，进而出现安置小区商铺频频倒闭，这意味着农村居民进城后不仅丧失了商业机会，生活便利程度也下降了。

5.1.1.3 职业转变引起的角色置换

随着我国城市化程度的进一步提高，城市郊区经济繁荣，农民不再以单一的农业为职业，而是向多元化的兼业方向发展。郊区农民兼业与郊区地理位置、经济环境、社会环境有密切的关系。由于紧邻城市，农民在种地之余，可以到城市打工；郊区本身吸引了大量的企业，带动了商业、服务业的发展，从而诞生了"瓦片经济"，出现了"前店后房"和"庭院经济"，造就了农民的新角色——房东和雇主。

（1）从农民到工人。

农民作为一种职业，由出身决定，没有入职门槛，不需要竞争筛选就可以上岗，具有固定性，只要还拥有土地，就被认定为在业，而不存在失业的说法。但是随着土地的日益减少，加上农业耕作是一种边际生产率很小甚至为负数的劳动，越来越多的农民无法从农业生产中获得收益，成为隐性失业者。相比之下，工人作为城市工业生产的主流职业，需要在人才市场通过竞争才能够获得，具有易变性，也就存在失业风险，但可通过劳动保障体系降低风险。

在城市郊区，从事农业生产而放弃非农生产的机会损失更大，因而农民作为一种职业的角色并非主流，实际上只有家庭中的老年人在仅有的承包地上从事农业劳动，仍以农业生产为主，但是农业收入并不是其主要收入来源。

一部分郊区农民在角色置换前就已经在城市工作，是具有农民身份的工人，与农民工较强的流动性不同，郊区农民在城市工作时流动性不强，已经享受企业为其购买的社会保险，许多甚至已经工作至退休。对于这类郊区农民来说，角色转化几乎没有障碍，唯一不同的是他们失地后不再被纳入失地农民保障，而是继续享受城镇居民社会保障。

另一部分郊区农民在角色置换前处于无业状态，靠"瓦片经济"收取房租生活，有些甚至已经十几年没有工作过。他们无论是在思想意识上，还是在劳动力素质上都已经与社会发展相脱节，因此这类郊区农民往往成为角色置换后失业群体的主流。

（2）从房东到房客。

"瓦片经济"不但造就了一批郊区的职业房东，而且对提高郊区农民收入、改善生活水平和安置农村剩余劳动力功不可没，甚至在一定程度上改善了农村老年人的养老状况。农村老年人通过房屋的衍生功能获得房租收入和副业收入，不仅可以使自己生活比较宽裕，还可以给家庭总收入作出贡献，维持自己在家庭中的地位，在家庭中对大事有话语权。

由于安置小区尚未建成，郊区农民在房屋拆迁后首先面临的就是搬迁过渡，大部分需要租赁房屋，只有少部分能够投亲靠友。无论采取哪种方式，他们都从房东转变为房客，由固定居住变为流动居住，虽然只是暂时，但是对郊区农民的生活造成了一定影响。从房东到房客的角色转变，给郊区农民特别是老年人带来巨大风险。一方面房租收入丧失，另一方面居住环境骤变，原有的生活习惯打破，从稳定到动荡，不利于老年人的身心健康。

（3）从雇主到雇员。

"前店后房"是郊区农村特色的经营模式，使个体经营成为郊区非农业生产的重要组成部分。利用郊区流动人口聚集、工厂企业扎堆的特点，将临街的房屋改造成店铺经营，或者将庭院作为厂房进行生产加工，都是创造非农业收入的重要手段。不仅有利于降低郊区人口的生活成本，繁荣郊区第三产业，吸引更多流动人口，为城市化提供储备力量，还有利于郊区企业降低生产成本，拓宽供货渠道。能够成为店主、厂主，享受一定的控制地位，关键在于其具备农民身份，可以利用宅基地从事经营，而不需要为此支付费用，大大降低了生产和经营的成本。

土地和房屋置换后，农村居民失去廉价、甚至免费的土地资本，搬迁至安置小区，利用自己的房屋从事生产和经营受到严格的限制。无论是开店铺还是建厂房，他们都得为房屋和土地投入大量的资金。对于原来小本经营的郊区农民来说，做"雇主"往往心有余而力不足，为了维持生活，他们只能受雇于人，从雇主变为雇员。

因此，在郊区征地拆迁后，鲜见"前店后房"能够继续生存下去。根据笔者对南京市某湿地公园项目的调查，从事日用百货经营的店铺都不复存在，从事生产加工的家庭作坊也纷纷关闭，只有个别家庭企业如搬家公司，能够在搬迁过渡期间正常运营，一方面由于搬迁导致生意猛增，另一方面由于其主要的固定资产搬运货车可以流动，不存在搬迁即报废的问题，而且场地租赁容易，成本较低。

5.1.1.4 无形资产转变对角色置换的影响

农民拥有与之身份相关的土地使用权、各类经营权、集体资产受益权、其他特许权等权益资本，以及智力、知识、生产技能、生活技能、人际关系等方面所体现的人力资本。如果说土地和房屋可以看作农村居民家庭资产中有形资产的组成部分，那么与其角色相关的权益资本和人力资本就是家庭资产中无形资产的组成部分。城市郊区农民拥有土地作为保障，并享受集体资产分红的福利，不存在失业风险，而且身处郊区拥有便利的兼业条件，为提高收入、向城市化转变提供了物质基础。因此，城市郊区农村居民的权益资本可以作为其另一项重要的家庭资产，同土地、房屋等有形资产一样重要。除此之外，农民还拥有作为公民的基本权利，包括政治参与权、劳动权、社会保障权、受教育权和环境权等。

置换前，城市郊区农村居民扮演着房东和雇主的角色，将其有形资产在生产经营方面发挥到最大用途，并获得了自我保障，在职业上提前脱离农业生产。但是作为房东，人力资本有所降低，长期的"食利"生活使其丧失了一定的生产技能和知识储备能力，并且在思想意识和价值观念上排斥劳动；作为雇主，他们通过生产经营积累了丰富的经验，扩展了社会网络，从事非农经营的生产技能和知识储备都得到增强，因而人力资本有所提高。

随着有形资产发生置换，城市郊区农村居民的政治参与权、财产权、劳动权、社会保障权、受教育权和环境权等基本权利也随角色置换而发生了变化。与此同时，获得市民身份的农村居民失去了与农民角色相关的权益资本，脱离了原有的农村关系网络，损失了部分的人力资本，并且由于生产空间变化，创造收益的能力也发生了变化，人力资本的价值发生了变化。

表 5 - 1　农村居民角色置换过程中无形资产变化

角色内容	角色置换	置换前的无形资产		置换后的无形资产	
		权益	人力资本	权益	人力资本
身份	农民→市民	有限的财产权	农村户口	受法律保护的财产权	城市户口
	农村居民→社区居民	主体意识和参与意识相对较差	农村社区的社会网络和社会资本	拥有参与权，主体意识较强，并且享有环境权，以及基础设施直接受益的权益	城市社区较为广泛的社会网络
职业	农民→工人	无须选择的工作，无限的保障	农业、手工业等技能，无非农技能培训	劳动权、就业、失业都有保障	多样化、复杂化的技能
	房东→房客	永久居住权和租赁权	无需技能	居住流动性	无需技能
	雇主→雇员	资产控制权、经营主导权	较为高级的管理技能	被选择、被控制	需要技能才能够生存

5.1.1.5　不同年龄段角色置换的影响

角色置换使农村居民产生地位上和心理上的落差。从一个祖祖辈辈有土地保障的农民角色，到刚刚加入社区的城市居民角色，从村里的一分子到社区的一分子，这种角色转换伴随着生产、生活方式的改变和适应。不同年龄段的农村居民，受影响程度也有所不同。

仍在接受义务教育的未成年人，单纯发生了农民到市民的角色置换。农民角色在其心目中已经是一种弱认同，而市民角色则是强认同，并且多数认为自己跟城市居民已经没什么区别，未来的职业倾向也不再是农民，而是希望到城市工作。父母对其的期望和引导是未成年人的主要导向，而郊区农民更希望子女将来能够在城市有一份体面而又稳定的工作，当公务员、进国有企业等是多数人的期望。

郊区农村的年轻人，主要是发生了农民到市民、农村居民到社区居民的角色置换。升学、找工作、求偶等一系列经历使他们体验到自己与市民的角色仍存在一定差距。角色置换前，这类人群几乎不再务农，一部分在城市打工，一部分在城市上学，仍有部分待业在家，帮助"前店后房"和"庭院经济"，或者干脆收租食利。对于在城市打工和上学的年轻人来说，最不能容忍的是郊区农村的居住环境和基础设施状况，迫切希望居住在城市，改善生活质量，对身份转变较为主动，职业置换对其几乎没有影响；对于留在农村的年轻人来说，外面的世界很美好，但是有很大风险，高房价、高失业、高成本的城市生活使他们可望而不可即，相反，农村生活的自在、无拘无束使他们更容易找到归属感，因此这类年轻人虽然嘴上说"羡慕你们城里人，我们是土人"，但是打心底里是中意现有生活状态的，而且对城市快节奏的高压生活并不向往甚至轻视，因此对身份转变并不持主动态度，也不愿意尝试新的职业。然而，无论哪一类年轻人，都具备较强的主体意识，希望获得职业归属感，并且对家庭资产尤为重视，认为农村房屋和土地有巨大的升值空间，希望可以从增值中获得收益。

郊区农村的中年人面临"上有老、下有小"的压力，是家庭养老的主要承担者，身份转化直接面临失业危机。这类农村居民拥有农业生产技能，并且随着农业税的取消和农业生产补贴的发放，比较认同农民角色；同时，依托土地和房屋从事兼业经营，扮演着房东和雇主的角色，是家庭收入的主要贡献者。身份置换使其失去了现有的经营基础，要重新开始职业生涯，但是受自身年龄限制，且缺乏工业生产技能，他们不但要面临失业危机，而且从房东到房客、从雇主到雇员的职业转化还使其面临心理上的落差感和危机感。他们对土地依赖较为强烈，将土地视作未来的养老保障，但是长期的农业生产经历，使其了解到土地作为农业生产用途所获得的收益具有极大的不确定性，因此也较为渴望能够享受稳定的城市社会保障。此外，村内的关系网络也是一笔巨大的财富，渗透在生产、生活中的各个角落，并且他们认为"朋友越多，越有成就感"。事实上，在角色置换后，需要重新就业时他们首先想到的是让朋友帮忙。

对于郊区农村的老年人来说，农民角色在其心中根深蒂固，是一种强认同，而长期处于农村社会环境中，难以接触市民角色，对其是一种弱认同，因此，这种角色转换和角色适应难度更大，风险更大，需要周期更长。家庭中第一批土地资产和房屋资产都是由老年人积累的，因此老年人在家庭中扮演着重要角色。长期以来在村内形成的人脉网络，使他们在村落社会中也有相应较为固定的角色，对村落事务也有一定的责任心，这也可以看作他们失去劳动能力后职业生涯的一种延续，对老年人的失落感和孤独感具有规避作用。搬迁至城市社区、从农村居民转变为社区居民后，老年人安全活动空间缩小，集中在小区内部；同时由于失去土地，打破了与土地相关的生产、生活的习惯性行为。大部分时间，老年人会集中在小区的空地上聊天，在搬迁初期，内容往往与征地拆迁补偿的公平性有关，相互抱怨居多。这段时间，老年人健康状况有所下降，原因有两方面。一方面是对城市生活不适应，缺乏运动习惯，另一方面是家庭事务繁多、心情不好。农民到市民的角色置换使其享受到失地农民养老保障，并被其称为"每月领取工资"，这是被大多数农村老年人认同的角色权益，但是保障标准低于城市。使没有收入来源的老年人居住在城市社区，并且以低于城市的保障标准承担城市的生活成本，谈不上生活水平的恢复，更无法实现可持续发展。

5.1.2　企业角色置换

企业发生的角色置换，一方面与征地拆迁有关，另一方面与制度有关。

5.1.2.1 城市郊区企业的角色演变

城市郊区农村企业类型复杂，主要包括乡镇企业、集体企业和私营企业，并且以中小规模企业为主。这些企业不但为村民提供了充分的就业机会，活跃了人才市场，而且带动了郊区二、三产业的发展，繁荣了租赁市场和服务行业，为城市工业发展提供了储备，是城市化战略市场杠杆的支点。郊区企业与郊区农村之间经历了从相识到互惠，再到矛盾的演变过程。

①相识阶段。表现在：一方面本土乡镇企业和集体企业兴起，另一方面部分中小私营企业从城市退出，观望城市郊区土地。20 世纪 80 年代，乡镇企业和集体企业开始兴起，企业负责人为村内精英和能人，与乡、镇、村组织有良好的社会关系，这些企业都选在本村或者本镇建造，土地获取几乎不花费成本。这一时期，乡镇企业和集体企业确实能够为村集体创造一定的二、三产业收入和非农就业岗位，创造价值高于农业生产价值，因而扮演着村集体经济支柱的角色。同时，由于城市工业化的发展，劳动密集型中小企业在大城市中的生存空间开始变得越来越小，而私营企业一般从事加工制造业，需要场地修建厂房，城市日益紧张的土地资源使中小企业很难找到这样的空间。土地、运输、仓储成本不断上升，城市建设拆迁，这迫使他们重新寻找合适的地点，而城市郊区恰是最好的选择。但此时乡镇企业和村办企业处于旺盛阶段，占领了郊区农村市场，从城市退出的中小企业仍在观望当中，但已经成为潜在的土地需求方。

②互惠阶段。20 世纪 90 年代，长期单一的发展模式和缺乏聚集效应使乡镇企业和集体企业开始衰退，村集体建设用地利用率开始降低，需求出现萎缩，于是开始实行"招商引资"政策，对外来企业采取"敲锣打鼓迎进来"的态度，企业用地实行优惠政策。随后，大量加工业、制造业、物流配送等私人企业和外资企业，以及城市"退二进三"政策下从城市退出的企业，均成为低廉土地的主要需求者。这是由于，在城镇国有土地上建厂，成本往往高于通过购买或承租农村集体建设用地的成本，而土地政策的边际制度空间给村集体直接经营集体土地提供了条件，于是

自发的集体建设用地租赁市场形成。这一阶段，外来私营企业与乡镇企业、集体企业并存，创造的税收成为乡镇经济支柱，企业租金成为村集体福利的主要来源，企业员工多为外来人口，为城市郊区房屋租赁市场和商业服务业的发展带来了生机，使农村居民纷纷具有了多重身份，成为房东、店铺老板、企业工人，一些村民通过培训学习到加工技能，利用自家房屋作生产车间，为企业提供设备或者原材料，自己做起了老板。而企业利用城市郊区便利的交通条件、优良的基础设施、丰富的土地资源低成本地发展，迅速成长，并加速了城市郊区的产业集聚，用低成本获得了经济集聚效应。因此，这一阶段企业和村集体互惠发展，共同繁荣了城市郊区农村集体建设用地租赁市场，带动了乡镇经济的发展，成为整个乡镇经济的支柱。

③矛盾阶段。一方面，随着城市化进程的加快，郊区农村集体土地转变为国有建设用地的速度也加快了，城市郊区集体建设用地从供大于求转变为供不应求。有些村集体将边角地、坑塘荒地等都承包出去，使郊区农村变得拥挤不堪。另一方面，我国土地市场的城乡分割使农村建设用地供给的价格弹性比城市要大很多，城乡土地供给价格弹性的巨大差异会扭曲级差地租，增大企业离开农村的机会成本。起初，村集体用优惠政策吸引企业进村，包括签订长期协议、对租金上涨给予事先约定等，而实际上市场租金上涨幅度远大于合同约定，企业获得机会受益。于是，村集体更愿意将土地短期租赁给新签订协议的企业，或者直接从事住宅、贸易市场等开发。因此就产生了城市郊区集体建设用地不断减少与企业用地需求不断增长的矛盾。

5.1.2.2　城市郊区企业的角色置换

土地置换和房屋置换同样引起了企业的角色转化。企业并未发生身份和职业方面的变化，而是在郊区农村社会中的地位和所在市场中的地位发生了变化。

①从经济支柱到拆迁"钉子户"。拆迁时，企业搬迁成本巨大，而现行政策对企业拆迁补偿没有较为明确的规定，弹性较大，因此，一些企业成为拆迁中的"钉子户"，期望能够通过坚持多获得补助，减少拆迁损失。与此同时，乡镇企业和集体企业

虽然大多经营不善，面临倒闭，但在征地拆迁时，由于产权关系的特殊性，成为较为正规的、拥有各项证明的企业，在拆迁时可以获得比外来私营企业更多的补偿，也成为村集体实现资产价值最大化的工具。

②从市场占领者到市场进入者。在拆迁中生存下来的企业选择各种方式重建，小规模的企业一般选择到附近的郊区农村租地经营，中等规模的企业会到开发区工业园内继续经营，外贸加工型企业，在虚拟市场交易，在实体场地加工，并不依托交通和现实的市场环境，因此选择更加偏远的农村租地建厂继续经营。无论选择哪种方式，企业都要从成熟期返回新生期，重新开始，也就重新开始了一轮相识、互惠和矛盾的过程。企业要提高生产效率，重新获取市场竞争优势，就要获得生存必需的资源和商机，然而，这些资源和商机既不会在市场上出现，也无法直接购买，而是通过长期积累的社会关系网络获得。企业可以维系原有的资源，并寻找新的商机，但是需要经历从角色适应到角色认同的过程，花费融入新的关系网络的成本。

5.2　角色置换的成本-收益分析

5.2.1　农村居民角色置换的成本-收益分析

农民角色转化伴随着一系列的变化。首先，脱离农村社会网络。其次，社会资源部分流失。征地前，农民的生产、生活都是以土地和农村网络关系为基础；角色转化后，失去农民身份，随之一起失去的是以土地为基础的生存技能、文化背景、信息网络等资源。为了适应城市居民这个新角色，必须经历不适应、学习、逐步适应、适应这些阶段，这就需要快速熟悉、了解面临的新环境，重新构建信息途径，获取信息资源。城市郊区农民在征地前，依靠村集体福利分红或者房租经济获得稳定收入，基本处于"无业、食租"状态，人力资本薄弱。为了适应城市生活，维持可持续生计，角色转换后首先要改变这种状态，充分就业，这必然会增加失地农民的人力资源成本、就业风险成本、信息成本等相关成本。最后,生活方式的改变。角色转换后,生活成本增加最为明显,因而改变了自给自足的生活方式,更加注重饮食质量和生活质量。

5.2.1.1 角色置换前后的价值变化

(1)农民与市民的权益差别。

20世纪80年代之前,传统户籍制度使户口成为政府分配公共社会资源、维持社会管理秩序的重要依据,限制了人口的自由流动,忽视了农民作为公民的个人基本权利。有人曾经统计过,农民和市民的待遇差别高达47项之多,农民失去了太多权利。改革开放初始到20世纪末,随着城市化进程的加快,大量农村劳动力给城市建设作出了贡献,但在基本权利上受到了不平等待遇,这触发了一系列的社会问题,传统的户籍制度受到巨大的冲击,开始有计划的、小范围的逐步松动。归根结底,是因为户口上附着了太多的利益不平等。21世纪以来,从上到下户籍制度改革已经历了"七年之痒",在安定人心上暂时起到了效果,使无数渴望城市生活的农民有了奔头。然而,无论是浙江省取消"农转非"指标,还是石家庄市全面放开市区户口准入限制,抑或是江苏省建立城乡统一的户口登记制度,都只是在政策形式上发生了一些改动,真正执行起来时,诸多的限制还是使农民刚刚燃起的希望破灭。可见,深层次的东西并没有得到根本的解决,诸如政策本身的价值取向弊端、政策制定和执行中的价值评价问题等。[①] 长期以来,城乡二元结构体制加剧了阶层分化,加深了农民作为身份的认同,淡化了农民作为职业的认同,从而使农民在各项公民基本权利方面与城市居民存在鸿沟。

农民与市民不仅在权益上有很大差别,在享受公共基础设施和城市发展上也有一定的差别。上海市对郊区松江区的一项调查表明,松江医疗卫生资源指标的总评调查值与上海中心城区相比为0.691,文化、体育资源指标的总评调查值与上海中心城区相比为0.570,交通基础设施资源指标的总评调查值与上海中心

---

① 张军丽:《中国户籍制度改革——基于价值层面的分析》,《西北大学学报》(哲学社会科学版)2004年第1期。

城区相比为 0.435，而各类资源综合指标的总评调查值与上海中心城区相比为 0.553。[①]

（2）农民与市民的身份价值差别。

20 世纪 80 年代和 90 年代，在建设项目进行征地拆迁安置时，采取"农转非"的方式，由于一切市民权益都与户口紧密相关，城市户口是农村居民和外来居民梦寐以求的东西，市民身份无论在就业、教育还是保障方面都有很大的潜在价值。有些地方，如温州珊溪水库移民安置时甚至"用农村土地换城市户口"，当时一个城市户口价值 10 万元。之后，城市化进程亟须城乡融合，因此在城乡之间取消了户口限制，统称为居民，而区别在于城市居民户籍和农村居民户籍。户口不再是郊区和城市的界限，但仍然是城市，特别是大型城市控制人口的手段，对外来人口有一定的吸引力。如《江苏商报》以外地来南京工作的人员为例，就其无法享受到的南京户口在就业、教育、住房、社会保障等带来的"附加值"进行了详细调查，初步得出一个 50 多万元的概念。细分的话，教育方面包括捐资助学款和借读费 6.3 万，住房方面公积金贷款 5 万多，社保和福利共计 40 万，就业方面落户费、学籍证明费、档案费等将近 4000 元。

随着城市化进程的加快，土地价值飙升，郊区农村紧邻城市，人均耕地少，受城市辐射在经济生活各方面都发生了很大的变化，从"靠天吃饭"的不稳定、单一化收入发展到稳中有升的多元化收入，不仅提高了农民生活水平，也使农民角色从单一化发展到多元化，市民身份的吸引力相对减弱。农村居民一方面可以进城寻找工作机会，另一方面可以在农村当"房东"，做"雇主"，还可以享受村集体的福利分红，甚至做"股东"，处于一种"进可攻""退可守"的自主生活、自我保障的状态。农民受教育权包括入学就读权、教育平等权、终身受教育权、接受职业教育和业务培训权。在义务教育上，由于多次的征地拆迁，大部分郊区农村已经并入城市社区，因此郊区农村学龄儿童可以直接到附近的城市学校就读，比起乡村教育，教育状况有了一定的改善。

---

① 《郊区农村百姓生活更有盼头》，《解放日报》2007 年 5 月 27 日，第 002 版。

从这些方面来讲，市民身份逐渐贬值了。

但是，在劳动力就业上，长期以来农业生产的束缚和职业教育的缺乏使农村居民在非农生产技能和文化素质方面与城市居民相比有一定差距，因此缺乏竞争力；在养老保险和失业保障方面也没有相应的规定，不利于农村人力资本的积累和改善。在环境权益上，城市长期以来的发展是以牺牲一定的生态环境为代价的，而地点就在郊区，产业"退二进三"，污染企业搬迁，"腾笼换鸟"，大规模开发区、工业园区为企业落户开辟了场所，然而各项污染治理设施却没有跟上，导致先发展、后治污的尴尬境地。这还是在地方经济发达地区，在经济发展程度不高的地区，郊区农村仍在被大量的破坏性生产吞没而没有任何保护措施，农民的环境发展权不能不令人担忧。在社区参与上，与远郊农村区别不大，城市郊区农民虽然在户籍形式上归属于城市社区，但是仍然以所在的农村社区生活为主，仍然处于农村自治的政治环境中，较为被动，缺乏主动参与社区事务的机会和权利，甚至在征地拆迁事务上也缺乏话语权，不利于公民政治觉悟的培养和农民利益的保护。

5.2.1.2　农村居民角色置换的成本

农村居民角色置换中会产生部分或者全部的社会资本、人力资本和权益资本等无形损失。此外，城市郊区农村居民从原有的组织网络脱离后，一时还无法融入新的社会网络即安置社区，加上置换前农民的社会资本和人力资本状况难以为其置换后的市民角色提供足够的支撑，导致农转非居民社会资本缺失，阻碍了社会支持性资源的获得以及对城乡一体化成果的共享。农村居民需要为此付出一系列隐性成本，才能够尽快实现角色置换后的社会认同。

（1）社会资本。

社会资本（social capital）是社会经济学核心概念之一，用社会学概念来诠释经济学概念下无法理解的社会现象，在经济生活的社会性解释方面发挥了重要作用。从微观上讲，社会资本是人们所具备的一种能力，即通过社会互动获得有利于提高个体和群体摄取有用资源的能力。正如皮埃尔·布尔迪厄（Piere

Bourdieu）所定义的，社会资本是一种"实际或潜在的资源的集合体，这些资源与拥有或多或少制度化的共同熟识和认可的关系有关，换言之，与一个群体中的成员身份有关"①。从宏观上讲，社会资本还是一种存在于社会结构中的资源，正如世界银行所定义的，是"社会和文化的内在凝聚力，它包括支配人们相互作用的规范和价值观，及其嵌入其中的制度"②。本书使用的定义倾向于前者，即微观意义上的依附于个人的关系型社会资本，是人们在非正式制度的网络中进行资源配置的重要手段。关系型社会资本由亲缘型社会资本、地缘型社会资本、业缘型社会资本以及衍生型社会资本构成，可以看作四种类型的社会网络，分别提供不同类型的资源。亲缘型社会资本不言而喻，指基于家族关系、宗族关系、亲族关系的社会关系网络和其中的规制。地缘型社会资本是基于长期以来居住、生活在同一地方所形成的各项联系。业缘型社会资本是基于教育、职业相关联的社会关系网络。衍生型社会资本是基于个人性格、爱好、能力和社会经验所积累的关系网络。

农民与市民拥有的社会资本有很大的差异。职业单一化和同质化的农民拥有的亲缘型和地缘型社会资本在生活中占主要地位，职业多样化和复杂化的市民拥有的业缘型社会资本以及衍生型社会资本占主要地位。笔者认为，在研究农村居民角色置换中的无形损失时，社会资本可以看作一种农民长期以来的有意识或无意识的投资策略的产物，是在以地缘关系紧密结合的农村社会网络中，不断花费时间和精力，通过长期、连续的投资维护的一种以亲缘关系为主的网络关系资源。拥有社会资本，农民不仅可以获得心理上的归属感、荣耀感，还可以在积累的关系网络中从事经济活动，并获得加倍的经济效益。

城市郊区农民虽然在不断发展的郊区经济中开始出现职业分层，并且具有了房东、私营业主等多种角色，城市文化的因子也

① Bourdieu Pierre, "Le Capital Social: Notes Provisires," *Acts Rec*6 (1980): 30.
② 转引自埃莉诺·奥斯特罗姆、龙虎《社会资本：流行的狂热抑或基本的概念》，《经济社会体制比较》2003年第2期。

已渗透到郊区农村生活的各个角落，但是只要生活在集中居住的封闭农村社会组织内部，其社会资本的积累就与生活环境和地理位置密切相关，亲缘型社会资本和地缘型社会资本的核心地位也就无法动摇。

从农村居民到城市社区居民的角色置换，使农民被迫脱离长期生存的农村组织环境，被排除在原有的社会网络之外，不仅使地缘型社会资本出现巨大的损失，亲缘型社会资本也受到了一定的影响，原本家庭之间直接进行社会交往的"点对点"方式，置换后变成家庭与社区交往的"点对面"方式，建立社会网络变得更加困难，而且要付出更高的成本。

本来就很难维系的人际关系在离开村庄后迅速淡化，角色置换也改变了社会地位。原来作为房东、私营业主的农民在人际关系网络中有自己满意的地位，并且得到其他人的认可，角色置换后，难以恢复原有经营的农民只能扮演普通市民的角色。当他们利用原有社会资本寻求投资回报时，他们发现自己在网络中的地位下降了，甚至被排除在外，无法达到预期目的，更别说获得收益了。当农民找工作时，首先想到的就是动用社会资本，找亲戚、朋友帮助。例如张莉萍①在对南京市某街道失地农民找工作期间社会资本运作的调查中发现，48.5%的被调查者表示当自己决定找工作时首先会通过亲人帮忙，13.6%的人表示会寻找朋友的帮助，6.1%的人表示会找同学帮忙，选择找街道和社区帮忙的分别占8.3%和6.8%。可见，亲缘型和地缘型社会资本在角色置换后的一段时间内仍然具有很大的价值。

但是，农民脱离原有社会网络时间越久，其社会资本缩水越严重，运作效果越差，必须要依靠新的社会网络资源。农民成为"新市民"，往往处于城市社区网络最底层，基本不具备融入城市所需要的社会资本基础，因而在失去原有社会资本的同时又尚未建立新的社会资本，这种社会资本青黄不接的状况容易使"新市

---

① 张莉萍：《农民市民化过程中再就业与社会资本分析》，南京农业大学，2008。

民"被边缘化。此外，重新积累社会资本不仅需要花费金钱、时间和精力，还需要得到社会网络的认可。搬迁后集中居住在安置小区使"新市民"缺少与"老"市民的接触，从而增加了得到社会认可的难度，也就阻碍了新的社会资本的建立。

因此，角色置换使郊区农村居民付出了双份成本，一份是原有的社会资本，另一份是为了融入新的社会关系网络、积累社会资本所花费的成本。

（2）人力资本。

人力资本同社会资本一样，可以看作一种投资，不仅包括对教育、技能的投资，还包括人们为了身体健康而进行的投资。人力资本投资根据投资主体的不同，其收益目标也有差异，并且投资收益与其主体具有产权上的不可分割性。

成得礼等[1]将被征地农民的人力资本界定为三个指标，即受教育程度、农龄和健康状况。并且认为农龄越长，非农的劳动技能越低，其人力资本越低；健康状况越好，其人力资本越高；受教育程度越高，其人力资本越高。一般情况下，人力资本的高低程度应当与家庭收入成正向相关，即人力资本越高，具备的知识技能越全面，则非农就业情况越好，从而获得的工资性报酬更高更稳定。然而在郊区农村，兼业现象较为普遍，农民多元化角色也创造了多元化收入，除了农业收入、工资性收入，还有非工资性收入，即在非正规就业模式下获得的收入，如房租、经营性收入等，获得这些收入并不需要多高的职业技术或受教育水平，也与农龄长短无关，即使是劳动能力低下的老年农民和残疾人也可以腾出房屋收取租金，做房东，因而"收入效应"在郊区农村失灵了。长期以来形成的非正规就业模式，使郊区农民忽视在人力资本上的投资，过分依赖土地和房屋带来的福利和收入，安于现状，有些"职业房东"甚至十几年没有工作过。他们失去土地和房屋并发生角色置换后，需要进入城市劳动力市场再就业，而这类农村居民由于人力资本较低，

---

① 成得礼、董克用：《城乡结合部（北京市）"失地农民"劳动力供给的影响因素研究》，《经济科学》2004年第4期。

竞争能力低下，对于就业的积极性也不高，就业培训的效果较差，从而使就业变得异常困难。

可见，要实现农村居民到城市居民、农民到工人的完全转变，需要提升"新市民"的人力资本，一方面可以增强竞争力，增加就业几率，另一方面可以通过职业扩大社会交际网络，从而积累业缘型社会资本，发现并提升衍生型社会资本。现行提高被征地农民人力资本的方式大致分为两种：第一种是教育、职业和技术培训，这是最为普遍也是最容易执行的方式；第二种是规定城市用地企业必须提供一定数量的就业岗位给被征地农民，作为安置手段，这是一种最直接的方式，但在提升人力资本上意义不大，而且涉及面太小。

因此，角色置换使郊区农村居民原有的人力资本失灵，需要提升，为此需要付出教育、培训、医疗等各项成本，这部分成本应当在农民向市民角色转换时以受教育权和劳动权的收益形式由政府作为公共事业埋单支付。

（3）权益资本。

角色置换前，农民作为农村集体组织的一员，享有土地使用权、宅基地使用权和村集体的福利分红权等一系列权益。角色置换后，农民丧失的不仅是土地和房屋，还包括作为村民分享福利的权利。皮尔斯对非自愿移民的补偿问题进行了深入的研究。他认为由于工程建设被迫迁移的移民所丧失的福利是外部性的一个例子或者更严格地说是一种外溢成本。① 农民的权益资本不需要经过持续的投资和长期的积累，而是农民身份与生俱来的，因此是三类无形损失中最为完全的一种，因而是角色置换过程中发生的不容忽视的成本。

此外，城市郊区农村居民通过对房屋投资，利用宅基地经营"瓦片经济"和"庭院经济"，成为房屋产权人、店铺所有人和企业负责人，拥有对投入资金的收益权。这种权益资本往往是郊区

---

① Pearce, David W., "Sustainable Development," *Ecological Economics: Essays on the Theory and Practice of Environmental Economics*, ed. David W. Pearce (London: Edward Elgar, 1999), pp. 90 – 92.

农村居民家庭收入的重要来源。角色置换后，不仅失去了村集体福利分红权益，还由于失去土地，无法恢复原有的生产经营，从而使投资难以收回。

对于从事租赁经营的农村居民来说，房屋拆迁后的搬迁过渡阶段要靠租赁房屋生活，要面临"房东"到"房客"的角色转变，即使搬入安置小区后，从事租赁经营的权益同时受到硬件和软件方面的限制。硬件方面是指安置房屋面积和户型的设计仅够维持居住需要，几乎没有多余房屋可以用来出租；软件方面是指安置小区一般是居民集中区，周边潜在租赁需求较弱，没有稳定的房客来源，从而失去了享受房租收益的权利。对于从事店铺经营的农村居民来说，小本经营最经受不起的就是地点的改变。一方面，店铺经营技术含量不高，主要靠周边消费环境、社会关系网络和顾客信誉，而要建立良好的信誉，将"店铺老板"的角色深入人心，需要经过长期的积累；另一方面，地租、房租是店铺经营最大的开销，在郊区土地不断升值的今天，店铺重新选址相当困难，更何况原有店铺产权归属农民自己，无需租金，因而搬迁后这类连家店能够重新选址继续经营的可能性微乎其微。从自己当老板到给人打工，权益资本的损失使其在心理上和生活水平上出现较大的落差。对于从事家庭企业经营的农村居民来说，无论有形资产的投入，还是人力资本和社会资本的投入都较大，而且企业经营具有一定的风险，因而他们期待获得更高的收益。然而在移民过程中，政府和项目方并未将其看作私营企业负责人，而是以普通居民身份标准给予补偿，将家庭企业所使用的场地、改造过的厂房和机器设备当作家庭住宅和附属设施补偿，而对企业雇佣的工人工资损失和停产停业损失都未加考虑。家庭企业同店铺一样，靠租金和地理位置优势发展，一旦脱离郊区农村环境，很难继续经营。

因此，角色置换使郊区农村居民完全失去利用土地、房屋发展的权益，使其权益资本发生了重大变化。

5.2.1.3 农村居民角色置换的收益

城市郊区农村居民通过农转非获得市民身份，并纳入与农民有所区别的住房、养老、医疗和劳动就业保障体系，但该体系与城市居民社会保障体系仍然有一定差距，属于过渡性保障。

（1）身份获得。

按照现有政策，郊区农村征地后人均耕地面积低于一定标准的农民必须进行农转非①安置，例如南京市规定征地后人均耕地面积低于 0.1 亩的失地农民要进行农转非安置并纳入被征地农民基本生活保障。按此标准，拥有 0.1 亩农地就拥有了农民身份的前提条件，而转变为市民的机会收益即为放弃农民身份的机会成本。按照每亩土地的征地补偿标准 18000 元，则转变为市民身份的基础是放弃价值 1800 元的农民身份。

（2）保障获得。

社会保障是由政府决定支付方式的强制储蓄。土地置换后，用征地补偿款作为铺垫，将角色置换后的农村居民纳入到城市社会保障体系，可以看作将一次性获得的土地损失补偿进行一次性储蓄，按照政府决定的某种规则分期支取。农民在角色转换中，能够获得的最大收益莫过于一系列公正的权益，特别是社会保障权益。

但是，农转非后的农村居民虽然在身份上与市民没有区别，但是在养老保障、医疗保障等权益方面却无法享受与市民同等的待遇，政府采用介于原有的农保和城镇居民社会养老保险之间的被征地农民基本生活保障的特有形式实现"用土地换保障"，这种保障可以看作一种过渡形式。近年来，各地也在不断尝试改变这种过渡形式，实现从农村居民到城市居民、从身份到权益的彻底转变，即将被征地农民完全纳入城镇社会养老保险体系。

农转非后的农村居民获得保障的收益即为过渡性保障的未来价值，为了方便比较，可以将未来价值折算至缴纳之日起，计算方法如下式：

---

① 或者称为农转居。户籍政策改革以来，城乡统筹几乎取消了农业户口与非农业户口的叫法，特别是大城市郊区农村已经通过多次征地并入了城市社区，不再归属乡镇。例如江苏省统一城乡人口为居民户口，分别为农村居民户籍和城市居民户籍，因而也取消农转非的说法。但是在征地安置时，虽然叫法不同了，但是做法仍旧是农民到市民身份的强制性改变。

$$C_2 = 12a \times \left(\frac{(1+i)^n - 1}{i(1+i)^n} \right) \qquad \text{式}(5.1)$$

式中，C_2 表示最终获得保障金价值，a 表示按月领取的保障费，i 代表利率水平，n 代表领取年数，可以用当地平均寿命与规定的保障金领取年龄之差表示。设一次性缴纳保障金为 C_1，则通过角色置换所获得的保障纯收益即为 C_1 与 C_2 之差。

此外，城市郊区农村居民还获得了居住保障收益。目前，城市房屋价格居高不下，价值也在不断上涨，如果没有居住保障，农村居民要按照市场价格购买城市房屋几乎不可想象。房屋拆迁后，农村居民被纳入到城市住房保障体系，拥有以保障价格购买完全产权城市房屋的权利，保障了角色置换后的基本权益——居住权。

（3）教育权利。

城市郊区农村归属城市社区管辖，按照就近入学的原则，搬迁前就已经在所属区域的城市中小学就读，因此在教育权利方面与城市儿童享受一样的待遇。然而，现有的优质教育资源往往集中在城市中心区域，郊区农民即使转变成市民，仍然无法改变地理位置上处于城市边缘的状况，因而在就读学校的选择上只能局限于边缘区域的学校。要享受更加优质的教育，必须在中心区域购房并居住超过一定年限才能获得资格，此外还要支付高额的借读费等费用，不利于实现教育公平。教育公平是在公平的基础上配置教育资源，让每一个社会成员都能够平等地获得受教育的机会，教育公平的基本内容就是实现教育利益分配的公平。①

随着城市化发展新阶段的到来，城市人口、就业岗位、服务业和相关产业，开始从大城市中心向郊区转移，所引发的教育郊区化的趋势产生的直接结果是使优质教育资源的受益人群扩大。

（4）劳动权利。

劳动权利是指公民享有的使自己劳动力与生产资料结合实现劳动过程的权利。具体体现在：搬迁前，在农村，农民与土地相

① 殷文：《郊区化视域下的教育公平——一个社会学的分析》，《南京审计学院学报》2006 年第 11 期。

结合；搬迁后，在城市，有劳动能力者与生产资料相结合。公民劳动权的主要内容包括平等就业权、自由择业权，以及与劳动有关的其他因劳动权所产生的结果权利，如休假权、失业保险权、劳动保护权等。在城乡分割的二元管理体制下，农民从事农业生产以及其他社会劳动都被排除在"劳动"之外，不受我国《中华人民共和国劳动法》的规范和保护，农民的劳动权利受到不公平对待。

　　角色置换后，农转非居民不但可以享受市民的劳动权利待遇，获得更多的就业和培训机会，而且失业期间可以获得不低于城市最低生活保障的失业救济金，就业期间也受到法律保护。因而，劳动权利是其获得的另一个收益。例如 2009 年起，南京市将失业保险金发放的范围扩展至南京市户籍、已办理失业登记的就业转失业人员、新生劳动力、被征地农民，以及其他失业人员等。

　　(5) 环境权利。

　　公民环境权是指公民享有在良好、适宜的环境中生活的权利，这关系到每个人的身心健康、生命安全和生存权利。环境权是农民的合法权益内容之一，也是农民得以生存和发展的前提和基础。为了保护城市居民的环境权益，大量污染企业向郊区转移，当郊区农民还沉浸在就业机会增多、郊区经济繁荣、收入提高的喜悦中时，郊区环境已经开始被大量侵蚀。按照当代环境伦理理论，对于环境恶果的承担往往是不公平的，例如住在被城市二、三产业污染的河流两边的农民和住在城市中有良好环保处理系统的精致小区的市民，二者对环境恶果承担的程度是不同的。①可以说，城市在环境保护上取得的成就，在某种程度上是以牺牲农民的环境权益为代价的。然而，长期的城乡二元体制结构导致农民在各项权益上成为弱势群体，在环境权利上也不例外。农民的环境权利常常被忽视甚至受到侵犯，客观上是由于农村缺乏基本的环保设施，公益性事业资金也没有保障，主观上是因为农民

---

① 王韬洋：《有差异的主体与不一样的环境"想象"——"环境正义"视角中的环境伦理命题分析》，《哲学研究》2003 年第 3 期。

环境保护意识淡薄，缺乏参与的能动性。

角色置换后，农村居民从原来的农村环境退出，搬迁至城市生活小区，一方面节约了因为原来环境污染导致身体疾病发生所需要付出的成本，另一方面城市小区环保设施配套齐全，周边环境质量优越，从而获得环境权利方面的收益。

（6）参政权。

公民参政权是指在全国或者地方，个人或者集体支持或反对国家结构、权威和有关公益分配决策的行动①，包括选举权、知情权、信访权等。农民参政权的实质是亿万农民参与讨论和制定游戏规则、参与实施和监督游戏规则、参与反馈和修改游戏规则②。目前农民参政权存在两方面问题。一方面，农民选举权受到限制。在全国人大代表中，9 亿农民所占份额不到 5%，而且这部分代表往往是地方官员和"农村新贵"，"觉悟"很高，从而无法代表农民利益的真实诉求。另一方面，知情权受到限制③。城市化进程中涉及项目征地拆迁，在项目前期、项目实施阶段和项目完工阶段，项目方都忽视了被征地农民的参与权。特别是在项目前期，项目方没有充分宣传，没有告之项目即将带来的效益和风险，征地拆迁补偿政策也没有充分公开或给予解释，结果大量社会矛盾产生。农民可以选择的申诉渠道就是信访，而信访权作为重要的参政权之一也被限制，因而往往解决不了实际问题，以至于农民为了维护自身权益、争取分享利益的权利而采取极端方式。

5.2.2 农村居民角色置换过程中的矛盾分析

角色置换使农民获得保障权、劳动权、环境权、参政权等权利，失去全部的权益资本、大部分的社会资本以及人力资本。由于就业的不确定性以及职业和身份转换的安置成本，失地农民向城市居民的转换有了一个很高的退出成本。按照市场交易的公平原则，

---

① 帕特里克·J. 孔奇：《政治参与概念如何形成定义》，王胜明、范云萍译，《国外政治学》1989 年第 4 期。

② 周作瀚、张英洪：《中国农民的政治参与和参政权》，《政治学研究》2007 年第 2 期。

③ 张英洪：《农民权利论中国》，经济出版社，2007，第 140 页。

这部分成本同样应包含在征地补偿之中，但是现行政策往往没有涉及到这一部分内容的补偿。此外，由于角色前后相差较大，在短时间内强制性地进行较为集中的角色置换必然引发一系列矛盾。

（1）身份转化与生活水平的转化不同步。

角色置换后，农民以新获得的市民身份搬迁至安置小区，开始城市生活。从消费结构看，被征地农民的消费已经城市化，包括衣食住行各方面成本，以及各种保障费用的支出，如从基本生活保障转缴城镇养老保障，不仅需要一次性支付一定的费用，将之前的农保年限折算入城镇养老保障，还要每月支出一笔养老保险费用。但是，被征地农民的收入水平并没有"城市化"。[1]

（2）职业转化与应有权益的获得不同步。

一方面，农村居民原有的人力资本在城市就业过程中缺乏竞争优势，加上一系列提升人力资本的职业培训尚未发挥效果，或者并未起到应有的作用。能够在角色过渡阶段帮助农村居民就业的是亲戚、朋友网络，即原有的社会资本。然而，原有的社会资本随着搬迁时间越来越久，开始变得越来越少，使农村居民就业再次陷入危机。另一方面，角色置换后，用土地换来的保障是一种过渡性质的保障，无法在物价日益上涨的城市环境下保障农民的生活、医疗和就业。即使可以获得与市民同等待遇的保障，也需要以具有稳定的职业为前提。因此，职业转化缓慢阻碍了农民权益的获得，而农民权益获得的滞后又造成了就业困难。如此一来形成了一个不良循环，归根到底是由于现有补偿安置政策只注重保障形式，不注重保障内涵，忽视农民权益而造成的。

（3）居住转化与城市社区的融合不同步。

一方面，角色置换主要着眼于郊区农民的旧角色脱离，容易忽视其市民新角色的更替以及两者之间的过渡行进桥梁（movement bridge）[2]。从主观意识上来看，农村居民对自己的新角

---

[1]　楼培敏:《中国城市化过程中被征地农民生活状况实证研究——以上海浦东、浙江温州和四川广元为例》,《中国农村经济》2005 年第 12 期, 第 35 ~ 45 页。

[2]　Ashforth, Blake E. , *Role Transitions in Organizational Life*: *An Identity-Based Perspectiv* (Mahwah: Lawrence Erlbaum Associates, Inc. , 2000), pp. 12 – 13.

色认识并不明确，持有弱认同感，缺乏置换的积极性，而对旧角色持强认同，无论在生活习惯还是在文化偏好上都无法彻底脱离原有角色。另一方面，农民对居住社区缺乏归属感，新老市民没有充分的互动。由于城市居民社会关系网络主要以业缘关系为基础，网络面积大，但由于没有或者不愿意花费成本维系情感，从而缺乏深入的沟通和交流，人际关系更多的是局限于表层。而农村居民的社会资本积累模式与此相反，他们更注重深交，愿意在日常生活中投入人力、物力维系亲情、友情，因此农民难以产生对新加入社区的归属感。

5.2.3　企业角色置换的成本－收益分析

企业所发生的角色置换与农村居民相比是隐性的，没有明确的转变标志，然而企业在市场中的地位确实发生了巨大的变化，企业的生命周期也被迫中断并重新开始，因而对企业来说，拆迁既是一次机遇，也是一种生存挑战。事实上，从郊区农村即将实施拆迁的那一刻起，企业就已经开始考虑拆迁之后的出路，主动向被拆迁者的角色转化。他们同农村居民一样，没有反驳项目、拒绝接受拆迁的权利，只能够通过提前准备将迁移重建的成本降低，通过谈判获得合理补偿。

5.2.3.1　企业角色置换的成本

郊区企业在农村长期积累的人际关系网络、供销网络等社会资本，作为村集体经济支柱享受的权益资本，以及经过培训、筛选和磨练的人力资本，随着企业搬迁和角色置换一起丧失。

（1）社会资本。

企业的社会资本是指那些能够被企业控制的，有利于企业实现其目标和实现目标活动的，嵌入于企业网络结构中显在的和潜在的资源集合。①

郊区农村企业长期积累的社会资本包括亲缘型社会资本、地缘型社会资本和业缘型社会资本。其中，亲缘型社会资本主要表现为在乡镇企业和集体企业中，由于企业负责人直接来自当地乡

---

① 周小虎、陈传明：《企业社会资本与持续竞争优势》，《中国工业经济》2004年第5期。

镇，与基层政府有千丝万缕的联系，因而其关系网络主要集中在政府层面，企业的各项事物都有地方政府参与的痕迹；地缘型社会资本和业缘型社会资本在外来私营企业的社会关系网络中占主要地位，这类企业要想进入亲缘型社会关系网络的"圈子"需要花费大量的成本，因而与其密切相关的是供销网络。无论哪种企业，在郊区农村生存都需要一定的社会资本。例如，私营企业除了需要交纳正式税费之外，往往还要向地方政府交纳其他费用，可以看作维系社会关系网络的成本，而且有报道表明，在一些地区这类费用高达正式税率的两倍以上。

（2）权益资本。

郊区农村企业租赁农村集体土地不仅可以享受土地使用权，还拥有利用土地之上的空间发展的收益权。企业搬迁后，不再与村集体有任何关系，这种权益资本便随之丧失了。

拆迁前，企业与村集体签订的租赁协议，规定企业要在当地纳税，定期缴纳租金，并且标准随年限浮动，同时企业可以享受在租赁土地上自行规划、建造厂房和其他设施的权益。有些生产建设周期较长的企业还可享受缓缴税金和租金的优惠。作为郊区农村的经济支柱，这些企业为繁荣二、三产业，增加地方税收作出了贡献。他们在承担义务的同时，也获得了低成本发展带来的收益。然而拆迁发生时，企业与村集体签订的租赁协议将立刻中止，这部分违约金本来应当由村集体来支付，作为对企业损失的补偿。然而在当初签订协议时，村集体往往都要在合同上加一条内容，即合同期间如果遇到国家征地拆迁，则无条件中止，企业将无法获得违约金收益，这是企业无法预见的风险，并且没有相应的规避措施。可见，企业从经济支柱到被拆迁者的转变，使原本隐含在合同中的危机成为现实。

此外，企业在其租赁场地上可以根据自己的需要建设厂房等设施，有些企业将空闲厂房出租给其他企业使用，出现"厂中厂"，一个企业的搬迁牵连到数个企业的情况也不鲜见。对于这种现象，村集体只是按照土地面积收取租金，至于土地之上的建筑物他们也不去过问。因而郊区企业充当村集体土地承租人的同时，也扮演着房东的角色，拥有对租赁土地之上空间进行利用开发的权益。搬迁后，在工业园区重建的企业，由于土地成本过高，只能租赁厂房生产，因而失去对土地之上空间利用开发的权益。在其他郊区农村选址重建的企业，从一个市场的稳居者转变为另一个市场的进入者，失去早期进入市场的租金优势，有些为了生存，甚至直接租赁现有企业的厂房，变成"厂中厂"，从原来的"房东"转变成"房客"。

（3）人力资本。

郊区企业角色置换过程中要负担的人力资本分为两类，一类是对于辞退的员工的安置费用，另一类是员工流失的成本。拆迁后无法继续经营的企业，需要对员工进行安置，乡镇企业和集体企业员工多为本地村民，当初用土地换进厂工作的资格，因而必须要对这部分员工进行失业安置。对于搬迁重建需要花费较长时间的企业来说，停产停业不仅损失营业额，也造成了员工流失，成本大幅增长①，使风雨飘摇中的企业雪上加霜。企业的技术类工人是重要的人力资源，他们数量稀少，供小于求，是同行企业争抢的目标，也是企业恢复生产后创造效益的主力军，因此，企业至少要在停业期间继续为技术类工人发放工资，并承诺提升工资，才有可能挽留住他们。

5.2.3.2 企业角色置换的收益

企业用厂房、设备和其他设施的损失，换来现金补偿的收益，成为角色置换后发展的现金资本。角色置换的另一项收益是企业转型的契机。

乡镇企业和集体企业的经营者为当地村民中的能人和精英，企业员工多为本村居民，企业建立之初的目的就是要振兴地方经济，并且安置农村剩余劳动力，因而与当地基层政府组织之间存在类似于亲缘型和地缘型的社会关系网络。企业生产经营状况与这种关系的紧密程度密切相关，在拆迁过程中双方往往能够结成利益共同体，尽可能多地获得补偿。对于其中面临倒闭的企业来说，拆迁正好成为一次安置职工、清理破产的机会，从此不再经

---

① 每流失 1 名员工，需要多花费 3 名员工的成本（1 名员工流失 + 流失员工的培训成本 + 1 名员工招聘成本 + 招聘员工的培训成本）。

营；经营状况良好的企业，会选择在当地另择场址继续经营，若无法实现，脱离原来依赖的社会关系网络到新的环境重新开始，将很难生存。

外来私营企业的经营者非本村居民，企业员工也多为外来流动人口，与基层政府组织之间的关系较为简单。在企业拥有的社会资本中，对当地基层政府组织的地缘型社会资本依赖较少，对供销网络的业缘型社会资本依赖较多。由于基层政府组织在拆迁实施主体中有相当重要的地位，因而在拆迁过程中企业需要花费成本动用社会资本来获取应得的利益。经营状况较好、规模较大的企业，会选择搬迁至工业园区。一方面，工业园区硬件设施较好，对企业利用拆迁资金扩大规模、提升档次有利，并且可以因此吸引更多的客户；另一方面，虽然企业因生产成本上升会不得已脱离原有的供货网络，但是工业园区的聚集效应会在企业建立新的供销网络时发挥重要作用。这类企业具备较为成熟的市场占领经验，加上工业园区设备齐全，企业搬迁后可以立刻投入生产，节约了从市场占领者到市场进入者之间角色转化的成本。对于规模较小的企业来说，重新选址关系企业存亡，重新建立社会关系网络需要花费巨大的成本，因而他们会在附近郊区农村选址重建，但是面临着再次拆迁的风险。

5.2.4　企业角色置换过程中的矛盾分析

城市郊区企业自从建立的那一刻起，就没有明确的产权规范，其权利在法律上是模糊的。所谓私营，在性质上是一种非正式的私有制，然而这种非正式产权关系在郊区农村找到了运行空间，或者说企业与其环境要素之间建立起了稳定合作的关系。农村自然形成的边界概念可以理解为两种含义，一为地理方位，二为产权观念，并且历来遵守"划地为界"原则。企业在郊区农村租赁土地，就享有土地的使用权、控制权，甚至是租赁权，经营者通过人际关系网络的保护在事实上获得了产权，包括厂房、车间、办公用房等土地上的附着物，都被承认归企业所有。事实上，这些建筑物并未获得相应的建设许可，也没有关于这类建办理建设许可的相关规定，因而在拆迁补偿的谈判协商过程中，企业财产的认定往往成为难点和焦点，这也是有些郊区企业成为拆迁"钉子户"的主要原因。

5.3 基于 VR-RT 理论的角色置换
政策改进建议

政府在管制农村土地用途的同时，也管制了城乡户籍，限制了城乡流动，即所谓的城乡二元结构体制。这种体制使农村居民无法分享城市经济发展的收益，也使城市居民无法分享农村低成本的居住和生活权益①，在过去很长一段时间维持了社会稳定和城市经济的快速发展。然而，这种稳定状态在城市化不断推进的过程中被打破，郊区农村的居民和企业被突发性地、强制性地进行角色置换，在缺乏利益表达渠道，缺乏就业、医疗、教育、养老政策保障的情况下，无力维护权益，缺少社会参与，很难融入新环境中，无法实现可持续发展。

因而，在城市化进程中，对移民的补偿安置政策不仅要考虑移民财产损失的补偿，要实现移民利益分享，即解决好土地置换、房屋置换中的利益分配问题，还应当考虑移民从原角色退出的成本和融入新角色的投资。根据置换理论（VR-RT），应当在身份和职业转变的同时实现权益资本、社会资本和人力资本的相应转变，因此应当以社会保障为后盾，赋予移民等价权利，通过广泛而持久的公众参与和教育培训，获得新角色的完整权利，从而实现角色置换。

（1）权利赋予——角色置换的先决条件。

城市郊区农村征地拆迁所发生的土地置换、房屋置换和角色

---

① 如果城市低收入人群更愿意去当农民，至少生活成本低、居住成本低，还有目前较为流行的老年人"知识下乡"说法，即城市居住集中，生活空间狭小，老年人更愿意到远郊农村养老，有院子和土地以及新鲜空气，与此同时城市老年人也将多年积累的经验和知识带到农村，仍可以发挥余热。然而在现行体制下，最多只能实现有条件的、从农民到市民转换，而反过来却不行。

置换，核心应当是市场规则支配下政府、建设单位和郊区移民之间的等价交换。这种交换以征地、拆迁补偿安置和农转非作为手段，其真正意义在于使发生角色置换后的农民可以进入城市就业、生活和获得社会保障，企业可以持续生产。而这种等价交换的前提是交换双方的等价权利赋予，在角色置换过程中可以通过权利赋予降低移民权益资本的损失。

①赋予农民应有的公民权利。

从农村居民到市民，无论是身份还是行为期待，都是有相当跨度的角色转移。农民的土地虽然与其身份同生同灭，但农民对土地只有使用权，没有所有权，在土地处置问题上没有话语权，在土地被国家建设征收时，没有权力去要求土地置换后增值收益如何分配，没有能力去设想成为新市民的个人权益，没有兴趣去关心如何融入城市社区、获得角色认同。没有角色认同和社区融入，即使获得市民权利也并非真正意义上的市民，市民角色置换仍未完成。无论征地后农民获得如何平等待遇的补偿，角色置换都使郊区农民面临巨大的转型和落差，不改变长期以来农民身份蕴含的阶层性，就无法在城市化进程中实现公平公正，更不用谈可持续性。城市化的进程也是农民市民化、城乡统筹一体化的过程，然而这个过程不仅要实现农村居民向城市居民职业形式、生活风格的转化，更要实现公共服务、权利保障、福利待遇上的城乡等同。

因此，应当赋予广大农民应有的公民权利，让农民享受与市民一样的公民待遇。与马歇尔①提出的公民权从私人权利到政治权利再到社会权利的发展路径可能不同，中国农民身份的公民化或许是以社会福利权利的增进为起点。② 在农民身份转化的同时，政府应当对与其市民角色相关联的社会位置予以充分的赋权，并给予与市民一样的社会福利且要求其承担一样的义务；同时，加大郊区农村基础设施改善的力度，达到城乡社区生活条件的基本

---

① Thomas Humphrey Marshall, *Citizenship and Social Class and Other Essays* (London: Cambridge University Press, 1950).

② 邹谠:《二十世纪中国政治——从宏观历史与微观行动的角度看》，牛津大学出版社，1994，第 17 页。

均等。只有这样，农民在角色转化前后才不会因为权益资本相差过大而产生角色冲突，从而可以减少付出的成本，推动农民市民化的进程。

② 赋予企业应有的合法产权。

郊区农村企业在土地使用权、房屋产权及合法性上未受到法律保护，即使想要办理合法手续也没有相应的法规，企业被排除在常规法律程序以外，丧失了取得合法产权的权利。

事实上，对企业而言，最大的资源是土地资源，只有充分肯定企业对土地的使用权利，让其运用好土地资源以及土地之上的发展空间，使土地资源转变为土地资本，并实现最大限度的增值，才能使企业不再沉浸于被迫拆迁的角色里且想方设法地拖延时间、抬高要求、漫天要价。根据我国《土地管理法》，国家收回土地使用权，应当对土地使用权人给予适当补偿。因此，拆迁单位对企业的土地使用权应当给予补偿。根据企业取得土地使用权的不同方式，可分别制定相应的补偿原则和办法。一是对于建筑物及其占有的土地，按照房地产市场评估价予以补偿；二是对企业的空地或净地，可以请评估机构进行专项分户评估，拆迁双方当事人在评估价的基础上协商。如果企业是以划拨方式取得土地使用权的，补偿时应扣除企业应当交纳的土地出让金和其他相关手续费。此外，对企业有形资产的评估要更加接近现行市场价值，补偿标准要更加细化和及时；对于无形资产损失，要进行评估并给予适当补偿。

（2）公众参与角色置换的实现途径。

从身份角度理解，角色应当有两种含义：第一是根据个体社会参与模式的不同，存在一系列角色；第二是个体本身可以作为一个角色，并且是所有角色的总和。① 也就是说，人们生活在社会中，必然要参与社会活动，要主动按照社会期待行为，并找到与身份相适应的社会位置，承担一定的义务，并且享受一定的权利。因而，角色转化时应当而且必须进行社会参与，移民才有能

---

① Linton, R., *The Study of Man* (NewYork: Appleton-Centruy, 1936), pp. 113 - 114.

力在新的社会位置按照社会期待行为。

在城市化进程中，郊区农村的征地拆迁更多是被看成是一种政府、开发商主动参与，农民、企业被动参与的过程。由于参与的被动性和紧迫性，被动参与者更多地在意旧角色的损失，而忽视新角色的收益，从心理上抵触角色置换，即使项目的最终目标是让包括被动参与者在内的大多数人受益。例如，污水处理厂、垃圾填埋场等环境整治工程建成以后，将会改善城市和周边郊区环境质量，使包括搬迁到城市社区的农村居民生活环境得到改善，但是大部分人还会觉得原来的生活舒适、方便，做农民自在，而对现有的干净整洁的社区环境抱有较低的期待。事实上，城市化的最终目标就是要让城市的社会经济文化发展惠及所有居民，高城市人口率是其重要标志。然而，如果被动参与者只是完成了身份置换，拥有市民身份，却未真正融入新的社区，也未完全获得与身份相关的权益从而实现角色转化，那么就算是有很高的城市人口率也毫无意义。

因此，实现角色置换的最好途径，就是构建良好的参与机制，加强公众参与，使被动参与者获得主动权，积极参与到项目中来，变强制性开发为参与式开发。此外，社会参与还是积累社会资本的主要手段，因而加强公众参与有利于降低角色置换中移民社会资本的损失。

参与式开发是在参与式发展理论的指导下进行的开发建设。参与式发展理论的前提是共同的发展目标，手段是公众参与，原则是建立"伙伴"关系、重视发展过程，核心是以人为本。[①] 因此，参与式开发要做到通过公众参与同利益相关者建立"伙伴"关系，在开发过程中充分重视参与人的权益，特别是受影响人的权益，从而在实现共同目标的同时让参与人实现可持续发展。

①项目准备阶段的公众参与。

在进行项目之前，应当在城市规划时鼓励充分的公众参与，要考虑成片征收郊区农村土地后如何安置居民和企业，安置地区

---

① 叶敬忠、刘燕丽、王伊欢：《参与式发展规划》，社会科学文献出版社，2005，第 11 页。

的配套设施是否能够满足安置需求，周围服务业是否发达，从而能够为郊区农民提供个体经营的机会。通过信息反馈，了解农民最需要哪方面的培训和工作信息，这样才不至于使将来的就业培训安置形同虚设。定时公开规划信息，让郊区企业可以在选址时有所准备，一方面可以避免刚搬就拆，另一方面也可以引导企业到工业园区统一经营，形成规模效应，同时避免对郊区环境的进一步破坏。

在项目提出、准备论证时，可以将项目概况信息公开，组织公众参与讨论，可以选择网上调查的方式。这种方式覆盖面广，可以综合大多数利益相关者的意见。一方面，发挥了参与者的主动性，并且给予充分尊重，树立了政府可信的良好形象；另一方面，避免了未来由于项目建设中可能发生的利益冲突而带来的不良后果和环境污染所带来的无可挽回的损失，否则，其成本将远高于执行项目的收益。在这一公众参与网络中，已经形成了城乡居民的互动、沟通和交流，缩小了城乡居民思想意识的差距，为未来农民市民化作出了铺垫；同时，加深了政府公信力，为未来城市化建设项目的顺利开展打下了基础。

②项目实施阶段的公众参与。

现有的征地拆迁实施过程中，政府及相关部门将被征地农民看作群体，从而忽视了作为个体的农民，使其无法参与决策过程。在关系到农民切身利益的征地补偿安置方案的制订和征地款使用的过程中，农民始终被排除在通过博弈达成契约以保护自己利益的主体地位之外，从而无法保障自己的财产权利。[①]

因此，在项目准备实施阶段，要重点对受影响人开展公众参与活动，可以通过座谈会形式协商，主动参与方要尽量以"伙伴"姿态参加协商，将项目的详细内容和进展情况介绍清楚，并将计划实施的安置方案和遵循的法规进行公布和解释，被动参与人可以提出自己的疑问和顾虑，并对安置补偿方案提出意见。这种做法可以使受影响人不再过分地依赖原有的社会关系网络，不必处处找关系、托后门以求获得合理补偿，而是通过公开的信息

---

① 廖小军：《中国失地农民研究》，社会科学文献出版社，2005，第195页。

和直接的沟通渠道反馈自己的想法和建议，做到信息的交互，从而在项目实施前就将可能发生的问题摆出来、想办法。信息不透明的另一个缺点是导致政府公信力下降，引发矛盾冲突。有这样一个真实的例子，一位从事拆迁工作多年的基层干部 XXX 说，即使告知老百姓征地拆迁补偿政策，并按照政策要求与其协商，老百姓还是会认为拆迁实施单位徇私舞弊。一次他在安置小区附近吃饭，坐在对面的一个居民在同其他人讲："XXX 他们肯定黑了我们的拆迁款，我的房子应该值 20 万，他只给了 18 万，见到他肯定不饶过。"XXX 此时真是哭笑不得。事实上，补偿确实是按照政策，只是在细节上没有解释清楚，并且以居高临下的态度与受影响人协商，几乎没有商量的余地，才导致如此尴尬事情的发生，因而 XXX 曾说，其实我们实施单位也是弱势群体啊，一旦有风吹草动，矛头一准指向我们。如果积怨成了规模，就容易引起冲突事件，因而在公众参与中遵循"伙伴关系"原则，将信息充分公开，才能够认清对方角色的价值，并且以公正的态度评判项目的好坏。

在对企业资产进行评估的过程中，公众参与、协商非常重要，由于被拆迁企业经营规模、经营状态各不相同，企业单独作为一个单位，很难像居民一样联合起来一起争取某种权益，往往为了尽快重建企业而不愿与拆迁实施单位进行拉锯战式的谈判，从而在协商过程中处于劣势。因此，积极引导企业认识自身的价值，使评估准则和项目公开透明化，帮助企业了解评估的内容和标准，从而双方在谈判时可以从一个较为客观的补偿标准出发，通过不断的协商，最后达成较为一致的、合理的补偿方案，这样才有利于企业恢复重建。

项目实施阶段，也是移民开始搬迁过渡的阶段，在实际搬迁过程中受影响人还将面临一系列的困难和挑战，如居民过渡期限过长造成生活困难、工作不稳定、老年人因搬迁出现突发疾病等，以及企业在过渡期出现选址困难、无地落脚、工人流失、订单流失等一系列问题。因此，作为主动参与方的政府和开发商不能够以协议签订、补偿完毕作为参与的结束，将受影响者抛开，公众参与机制应当要贯穿其中。此时，应当建立抱怨申诉机制，使受影响人可以通过该渠道直接反映问题。虽然受影响人居住分散、问题复杂，大规模公众参与座谈的可能性较小，但仍要坚持信息公开，将安置小区建设进度、各类选址信息、就业等信息通过网上公布、电话通知、负责人联络等方式定时反映给被影响人。

③项目运营阶段的公众参与。

项目运营阶段，受影响人往往已经搬迁重建完毕，开始在新的环境适应角色的转变。农村居民要完成与城市社区的融合，企业要融入新的市场从头开始。

在这一阶段，农村居民角色转变的公众参与机制也发生了变化，从原有的农村社区参与变为城市社区参与。社区环境形成的可以利用来增加社会财富或者减少社会损失的资本称为社区资本。"新市民"在失去原有社会资本的同时要获得新的社会网络关系，最易建立的就是与所在社区相关的地缘型社会关系。

社区建设应当从硬件和软件两个方面进行加强，为"新市民"创造角色转变的社区环境。在硬件方面，要加强社区周边配套设施的建设，吸引更多的人气，方便社区居民。原来开"连家店"的村民希望搬迁后在安置小区继续租房开店。在店铺恢复重建中，选址非常重要，有些即使在安置小区花费巨大的租金成本重新开业，由于周围群体同质性强，消费能力较差，生意大不如从前。心理上也矛盾重重，一方面想等人气更旺或者政府规划，推后开店；另一方面店面租金不断地上涨，工作也不好找。因而，应当充分告知社区居民社区配套设施建设的全过程，并让社区居民参与到规划设计当中，从实际使用者的角度对项目给予建议。软件方面包括组织社区活动，不仅在社区内部，而且与其他社区一起，可以促进社区新成员与老成员的沟通、融合，增强"新市民"对城市社区的归属感和认同感。此外，"新市民"在积极参与社区活动的同时，不仅积累了社会资本，也提升了自己的人力资本。

（3）教育培训——角色置换的代际传递。

角色置换不是一蹴而就的，有可能需要很长时间，甚至有些移民可能要到下一代才能够完全转变为市民角色。角色置换存在一定的代际相关性，即上一代人对新角色的认知程度越高，归属感越强，下一代就越容易理解角色内涵。实现角色置换，与家庭收入往往关系并不大，而与人力资本的关系较为密切，如个体的受教育程度、职业技能等，此外与个人生活习惯、价值观等也存在一定的关系。个体受教育程度越高，职业技能越强，接触新角色的机会就越多，从而对新角色的认可程度就越强，从旧角色退出的主动性也越强，其本人的生活习惯和价值观以及整个家庭环境和气氛直接推动下一代对新角色的认可，从而使下一代更容易实现角色置换。因而，政府应当通过教育培训提高人力资本水平，提供充分有效的信息来增加就业机会，通过社区教育增强市民意识。

①提供就业机会。

角色置换后，原来的"房东"和"雇主"们失去了维持生计的手段，要应对成本相对较高的城市生活，首要问题就是就业，因此就业可以作角色置换中的关键。就业承担着失去土地、房屋和角色之后的保障功能，特别是对年轻人来说，虽然纳入失地保障体系，但是离领取保障金的年限还有相当长的时间，因而要获得生活保障就必须有份工作。就业是建立新的社会关系网络的基础，由于就业是个人获得各种信息与社会地位、培养其"现代性"的主要渠道，因而从原来的以亲缘关系和地缘关系为主的农村社会关系网络退出后，要融入以业缘关系为主的城市社会关系网络，首先需要拥有一份职业。就业具有代际传递效应，上一代就业的情况直接影响下一代就业的难易程度和好坏程度，人依靠工作来生存，来融入社会，从而实现自我，并为后代带来希望。

然而，郊区农民长期的生产、生活方式以及普遍较低的受教育水平，决定了他们的人力资本水平普遍不高。其中大多数人就业困难或者就业岗位局限于低技能、低收入的服务行业，例如家政、保洁、保安、运输等岗位，平均工资水平只能维持在城镇企业职工最低工资标准上，这样的收入显然不足以支付其养老、抚幼支出和创业投入。因此，单靠农民自己寻找就业机会，无法确保被征地农民长远生活水平不降低，政府在给被征地农民提供就业岗位、组织就业培训、拓宽就业渠道等方面具有不可推卸的责任，其目的主要是弥补被征地农民角色置换前人力资本的先天不足，增强其参与社会竞争的能力。

为被征地农民提供就业机会可以通过挖掘第三产业就业潜力、开发社区就业岗位、提供创业优惠条件等来实现。挖掘第三产业就业潜力，可以采取定期举办招聘会、社区专管就业部门登记并帮助推荐工作、网上发布招聘信息等方式，这些都是在现有的就业岗位上寻找空缺作为就业机会。开发社区就业岗位，可以通过小区配套商贸设施建设提供更多的就业岗位，例如社区菜场、超市、商店等，还可通过政府扶持提供社区公益性岗位，这些都可以为角色置换后的"新市民"就业找到出口。提供创业优惠条件，是鼓励有条件、有技能的"新市民"通过政府提供的优惠贷款或者直接的创业奖励进行创业经营，这类企业在成长壮大后还可以向社会提供更多的就业机会，因此这种做法属于一种"就业孵化"，具有可持续性，但是对创业者的人力资本要求较高。

②提供职业培训。

角色置换前，农民的人力资本水平过低，不能够适应角色置换后的劳动力市场需求，因而在角色置换前和角色置换过程中就为即将转变为市民的农村居民进行职业培训，不仅能够提高农民的人力资本，增强劳动力供给能力，还有利于郊区农民在失地后迅速实现就业并顺利进行角色转换。

在培训内容上，应当包括一般的培训内容和针对郊区特点的培训内容。一般的培训大多针对进城务工人员，包括电焊工、木工、保姆、保安等专业技能培训。有郊区特色的培训还应该包括电脑、财会、经营、服务业等城市需求量较大的、可以获得较为稳定的职业的技能培训。

在培训形式上，组织者，包括基层政府的劳动与社会保障部门、社区和培训机构，应当举办采取多种形式和内容，包括培训班、学习班等，设立不同层次、不同类型的培训课程，以期最大限度地满足农民的需求。此外，建议将被征地农民的职业培训纳入法制化进程，以确保失地农民不因缺乏谋生技能而生活贫困。

在培训对象上，并非所有的被征地农民都愿意成为培训对象，也不是所有人都适合参加培训。年轻人的培训需求较强烈，而且将培训当做一种社会参与的方式，通过培训不仅能够长见识，还能认识朋友，从而更容易融入城市生活。而中年人对培训的积极性并不高，他们觉得即使参加了培训，由于年龄问题也不好找工作，而且跟年轻人一起去"上课"，感觉"抹不开面子"。因此，应当在培训前对农村居民进行职业培训意向调查，了解郊区农民已经具备了哪些方面的技能，希望进行哪些职业培训，并根据培训对象需求合理安排培训内容和培训时间，这样不仅有利于节约培训成本，还能够避免"走过场""走形式"。对有就业需求但是对参加培训存在顾虑的被征地农民，要采取教育、疏导的方式，鼓励他们参与进来。

③提供社区教育。

角色置换后要获得社会认同、实现社会融合，一方面农民自身要提高内在素质，从生活意识、权利意识以及行为方式和价值观念上向市民转变，另一方面社会力量要帮助和引导农民实现转变。从郊区农村到城市社区，农民的社会参与由家庭到家庭的"点对点"模式转变为家庭到社区的"点对面"模式，因而社会引导要从社区教育方面努力。社区教育作为社区建设的一项内容，重点在于给予社区居民思想意识层面上的指导，通过对社区居民政治、经济、文化生活层面上的关怀和照顾，引导社区居民融入社区生活，并建立相互信任、文明和谐的人际关系。社区教育作为一种"软手段"，将在潜移默化中促进"新市民"向"市民"的转化。

5.4 本章小结

本章是在第 2 章提出的城市郊区移民补偿安置研究框架中的第三部分内容。本章从农村居民和企业的角色转化入手，揭示转化前后角色拥有的权利和角色价值的变化，接着对角色置换过程中的收益和成本及其产生的矛盾进行分析，得出角色置换中的损失补偿和安置同样必不可少，最后指出政策干预的方向。

（1）通过对置换前农村居民角色内涵的分析，将农村居民角色转化分为由身份转变引起的从农民到市民、从农村居民到社区居民的转化，以及由职业转变引起的从农民到工人、从房东到房客、从雇主到雇员的转化，并对两种转化过程中权益和人力资本等无形资产的变化进行了分析。此外，通过对比还发现，不同年龄段的农村居民在角色置换过程中的心理适应和角色认同存在一定差异。

（2）通过对农村居民角色置换中获得的收益和付出的社会资本、权益资本、人力资本进行分析得出结论，被动、强制、集中的角色置换很难迅速解决城郊农民的权益置换与身份获得、新老市民缺乏互动等问题，会引发身份转化与生活水平的转化不同步、职业转化与应有权益的获得不同步、居住转化与城市社区的融合不同步等矛盾。

（3）本章从企业与城市郊区农村之间关系的演化过程入手，对拆迁引起的企业在郊区农村社会中的地位和所在市场中的地位的变化进行了分析。接着，通过对企业角色置换中获得的收益和付出的成本进行分析得出结论，在长期以来的非正式产权关系下，城市郊区企业的财产权益在拆迁过程中无法受到法律保护。

（4）通过对城市郊区移民群体角色置换的分析，本章认为，角色置换过程中移民群体在人力资本、权益资本、社会资本方面发生的隐性损失不容忽视，现行政策若对此不作为将导致这种隐性损失难以弥补和恢复，因而为移民群体搬迁后生产生活留下巨大隐患。本章提出基于 VR-RT 置换理论的政策干预方向，即通过培训教育、给城市郊区农民和企业赋权、加大公众参与力度等方法来恢复和提高移民群体的资本。只有这样，移民群体才能够加快角色转换的速度，加深角色认同，并最终融入新环境。

第 6 章
案例研究——南京市
某湿地公园工程

6.1 基本情况

6.1.1 案例概况

湿地公园工程是南京市水环境综合整治项目的一部分，该项目旨在提高南京市地面水环境质量，保护地下水源，促进南京市经济可持续发展，提高城市化水平，是典型的公益性项目。湿地公园占地 446 亩（约 30 公顷），工程投资花费约 6 亿人民币，于2006 年开工，2008 年年底公园建成，并向市民免费开放。公园设计理念分为五大部分：生态为本，文化为魂；以人为本，舒适美观；生态优先，生物多样性保护；因地制宜，适地适树；整体协调，持续发展。公园以一轴、两带、五片区为景观框架。一轴：生态、文化轴；两带：运河生态绿化带、秦淮河生态绿化带；五片区：七桥瓮入口区、湿地滩涂保护区、植物休闲体验区、生态科技展示区、梅家廊综合服务区。湿地公园工程以修复运河生态绿地从而更好发挥城市绿肺的生态效益为准则，如今湿地公园已经成为南京市城市化进程中构建生态走廊上的一个重要驿站。

6.1.2 移民影响概况

湿地公园占地面积较大，呈块状分布，地处城市郊区，建设前具有良好的居住、生产、生活条件，人口较为密集。因而移民影响包括集体土地永久征收和居民、企业、店铺的房屋与建筑物拆迁，破坏各类公共设施、社会与经济系统以及使用资源的模式，有时甚至可能迁移整个居民社区。该工程不仅对郊区集体经济组织和农民产生严重影响，还有可能对使用土地的企业和店铺造成无法挽回的损失。

（1）移民基本情况。

南京市湿地公园工程涉及集体土地征收、集体土地上住宅房屋拆迁和非住宅房屋拆迁，有直接征地移民、间接征地移民、拆迁移民和既征地又拆迁移民。

①征地移民。

工程共征收 HH 街道 QQ 村集体土地 446.42 亩（约 30 公顷），其中 99.21 亩为村集体土地，其余 347.21 亩为村民小组承包到户土地，共影响 3 个村民组（分别是梅家廊组、七一组和七三组）的 190 户，292 人。其中七一组和七三组征收土地为河滩上未承包到户的集体土地，由于外秦淮河汛期的到来，每年六月份开始到夏季结束，这块土地都会被水淹没，土地产值较差。村委会对这块土地的管理办法是让村民或者外来承包户自由去种地，对村民不收取费用，对外来承包户从事非农经营活动的收取一定的租金。因此，七一组和七三组村民受到间接征地移民影响，通过安置劳动力人数公式（见公式 6.1 和 6.2）计算得出影响 49 户，49 人。梅家廊组土地全部征收，141 户，243 人受到直接征地拆迁移民影响，其中劳动力人口 205 人，非劳动力人口 38 人，并且在征地后撤销村民小组。

②拆迁移民。

拆迁居民房屋 40716m^2，影响 267 户，439 人，户均拆迁面积 152m^2；拆迁店铺 760m^2，18 家，全部属于村委会出租门面；拆迁企业房屋 76558m^2，影响企业 27 家，职工 235 人。

需要说明的是，拆迁居民房屋户数和人口比征地户数、人口增多存在三种情况。第一种是既征地又拆迁的，即梅家廊组的全部家庭。由于 QQ 村地处城市郊区，已经历多次征地，因此存在部分家庭成员农转非的混合家庭，在梅家廊组征地拆迁影响的 141 户家庭中，也存在这种现象，加上户口冻结之后新出生的儿童，因此拆迁人口总数要大于征地安置的农业人口总数。第二种情况是由于在征地拆迁准备阶段，户口冻结之前，允许成年的子女分户，因而拆迁户数大于征地登记户数。第三种情况是已经不居住在村内，甚至户口已经迁离，但仍有祖辈留下的房子在村里，拆迁时，这类情况也将考虑在拆迁补偿之列。

18 家受影响店铺中，只有 1 家拆迁前处于半营业状态，其余店铺已经租赁到期，村委会已不再向外出租。

27 家企业均处于营业状态，其中向村集体租地建厂的私营企业 18 家，在私营企业场地内建房经营的厂中厂 8 家，此外，还有 1 家街道企业。

（2）影响村庄简介。

①人口土地基本情况。

QQ 村地处城南郊区，经历过多次征地，已经并入 QH 区 HH 街道。湿地公园工程建设以前，QQ 村辖 3 个村民小组，分别是梅家廊组、七一组和七三组。共有村民 456 户，963 人，其中农业人口 810 人，非农业人口 153 人；外来暂住人口 3760 余人，是村民总数的 3.9 倍，是典型的"瓦片经济"发达的郊区农村。该村共有劳动力 591 人，其中女劳动力 346 人。按照产业分，从事第一产业的 220 人，第二产业的 159 人，第三产业的 212 人；按照经济类型分，从事家庭经营的 432 人，从事个体经营的 26 人，从事其他方面经营的 133 人。全村现有土地 825 亩，其中耕地 373 亩，其他类型土地 452 亩，人均耕地 0.5 亩。耕地主要为蔬菜地，其中大棚蔬菜 170 亩，主要种植反季节蔬菜，亩均年纯收入约为 5000 元，主要出租给外地人种植，收取一定的租金；大田蔬菜 203 亩，种植各种蔬菜，主要用于自家食用。全村种植业收入为 85 万元。从事种植业的劳动力年龄主要为 40~60 岁，其中男性占 40%，女性占 60%。

②社会经济收入情况。

全村以第二产业为主，在经济总收入中，第一产业占 0.07%，第二产业占 69.86%，第三产业占到了 30.07%，可见农业收入占农民人均纯收入的比重较小。2006 年，农民人均纯收入达到了 8407.5 元，超过南京市农民人均纯收入（6225 元）35.1%，但是与南京市城市居民人均可支配收入 14997 元相比，仍然较低。

③村内租赁企业情况。

全村有各类属地企业 107 家。近年来，村级经济实现持续、健康的良性循环，村级综合实力得到很大提升。2004 年，全村实现社会总产值 7.3 亿元，利税 3503 万元，入库税收 2258 万元；实际利用外资 1100 万美元，出口创汇 768 万美元；2005 年上半年，村实现产值 4.12 亿元，利税 2205 万元，入库税收 1850 万元，实际利用外资 680 万美元，出口创汇 300 万美元。

④农村集体福利情况。

企业租用 QQ 村集体建设用地自建厂房，按照租赁协议每年向村委会交纳租金和税金，租金标准从 4000 元/亩到 10000 元/亩不等，根据租赁年限和租赁土地的基础条件决定，平均水平为 7000 元/亩。村集体从每亩地租金中抽取 2000 元返还给村民，其他的用于年底分红和缴纳合作医疗以及村内公益事业等。妇女嫁入 QQ 村后，原来所在村里的土地和土地分红就不再享有，若其夫属于 QQ 村常驻村民，则嫁入妇女享受同村民一样待遇。由于村里土地有限，调地困难，自从 1992 年以来村里土地实行"生不加，死不减"的政策，即新出生的儿童不会被给予土地，死亡的人不会因为死亡而失去原有的土地，嫁入妇女也不会得到新土地。QQ 村有大量的企业，这些企业租用村里的土地，每年缴纳一定租金，租金的 30% 分发给村民作为年底分红，70% 留作村里的公益事业的资金。嫁入妇女可以享受同村民一样的分红和其他待遇。村内分红由两部分组成：土地返还费（按照劳动力人数返还，每人每年 300 元）+土地出租收入（2000 元/亩/年，七一组和七三组按照每人 0.27 亩地，梅家廊组按照每人 0.2 亩地）。嫁入妇女可以得到和其丈夫一样的分红。

⑤提供就业机会情况。

村里有专门负责企业管理的部门，这些部门同时负责村民的就业问题。村民有就业要求的时候，可以主动向该部门申请，并填写就业需求的资料，该部门会及时在招聘企业中寻找符合村民要求的职位，并将村民推荐给这些企业，企业进行招聘筛选，最终录用求职的村民。该过程中，求职村民不需要缴纳任何费用，推荐就业的先后顺序按照求职的先后顺序排列，即先登记求职信息者先被推荐给招聘企业，男女平等。村民找到工作后，工资根据技术要求和工作种类来确定，月工资从 600 元到 2000 元不等。

由于该湿地公园工程实施于 2006 年，因此移民征地拆迁补偿标准按照 2004 年颁布的《南京市征地拆迁补偿安置办法》（简称 93 号文）、南京市物价局宁价房［2004］61 号文件和南京市国土资源局宁国土资［2004］92 号文件执行，移民安置按照南京市人民政府宁政发［2004］100 号文件执行。

6.1.3 数据来源

湿地公园工程从 2006 年 9 月开始，到 2009 年 6 月结束。笔者有幸从项目准备期一直接触移民情况直到项目基本结束，并对其中受移民影响的 40 户居民进行了定期的跟踪调查，对 4 家企业搬迁前后进行了访谈，以期发现置换前后土地、房屋功能发生了哪些变化，财产价值发生了哪些变化，置换过程中成本收益是否均衡；移民群体角色上发生了哪些变化，生产生活水平发生了哪些变化；原有的移民补偿安置方案效果如何；哪些方面需要改进。本案例选取跟踪样本数量虽然有限，但是均采用深入访谈的方式，以期用社会学方法去发现问题，用经济学理论去分析问题，并试图运用 VR–RT 理论去寻求解决问题的最佳途径。

事实上，搬迁前，农村居民以宅基地为单位，一个大家庭都居住在同一块宅基地上，因而房屋结构为多层楼房加上庭院和附房。拆迁时进行了自愿分户，由原来按照宅基地划分的 142 个大户分为 267 个小户，调查样本户 40 户是根据一块宅基地一个大户进行的。40 户样本家庭共 137 人，年龄分布和文化程度基本情况见表 6–1。

表 6–1 调查户基本情况

性别	年龄段分布				文化程度分布				
	一	二	三	四	文盲	小学	初中	高中	高中以上
男	12	30	11	6	6	12	24	15	2
女	8	44	16	10	11	16	34	13	4
共计	20	74	27	16	17	28	58	28	6

6.2　土地置换及补偿安置

6.2.1　征地补偿安置方案

（1）不区分土地类型，按照统一标准补偿。

征收土地时，按照被征收土地的原用途给予补偿。征收耕地的补偿费用包括土地补偿费、安置补助费以及地上附着物和青苗补偿费。

其中，土地补偿费按土地补偿费综合标准计算，不分征用土地的具体地类，使用统一的土地补偿费综合标准 27 万元/公顷（1.8 万元/亩）补偿。本项目中征地类型见表 6-2，无论耕地还是未利用土地，在土地补偿费标准上是统一的。

表 6-2　征地类型基本情况

单位：亩

征地类型	农用地		建设用地		未利用土地		合计
类型细分	耕地	其他农用地	住宅用地	水利设施	未利用土地	其他土地	
征地面积	221.754	27.3	102.95	45.91	16.13	32.38	446.42

安置补助费根据应安置的劳动力的人数发放，对于第二、三年龄段的劳动力安置补助费标准为每人 4 万元，对于第四年龄段劳动力安置补助费标准为每人 3 万元。并以村民小组为单位按以下公式计算应安置人数：

$$l = L_b \div P_b \qquad\qquad 式(6.1)$$

$$P_a = L_a \div l \qquad\qquad 式(6.2)$$

式中，P_a 为应安置补助人数（即二、三、四年龄段人口数），P_b 为征地前该组劳动力总人数（即二、三、四年龄段人口数），L_a 为该组被征收的土地数量（含农地和建设用地），L_b 为征地前该组土地总量，l 为该组征地前人均土地数量。本项目计算安置人数见表 6-3。

表 6 - 3 征地影响人口基本情况

类别	土地面积	土人比(前)	征地面积	土人比(后)	影响人口(年龄段)		
单位	亩	亩/人	亩	亩/人	小计	二、三	四
七一组	191.8	0.9686	21	0.9704	22	12	10
七三组	195.1	0.7681	21	0.7669	27	20	7
梅家廊组	305.2095	1.6183	305.2095	0	205	177	28

此外，对于第一年龄段未成年人给予一次性安置补助费每人 0.6 万元。

（2）对不同年龄段人员，采取不同方式安置。

首先，将被征地农民农转非，即由郊区农村户籍转为城市户籍，并享受城市居民在就业、教育等方面的待遇。在确定安置人数时，直接受到影响的被征地农民将全部算入安置范围，对于间接受到影响的被征地农民，按照计算的安置人数通过组内抓阄确定具体人员进行安置。本案例中七一组和七三组的 49 名征地受影响人就是通过各小组抓阄选出的，这类人员虽然进行农转非保障安置，享受被征地农民基本生活保障，但是仍然居住在村内，其家庭也成为农业与非农业的混合户。

其次，采用货币补偿和纳入被征地农民基本生活保障安置不同年龄段的被征地农民。对第一年龄段人员，采取一次性生活补助的货币补偿方式安置；对第二、三、四年龄段人员，实行基本生活保障。对第二、三年龄段人员设立 5 个缴费档次，对第四年龄段人员设立 2 个缴费档次，由被征地农民在 70% 的土地补偿费和安置补助费总额内自行选择其中一档一次性缴纳，女性年满 55 周岁、男性年满 60 周岁时享受相应的保障待遇。

对于第一年龄段（小于 16 岁）未成年人来说，由于其成年就业后将加入城镇职工养老保险，所以不将其纳入被征地农民基本生活保障范围。

第二年龄段（女性大于或者等于 16 岁、小于 45 岁，男性大于或者等于 16 岁、小于 50 岁）的中青年农民，不仅承担着抚养未成年子女的责任，还面临赡养父母的问题，因此对这个年龄段失地农民的安置重点在于解决就业。本年龄段受影响人中，58% 在企事业单位工作，15% 从事个体经营，9% 在上学，另外仍有

18%的中青年人赋闲在家，包括以房屋租赁为生者。安置时采取的措施包括：①项目实施前可以到 QQ 村委会劳动就业部门或者所在街道进行就业申请登记，该部门将在最短的时间内为村民找到工作；②项目建设施工时创造一定的临时、半固定的建设工作机会，包括材料运输、土石方工程、工地的临时工；③在湿地公园建成之后为受影响人提供工作岗位；④市、区劳动部门进行定期集中的技能培训，并召开专场招聘会，增强失地农民的择业能力，并帮助他们就业。此外，失地保障政策对这个年龄段人群设定两年生活补助费，使其在失业期间的生活水平不至于下降。

第三年龄段（女性大于或者等于 45 岁、小于 55 岁，男性大于或者等于 50 岁、小于 60 岁）的准老年人，即将面临养老问题，而尚未达到可以获取保障的年龄。准老年人一般是农地主要耕种者，并且兼业从事小型商店、饭店、食品加工、修理等副业。这个年龄段的准老年人，由于尚能进行一些养老储蓄的积累，因此就业仍然是一个安置重点。但是由于年龄限制，即使进行技能培训也很难在就业竞争中获胜，考虑到这一点，南京市的做法是：一方面，每月给予生活补助费，可以一直领取，直到进入第四年龄段；另一方面，政府将这个年龄段的被征地农民尤其是其中的弱势群体列入就业困难的被征地农民，鼓励企业吸纳就业，并给予适当的税收优惠和养老金补助。

第四年龄段（女性大于或者等于 55 岁，男性大于或者等于 60 岁）的老年人，可以直接领取每月 260 元到 280 元不等的保障金[①]，直到死亡，其个人账户本息余额一次性结清给其法定继承人或指定受益人，基本生活保障关系终止。这样做，不仅有利于补偿金的妥善管理和长期可持续的使用，还可以直接解决老年人口的收入恢复问题，并且使其今后生活有了保障。如果保障金一次性发放，不能够保障老年人对资金的控制权，容易被子女用于其他投资，而实行每月领取保障金可以免除用作一次性投资的风险。

---

① 这个标准是根据 2006 年物价水平制定，之后每年都会进行调整，平均每年上浮标准为 20 元/月。

对所有失地农民，若补偿金额不足以缴纳基本保障账户，由政府财政出资补齐。纳入基本生活保障体系的失地农民若家庭符合城镇最低生活保障条件的，还可以按规定向民政部门申请有关待遇。

6.2.2 土地置换前后价值变化

（1）土地置换前价值计算。

根据 QQ 村基本情况和式 3.1，置换前农地价值由经济价值、保障价值和权益价值构成。

①农地经济价值计算。

根据调查结果分析（见表 6-4），土地置换前 QQ 村的农地净收益 R 为 2922 元/亩。

表 6-4 农地净收益

单位：元

指　标		指标值
土地总收益		4133
成　本	种　子	409
	农药化肥	552
	灌　溉	250
土地净收益		2922

土地还原率 r 的确定是农地价值估算的重要环节。土地还原率的计算方法包括银行利率或国债利率法、纯收益与价格比率法、安全利率加风险调整值法、投资收益风险与投资收益率综合排序插入法和实质利率法。其中，实质利率法是目前在土地收益计算上使用较多的方法。该方法由林英彦提出，实质利率是以银行 1 年定期存款利率为基础，并用物价指数调整以后，再扣除一成的所得税而得到的利率。由于台湾农业政策与大陆相差较大，因此对此方法的使用值得商榷。安全利率加风险调整值法，即以安全利率加上风险调整值作为资本化率。该方法中，资本投资的收益率通常选用同一时期的 1 年国债年利率或 1 年定期存款年利率。风险调整值则是估价人员根据估价对象房地产所在地区的社会环境、经济状况、房地产

发育程度、未来预测以及估价对象的用途和新旧程度等因素确定的对安全利率的风险加减值[①]。安全利率是指无风险的资本投资利润率，既可以选用同一时期的 1 年期国债年利率，也可以选用 1 年期的银行定期存款利率。在确定风险调整值方面，考虑我国的社会经济发展状况，GDP 年均增长率约在 7% ~ 8%，而物价变动相对稳定，为此根据物价指数的波动情况确定风险调整值。在安全利率的确定方面，选用 1 年期商业银行定期存款利率，由于我国商业银行 1 年期的银行定期存款利率目前为 2.25%[②]。南京市 1999 ~ 2006 年物价指数年均增长率为 1.98%[③]，由此估算，农地经济收益价值还原率采用 4.23%。则农地经济价值为：

$$E = \frac{R}{r} = \frac{2922}{4.23\%} = 69078(元)$$

②农地保障价值计算。

根据公式 3.9，结合本案例实际情况，得出公式中各指标的值，见表 6 - 5。

表 6 - 5　农地保障价值计算指标表

指标	指标值	指标	指标值	指标	指标值
k [①]	15.24%	r	4.23%	x (元) [③]	3360
n_m	73	p_m	0.43	p_w	0.57
a_w	38	n_w	77	a_m	40
L (亩)	0.85	s	0.35[②]	d	0.15

注：①该增长率用 2002 ~ 2006 年南京市农民人均生活消费支出的平均增长率 15.24% 替代。

②保障需求修正系数等于生活没有保障农民数与失地农民总数的比例，笔者认为男性 50 岁及以上，女性 45 岁及以上均难以找到工作，相当于生活没有保障，再用其余年龄段失地农民数乘以登记失业率为剩下生活没有保障人数。根据梅家廊组的人口资料，该系数为 0.35。

③当年（2006 年）城镇居民最低生活保障为 280 元/月，即 3360 元/年。

---

① 国土地估价师资格考试委员会：《土地估价理论与方法》，地质出版社，2004。

② 资料来源于中国银行 2006 年 12 月 23 日存款利率表。http://www.boc.cn/finadata/lilv/fd31/200812/t20081222_ 508225.html。

③ 数据根据《2007 年南京市统计年鉴》中表 15、16 主要年份价格指数计算。

$$S = \frac{x}{1+r} \times \left(\sum_{i=1}^{n_m - a_m} \left(\frac{1+k}{1+r} \right)^{i-1} \times p_m + \sum_{i=1}^{n_w - a_w} \left(\frac{1+k}{1+r} \right)^{i-1} \times p_w \right) \times l \times s \times d$$

$$= \frac{3360}{1.0423} \times \left(\sum_{i=1}^{33} \left(\frac{1.1524}{1.0423} \right)^{i-1} \times 0.43 + \sum_{i=1}^{39} \left(\frac{1.1524}{1.0423} \right)^{i-1} \times 0.57 \right)$$

$$\times 2 \times 0.35 \times 0.15$$

$$= 117621 (元)$$

得出单位面积农地保障价值为 117621 元。

③农地权益价值计算。

由于 QQ 村企业租赁年限较长，因此在签订租赁协议时双方达成一致意见，即租赁后每年租金将比上年租金上涨 7%，相应地，村集体给村民分红时也上涨 7%。设初始年的租金分红为 p 元/亩，于是根据公式 3.10 可得置换前土地的集体福利权益价值为：

$$P_1 = \sum_{i=1}^{n} \frac{p_i}{(1+r)^{(i-1)}} = \sum_{i=1}^{n} \frac{p}{\left(\frac{1+r}{1+7\%} \right)^{(i-1)}} = p \times \frac{\left[1 - \left(\frac{1+r}{1+7\%} \right)^{n} \right]}{1 - \left(\frac{1+r}{1+7\%} \right)}$$

当 n 为无穷大时，以上公式就可以表示为：

$$P_1 = \frac{p \times (1+7\%)}{7\% - r}$$

按照项目发生时点的年租金福利分红为 2000 元/亩，收益还原率为 4.23%，可得集体福利权益价值为 77256 元。

QQ 村每年进行集体资产分配时，以征地款返还为名义，按照每人 300 元发放，根据人均耕地面积 0.85 亩可知，单位面积土地可以发放的人数为 1.18 人，则每亩的资产分配额 q 即为 354 元，可得单位面积土地集体资产分配权益价值为：

$$P_2 = \sum_{i=1}^{n} \frac{q_i}{(1+r)^{(i-1)}} = \frac{q}{r} = \frac{354}{4.23\%} = 8369 (元)$$

因此，单位面积土地权益价值即为 P_1 与 P_2 之和，即 85625 元。

综上，土地置换前的价值为：

$$V_{地} = E + S + P = 69078 + 117621 + 85625 = 272324 (元)$$

可见，在 QQ 村置换前土地价值中，保障价值在土地总价值中所占比例最大，为43.19%，经济价值和权益价值相当。

（2）土地置换后价值计算。

本案例中，集体土地置换成为国有土地后，用于湿地公园建设，因而对土地置换后的价值采用绿地贡献法计算。该湿地公园是全市性公园，占地 446 亩，辐射半径3.7 千米[①]，辐射范围包含整个规划中的南京市"智慧之城"。该区域混合了居住、办公、商业、娱乐等功能，并且以居住为主。住宅用地、商业用地和公共设施用地的规划面积比例为 5:3:2，容积率比例为 2:2.5:0.8，没有工业用地。住宅用地和商业用地基准地价分别为 4650 元/m² 和 1600 元/m²，由于公共设施中用地包含了大量的绿地和公园，因而假设其与湿地公园用地价值相同，以容积率为 1 进行修正，得到容积率的修正系数为 0.8。则置换后土地的价值为：

$$P = \frac{\sum_{i=1}^{n} P_{bi} \times S_{bi} + \sum_{i=1}^{n} P_{ri} \times S_{ri} + \sum_{i=1}^{n} P_{ci} \times S_{ci}}{S} \times \lambda$$

$$= \frac{4650 \times 0.5S + 1600 \times 0.3S + P \times 0.2S}{S} \times 0.8$$

解得置换后单位面积土地价值 $V_{地}'$ 即为：

$$V_{地}' = 667 \times P = 667 \times 2671 = 1781557(元)$$

6.2.3 土地置换收益成本变化

（1）土地置换收益。

QQ 村受影响村民获得的土地补偿费（Y_1）将分为两个部分，一部分是作为被征地农民基本生活保障账户的预备资金（$Y_1 - Y_2$），直接打入南京市劳动和社会保障局账户，不能够领取，另一部分作为现金补偿（Y_2）由村民直接领取。根据本项

---

① 邓毅：《城市生态公园规划设计方法》，中国建筑工业出版社，2007，第 158 页。

目的补偿标准，可得 Y_1 是平均每人从每亩被征收土地上获得的直接货币收益，包含 70% 的土地补偿费和全部青苗补偿费，土地补偿不分地类，因此计算时用每亩土地的补偿标准与人均被征地面积的乘积计算，本项目共征地 446 亩，影响 292 人，故人均被征地面积为 1.53 亩。此外，不同年龄段的受影响村民还获得不同档次的安置补助费，a_1、a_2、a_3 分别代表第一、第二三和第四年龄段人数占总人数的比例，b_1、b_2 和 b_3 分别是第一、第二三和第四年龄段每人领取的安置补助费标准。从移民视角来看，人均获得收益为：

$$Y_1 = (18000 \times 70\% + 1000) \times 1.53 + b_1 \times a_1 + b_2 \times a_2 + b_3 \times a_3$$
$$= (18000 \times 70\% + 1000) \times 1.53 + 6000 \times 14.9\% +$$
$$40000 \times 67.24\% + 30000 \times 17.86\%$$
$$= 20808 + 33151 = 53959(元)$$

第二、第三和第四年龄段的受影响村民将用土地补偿费的一部分（$Y_1 - Y_2$）缴纳被征地农民基本生活保障，其中第四年龄段村民可以直接领取，第二、第三年龄段受影响村民需要等到第四年龄段才可以领取，每月保障金的标准与物价水平一起上涨，基本上每年增加 20 元/月。因此，可以通过将未来保障金价值折现来计算土地补偿费的一部分（$Y_1 - Y_2$）所获得的收益 $f(Y_1 - Y_2)$，用 Z 来表示。

要计算保障金收益 Z 可以将其未来值折现，又由于保障金标准每年都会提高一次，即每月增加 20 元，因而可以采用等差序列现金流的等值计算公式，设每年等差值为 G，即 240 元，第 1 年末差值为 0，第 2 年年末为 G，则第 n 年末为 $(n-1)G$，则等差序列终值的公式为：

$$F = \frac{G}{i}\left[\frac{(1+i)^n - 1}{i} - n\right] \qquad 式(6.3)$$

式中，$\frac{1}{i}\left[\frac{(1+i)^n - 1}{i} - n\right]$ 称为等差序列终值系数，可记为 $(F/G, i, n)$。在等差序列的终值公式的两边同时乘以 $(1+i)^{-n}$（复利现值系数）可得等差序列的现值公式：

$$P = G\left[\frac{(1 + i)^n - in - 1}{i^2(1 + i)^n}\right] \qquad 式(6.4)$$

式中，$\left[\dfrac{(1 + i)^n - in - 1}{i^2(1 + i)^n}\right]$ 称为等差序列现值系数，可记为 $(P/G, i, n)$。要把等差现金流量折算成与之等值的年值，即等额年值 A，可以用下式表示：

$$A = G\left[\frac{1}{i} - \frac{n}{(1 + i)^n - 1}\right] \qquad 式(6.5)$$

式中，$\left[\dfrac{1}{i} - \dfrac{n}{(1 + i)^n - 1}\right]$ 称为等差序列年金系数，可记为 $(A/G, i, n)$，也可称为级增系数。

因此，在计算的时候分两步。

第一步，以第一年月保障金 A_1 为标准的等额分付现金流量。

$$P_1 = A_1 \times (P/A, r, n) \qquad 式(6.6)$$

第二步，计算以等差额 G 为标准的分付现金流量。

$$P_2 = G \times (A/G, r, n) \times (P/A, r, n) \qquad 式(6.7)$$

则现金流量 P 可以表示为两者之和，即：

$$P = P1 + P2 = A_1 \times (P/A, r, n) + G \times (A/G, r, n) \times (P/A, r, n)$$
$$式(6.8)$$

相应地，保障金年金现值为：

$$A = P(A/P, r. n) \qquad 式(6.9)$$

据南京市卫生局网站数据，2008 年平均期望寿命为 77 岁，其中，男性为 74 岁，女性为 79 岁。则不同年龄段领取保障金的年限见表 6-6。

表 6-6　不同年龄段领取保障金年限统计

性别	年龄段	平均年龄（岁）	n_1（年）	n_2（年）
男	二	37	23	14
	三	55	5	14
	四	62	0	12

性别	年龄段	平均年龄	n_1	n_2
女	二	32	23	24
	三	50	5	24
	四	60	0	19

根据表 6 - 7 和公式 3.14，可以计算土地置换过程中受影响村民平均每人获得的收益，见下式：

$$Y = \overline{Y_2} + \overline{Z} = 15125 + 134950 = 150074(元)$$

表 6 - 7　不同年龄段领取保障金折现计算结果

年龄段	档次	缴费标准（元）	补偿金总额（Y1）（元）	剩余补偿金（Y2）（元）	保障金标准（元/月）		保障金折现值 f(Y1 - Y2)			
					初始值	发生值	男（元）	选挡人数（个）	女（元）	选挡人数（个）
二	一	37600	60808	23208	260	720	120308	40	204952	54
	二	40600	60808	20208	300	760	126018	6	213779	8
	三	44600	60808	16208	340	800	131728	2	222605	2
	四	48600	60808	12208	380	840	137438	3	231432	4
	五	52600	60808	8208	420	880	143148	8	240259	10
三	一	37600	60808	23208	260	360	68917	2	125511	1
	二	40600	60808	20208	300	400	74628	2	134338	2
	三	44600	60808	16208	340	440	80338	0	143165	0
	四	48600	60808	12208	380	480	86048	4	151991	3
	五	52600	60808	8208	420	520	91758	7	160818	5
四	一	37600	50808	13208	260	260	45580	18	78457	25
	二	42600	50808	8208	280	280	48079	0	82135	1

从表 6 - 7 还可以看出，不同年龄段受影响村民在土地置换后获得的收益不同，而且在选择缴费档次时有一定的集中性。

由于第二年龄段村民要到二三十年后才开始领取保障金，因而保障金领取标准将相应提高，从而增加了未来保障金收益的预期。但这是以补偿金强制划入被征地农民基本生活保障为前提，以牺牲补偿金投资其他项目的机会收益换来的。而且，对第二年龄段受影响村民来说，从使用补偿金缴纳保障账户到可以领取保障金之间相隔很长时间，不确定风险较大，因此第二年龄段的受影响人为了降低风险，大多数选择了缴费档次低、一次性支付少的第一档和第二档，这部分人数占第二年龄段总人数的78.8%。

与第二年龄段相反，第三年龄段的受影响人中选择一次性投入较高的第四和第五档次投保的人占该年龄段人员总数的73%。这是由于，虽然未来保障金收益预期低于第二年龄段，但是该年龄段属于准老年阶段，即将步入老年并达到领取保障金年龄，因而准老年人更关心将来养老的问题，因此希望可以获得较高标准的保障金水平。

第四年龄段的老年人可以在办理完入保手续后开始每月领取保障金，虽然只有两个档次，老年人还是选择第一档次的居多。这是由于两种档次上每月领取的保障金数额相差不大，而一次性投入却相差5000元。根据计算结果也可以看出，两个档次若干年后获得的资金收益现值也相差不大，而且都小于5000元，因此选择第一档次更为划算。

除了不同年龄段村民在保障需求方面有区别以外，不同性别受影响村民在获得保障金的未来收益上也存在较大的差别，而且女性收益普遍高于男性的，有些甚至将近男性的两倍。这是由于女性的平均寿命大于男性5岁，而且女性领取保障金的年龄即第四年龄段的起点比男性早5年，这样就注定女性领取保障金的年限要大于男性，因而在同等缴费条件和保障金水平下，女性获得的收益更大，女性参与的积极性更高。在实际调查和访谈中发现，情况也确实如此。在QQ村受征地间接影响的七一组和七三组，安置人员名单根据抓阄决定。笔者有幸参与了这个过程，发现在自愿参与的人员中，有65%为女性，60%为老年人，其中还有2户残疾人和1位孤寡老人。整个过程严格按照程序进行，因此一直从上午持续到下午，期间有部分原本参加的年轻人放弃而离开，也有一些抽到的人兴奋退去，开始考虑，跟周围的人商量，有些甚至反悔，但是无论是哪种情况，只要有老年人或者弱势群体家庭中的成员抽中，全场都会为其欢呼，他们本人也非常高兴地接受了。

可见，土地置换前，所有土地使用权人是等权的，即同样土地的产出与农民年龄、性别没有关系。然而土地置换后，转变为被征地农民基本生活保障后，不同性别、不同年龄段的人在享受土地保障权利的收益上发生了从等权到不等权的变化。

（2）土地置换成本。

土地置换过程中的成本可以看作土地价值全部损失所带来的成本，与土地价值等值。其中，重新获得土地生产资源成本（X_1）相当于土地经济价值（E）的损失，土地社会保障成本（X_2）相当于土地保障价值（S）的损失，土地权益保障成本和机会成本（X_3 和 X_4）相当于土地权益价值（P）的损失。因此单位面积土地付出的成本为：

$$X = X_1 + X_2 + (X_3 + X_4) = E + S + P = 272324(元)$$

根据前面对每亩土地价值的计算，将其折算为每人为土地损失所需花费的成本即为土地置换成本。由于土地价值计算是以农地价值为准，因此用人均耕地数量 0.85 亩乘以农地全部价值来计算，则人均损失成本为231475元。

因此，根据土地置换过程中的成本收益模型，结果如下：

$$I = \frac{Y}{X} = \frac{150074}{231475} = 0.65 < 1$$

6.2.4 征地补偿安置方案评价

通过计算，本案例补偿安置方案下，置换前后土地价值变化和农民成本收益变化情况见表6-8。

表6-8 土地置换计算总表

	内　容	符号	单位	数值
置换前价值	农地经济价值	E	元/亩	69078
	农地保障价值	S	元/亩	117621
	农地权益价值	P	元/亩	85625
	小　计	$V_地$	元/亩	272324

	内 容	符号	单位	数值
置换后价值	小 计		元/亩	1781557
收益	现金补偿	Y_2	元/人	15125
	征地保障	Z	元/人	134950
	小 计		元/人	150074
成本	土地生产资源成本	X_1	元/人	58716
	土地社会保障成本	X_2	元/人	99978
	土地权益保障成本和机会成本	X_3 和 X_4	元/人	72781
	小 计		元/人	231475

（1）低估经济价值，忽视权益价值。

按照南京市政策，所有地类土地补偿标准均为 1.8 万元/亩，是前三年耕地平均产值 1800 元/亩的 10 倍。城市郊区农村以种植蔬菜等经济作物为主，经济价值高于一般粮食作物，本案例中 QQ 村农地年净收益就达到 2922 元/亩，通过计算农地经济价值为 69078 元/亩，可见按照同样标准补偿和一定倍数补偿远远低估了农地经济价值。通过计算，按照现行安置政策人均获得的保障收益为 134950 元，但因为失去土地而付出的人均土地社会保障成本为 99978 元，说明被征地农民基本生活保障制度能够满足被征地农民达到城市最低生活保障水平的要求。除此以外，对于置换过程中土地权益价值的损失没有相关补偿内容，而这部分价值占土地总价值的 31.4%，仅次于土地的保障价值。

（2）收益低于成本，利益分配失衡。

从本案例可以看出，即使是公益性用途的土地，在置换后土地价值也增加了将近 6 倍。然而，在现行政策下，被征地农民不仅无缘参与增值收益的分享，也无法获得与付出的成本相当的补偿安置收益，因此利益受损，分配失衡。此外，搬迁后的居住地点距离湿地公园 10 千米，只能受到湿地公园生态服务价值的间接辐射，不能直接感受到当地的环境改善，因而成为间接受益者。可见，QQ 村被征地村民在土地置换前后既未得到有形的利益分配，也未享受到无形的环境改善。

（3）就业保障不足，教育培训有限。

本案例中，湿地公园工程征地影响 292 人，而湿地公园能够为其提供的公益性岗位却不超过 10 个，且均为保洁、门卫等工作，工资水平偏低。起初，被征地农民对这类收入偏低的工作并不感兴趣，直到经历了一段时期找工作碰壁之后，才开始考虑。但此时这 10 个工作岗位已经由直接提供变为竞争上岗，需要同城市下岗职工和失业人群进行竞争，被征地农民在人力资本上处于劣势，因而很难获得成功。

搬迁前，QQ 村村委会有专门负责劳动力就业的部门，村民只需要到该部门登记，并由该部门向上一级的街道居委会就业部门申报，就可以免费获得工作岗位信息。如果租赁村集体土地的郊区企业有工作岗位，则需要优先录取 QQ 村村民。此外，街道还组织村民定期参加职业培训和招聘会。搬迁后，脱离村集体的被征地农民搬迁到城市小区，隶属于街道的直接管辖，因而就业、教育培训申请就需要以个人为单位单独去街道登记，但往往石沉大海，杳无音信，不得不通过收费中介寻找工作岗位。可见，在公共事务办理方面，以村集体为单位的效率要远远高于以个体为单位的效率。而针对被征地农民的就业保障政策过于宏观，实际实施时"雷声大，雨点小"，不够人性化，缺乏合理性。

6.2.5 基于 VR-RT 理论的征地补偿安置政策改进建议

（1）土地价值重置。

土地价值重置的含义是在公平公正补偿原则下，将置换前土地价值作为征地补偿标准的参照，对土地经济价值、保障价值和权益价值的损失进行充分补偿，从而使移民群体在土地置换过程中获得的收益至少不低于付出的成本，分享城市化进程的收益。

首先，充分认识土地置换前的价值，对土地价值进行合理评估。如本案例中，置换前农地价值由经济价值、保障价值和权益价值构成，总价值为 272324 元/亩，虽然高于现行的补偿标准，但是也低于完全市场价格，因而是一种可接受的补偿标准范围。

其次，充分提高集体土地利用效率，使土地价值达到最佳状态。拆迁前，QQ 村有各类属地企业 107 家，利税高达 2205 万元，每年还为村集体带来租金收益 214 万元，不仅带动村级健康发展，使村级综合实力得到很大提升，还为村民带来福利收益，同时实现了土地的权益价值。然而，与附近城市国有建设用地相比，郊区农村集体土地远未达到前者的租金水平，这是由于土地城市流转的限制，使郊区集体土地"有价无市"。此外，城市郊区从事农业生产的人员有限，且承包人无暇管理土地，而又有一些希望从事规模化农业生产的人无法快速有效地获得相关类型土地信息，于是阻碍了农地流转，也就无法更好地实现农地价值。因而，通过一定程序让集体建设用地直接入市与城镇建设用地一起在租赁市场流转，让农用地集中起来、规模经营、灵活运用。值得借鉴的方法是成都市的"土地银行"政策，即由政府出面组织，把某一区域农民的承包地使用权、农村集体建设用地使用权，以及"拆院并院"之后的农民宅基地使用权分类整合，"零存整贷"，加快农地流转，推动农业产业化和规模化形成。[①] 该做法充分认可集体土地的资产价值，并且通过流转的方式实现价值增值，从而使置换前的土地价值达到最佳状态。

（2）土地功能重置。

土地价值由土地所具有的功能决定，在土地置换过程中失去的不仅是土地价值，还有土地多元化功能给土地使用权人所带来的可持续生计能力。因此，仅仅按照土地置换前价值进行补偿只能够满足土地置换发生时成本收益的静态均衡，要想实现土地置换过程中和土地置换后很长时间内的成本收益的动态均衡，还需要恢复置换前土地的多元化功能。

①纳入社会保障，恢复土地保障功能。

本案例中，根据计算结果，土地置换前所具有的维护基本生活保障的功能通过被征地农民基本生活保障基本上得到恢复，然而这种恢复的前提是继续维持农村生活消费水平在城市生活。由于城市生活消费水平高于农村，仅靠过渡性的基本生活保障无法

---

① 成都：《探索土地银行与农地确权》，《山东经济战略研究》2009 年第 7 期。

维持被征地农民的城市生活，应该逐步使针对被征地农民的过渡性保障与城镇职工养老保障体系接轨，或者扩充过渡性保障内容，构建包含基本生活保障、收入保障和就业保障的新型失地保障体系，并且使之与城市物价水平相关联，能够形成动态的保障趋势。

②提供就业岗位，恢复土地生产功能。

首先，成立社区人力资源服务中心，直接由街道管理，主要职能包括在安置小区广泛收集并及时向街道就业部门反馈被征地农村居民的就业需求，为其提供职业介绍、就业指导，办理相关手续等。

其次，细化被征地农民就业保障和培训政策，成立被征地农民就业保障基金，专项用于被征地农民的就业培训和失业保障，并且与城镇失业保险相衔接。

③建立利益分享机制，恢复土地权益功能。

土地增值收益分配可以是直接的，也可以是间接的。用地者获得直接增值收益，而农村集体却能间接获得增值收益，例如土地农转非后带动周围地块价值增加，农村集体也随之受益，此外，土地补偿也加速了农村集体资产的积累。农转非村民却无缘参与土地增值收益的分配。QQ 村在湿地公园工程中失去 446 亩土地，获得 240 万属于村集体的补偿，用于修建厂房出租，获得收益为村民发放福利，而被征地的农村居民却彻底脱离 QQ 村，不再具有享受集体资产分红的权利。因而，应当在土地置换前正确评估土地价值、集体资产价值，将集体土地资产确权到户，按照农龄、土地数量、贡献大小等进行集体资产股份制分配，即使被征地，股份依然存在，从而可以在征地后继续获得属于自己那份土地的增值收益——集体资产分红。

6.3　房屋置换及补偿安置

6.3.1　拆迁补偿安置方案

（1）根据房屋结构，统一补偿标准。

集体土地上房屋拆迁时，影响面积有两种类型，一种是有证面积,一种是无证面积。有证面积是指合法建房手续上认定的产权面积;无证面积是指有证面积以外的实际存在面积,又包括临建、连体超建和违章建筑。南京市集体土地上房屋拆迁相关法规中的补偿标准是针对有证房屋的。

①住宅房屋。

住宅房屋货币补偿内容包括原房补偿款、购房补偿款、区位补偿款,以及由拆迁单位支付的搬家费、过渡费及奖励费等补助,此外还有政府用于协调拆迁补偿价格与安置房价格之间差距的购房补贴。无证房屋,在实际实施当中由于数量众多而无法忽视。本项目中拆迁居民房屋中有63.8%是无证房屋,其比例已经超过有证房屋,而且这种现象在城市郊区非常普遍。因而,在补偿时对临建按照建筑结构给予原房补偿款,对于连体超建,由于与有证建筑搭建在一起,融合为一体,但是又不在建房证上,因此给予有证房屋1/2的补偿,换句话说就是将这部分建筑的面积折减一半后算入有证房屋面积一并补偿。具体补偿标准见表6-9。

表6-9 住宅房屋拆迁补偿标准

| 房屋类型 | 房屋结构 | 专项补偿款(元/m²) | | | 购房补贴(元/户) |
| | | 一 | 二 | 三 | |
		原房补偿款	购房补偿款	区位补偿款	
有证房屋	砖混结构	370	1000	150	700
	砖木结构	290	1000	150	700
	简易结构	200	1000	150	700
连体超建	砖混结构	370 * 0.5	1000 * 0.5	150 * 0.5	0
	砖木结构	290 * 0.5	1000 * 0.5	150 * 0.5	0
	简易结构	200 * 0.5	1000 * 0.5	150 * 0.5	0
临　　建	砖混结构	370	0	0	0
	砖木结构	290	0	0	0
	简易结构	200	0	0	0

此外,有从事连家店、"前店后房"等店铺经营的,对用于经营的房屋按照原房补偿款标准的120%进行补偿,其他与住宅房

屋相同。搬家费为 5 元/m²，标准介于 400 元/户与 1100 元/户之间，搬迁奖励费 0.6 万元/户，过渡费根据年限计算，过渡期为 1 年的，3600 元/户~3960 元/户，过渡期为 2 年的，7200 元/户~7920 元/户，过渡期超过 2 年的在前 2 年过渡费基础上增加一定的补助，其标准为 4 元/m²~9 元/m²。

②非住宅房屋。

非住宅房屋货币补偿内容包括原房补偿款和区位补偿款，以及停业损失、设备搬迁费用和奖励费。非住宅房屋拆迁也分为有证和无证，其中有证房屋补偿包含所有内容，无证房屋补偿没有区位补偿款。然而，被拆迁企业往往没有办理合法建房证明，也没有相关机构负责办理和监管，因此实际执行中，主要依据企业是否具有集体土地使用证来决定是否给予区位补偿。企业由于设备较多，搬迁需要耗费人力、物力和财力，因此应当给予适当的补助。此外，企业拆迁期间停产停业造成的损失也应当给予补偿。具体的补偿标准见表 6-10。此外，还对每家企业搬迁给予奖励费 2.6 万元。

表 6-10　非住宅房屋拆迁补偿标准

房屋类型	房屋结构	专项补偿款（元/m²）		
		原房补偿款	区位补偿款（营业用房）	区位补偿款（非营业用房）
有证房屋	砖混结构	370	400	250
	砖木结构	290	400	250
	简易结构	200	400	250
临　建	砖混结构	370	0	0
	砖木结构	290	0	0
	简易结构	200	0	0

表 6-11　非住宅房屋拆迁停业损失和搬迁费标准

项　目	类　型	标　准
1 停业损失	营业用房	不超过 8% 的补偿金额
	非营业用房	不超过 5% 的补偿金额
2 设备搬迁费用	非营业用房	不超过 8% 的补偿金额
	营业用房	不超过 2% 的补偿金额

（2）纳入住房保障体系，经济适用房安置。

住宅房屋拆迁后，除了按照标准进行货币补偿之外，还将受影响农村居民纳入到城市住房保障体系，给予申购经济适用房的资格。受影响农村居民首先要与项目方签订拆迁协议，半年内根据家庭户口和实际情况申购经济适用房，由区房改办核实资料后在公告15日后交由南京市房改办审批通过，随后方可选房。选房后，开发公司根据所选户型告知居民所要缴纳的房款并与其签订购房合同。拆迁居民选购的是期房，交付房款后，要等工程竣工才能入住。本项目中用于安置的经济适用房概况如下。

①位置与规模。

本项目安置地点为政府规划的夹岗经济适用住房小区。该规划区位于双龙街立交桥附近，对面有两家大型超市——百安居和麦德龙。小区距离原居住地10千米，都属于QQ区的HH街道。总用地31.5万平方米，可规划用地20万平方米，建设规模在36万平方米左右。小区共有房屋4842套，四种套型，分别是45m²、55m²、65m²和80m²。其中45m²套型的，一室一厅一卫，共有390套，占总数的8%；55m²套型的，一室一厅半一卫，共有1462套，占总数的30%；65m²套型的，两室一厅一卫，共有2416套，占总数的50%；80m²套型的，三室一厅两卫，共有574套，占总数的12%。

②基础设施。

在道路方面，目前小区规划紧邻卡子门大街，在小区建成的同时将会建设两条马路，一条从绕城公路通向双龙街立交桥，一条从小区直接通向卡子门大街，并有公交车直接到达小区门口。

在教育设施方面，小区会配套建设一所12000平方米的小学以及一所幼儿园，以方便和满足移民的子女上学。

在医疗及其他设施方面，小区会建设一栋大型的综合楼，内部包括社区卫生服务中心、农贸市场、社区超市、社区医疗、物业管理等相关配套设施。

③建设情况。

首先，开发进度。夹岗经济适用房小区从2006年开始建设，分三期建设。本项目受影响户自愿选择二期工程的期房，二期已完工并于 2008 年 12 月交付。在经济适用房小区各楼的一层均配有一定比例的门面房，门面房为 20 ~ 80m² 的户型。关于门面房的出售和租赁，开发商正在制订方案，还未出台最终方案。门面房将优先出租给被拆迁户。

其次，优惠条件。经济适用住房小区的物业管理费用由小区商业用房的经营收益专项补贴。按照《南京市经济适用住房实施细则》规定，经济适用住房小区按照总建筑面积 1% ~ 2% 建设商业用房，计入建设成本，房屋产权归全体业主所有，其经营收益专项用于补贴经济适用住房小区的物业管理。

最后，经济适用房价格。2006 年拆迁时，根据当时南京市政府有关规定，经济适用房价格为 2500 元/m² ~ 2700 元/m²。然而申购经济适用房集中在 2007 ~ 2008 年之间，由于建设成本增加，经济适用房价格已经物价部门、建设部门核准审批，提高至均价 2999 元/m²（二楼），楼层每上升一层价格约上涨 20 元/m²。

（3）适度上调标准，弥补过渡损失。

由于拆迁住宅房屋安置用的经济适用房是期房，因此在申购到建成之间存在过渡期，一方面会造成房屋建造成本的增加，另一方面会造成居民过渡成本的增加。例如，拆迁时的经济适用房定价和申购时的定价就出现了差额，对此，政府承诺截止到所有受影响户申购、选房、购房完毕，执行均价 2999 元/m²，若建筑成本再有增加，则由政府进行补贴，经济适用房不再加价。基于此，政府将本项目的搬迁奖励费增加到与城市同样标准——3.6 万元/户，比原来的标准增加了 5 倍。此外，还在依据原有补偿标准计算的全部拆迁补偿总费用基础上增加了 10%，作为政府补贴购房补助，用来弥补经济适用房差价和过渡损失。

对企业和店铺实行货币补偿，不再进行安置，由企业自行安置。在实际执行过程中增加了搬迁奖励费项目，鼓励企业提前着手寻找新的场址并搬迁，由于企业寻找新的场址需要花费一定的成本，并造成一定的生产损失，因此对于提前或者按时搬迁的企业和店铺给予 2.6 万元的一次性奖励。

6.3.2　住宅房屋置换

湿地公园工程拆迁移民涉及的房屋类型包括居民住宅房屋、村委会出租店铺和企业。除了 QQ 村民自己居住使用的住宅房屋和村委会自建房屋之外，店铺、企业和流动人口都是通过租赁房屋和土地在郊区进行生产和生活的。因此，城市郊区虽然没有完善的房屋和土地租赁市场，但是由于企业、大量的外来人口以及在城市拆迁过程中产生的拆迁户等房屋租赁的巨大需求者的存在，郊区房屋租赁市场非常活跃。在这种情况下，租赁价格应该是反映市场行情的，收益还原率也可以采取当地平均水平。吴翔华、梁国庆[①]通过近千份南京市商业用房租金与商业房地产价格的一手资料测算出了资本化率指标，本文将使用该指标作为本案例中的租赁和经营价值的收益还原率指标。本案例所在区和土地等级分别是秦淮区和六级地，由于 QQ 村位于秦淮区边缘，因而以土地级别作为资本化率的参照，并且用所在区的资本化率占平均资本化率的水平进行修正，秦淮区的资本化率修正系数为 6.3877%/6.0117% = 1.06，六级地的资本化率为 5.2312%，则本案例中的房屋和土地用于租赁和经营价值的综合收益还原率为 5.54%。

（1）住宅房屋置换前后价值变化。

第一，置换前住宅房屋价值。

城市郊区农村房屋具有租赁、经营、养老等多元化功能，除了居住价值之外，还具有特殊的保障价值，此外，农村房屋依托的宅基地也具有与集体建设用地同等的价值。根据问卷调查，QQ 村 85% 受影响的家庭拥有房租收入，房租收入占家庭收入 20% ~ 40% 的家庭比较多。拥有店铺和家庭企业经营收入的占总户数的 12.9%，并且副业经营收入占总收入的比重集中在 60% ~ 100%。可见，与土地带来的收入相比，房屋的出租功能和经营功能带来的收入对家庭总收入的贡献更大。特别是其中的老年人，单独居

---

① 吴翔华、梁国庆：《南京市商业用房资本化率指标的测定》，载中国房地产估计师学会编《2003 中国房地产估价学术研讨会论文集》，中国建筑工业出版社，2003。

住的房屋平均面积为$101m^2$，其中50%用于出租，房租收入成为老年人养老的重要经济来源。可见，QQ村住宅房屋是典型的具有多元化功能的郊区农村房屋，拥有居住价值（L）、保障价值（S）和土地价值（Y）。

①居住价值计算。

根据公式4.1，住宅房屋置换前的居住价值可采用市场比较法计算，分两步进行。首先，将被评估郊区农村房屋假定为同等区位的城市房屋，参考城市房屋的租金和价格水平计算出假设条件下的郊区农村房屋价值；其次，将房屋价值中的城市国有土地价值剥离，即为农村房屋居住价值。用QQ村出租房屋的租金作为农村集体土地房屋租金水平，单位面积月租金记为R_1，QQ村人均住房面积记为A_1，选取紧邻QQ村的四个城市小区为参考，以房屋租金均价作为城市房屋租金水平参考，单位面积月租金记为R_2，房屋价格的平均水平为P，南京市城市人均居住面积记为A_2。QQ村拆迁前房屋出租是按照单间计算租金收费，一个单间面积$10\sim20m^2$，根据对40户的抽样调查，得出出租房屋单位面积的平均月租金为7元，人均居住面积为$51m^2$；选取标准住宅房间，层次为标准层，建筑面积$50\sim80m^2$，成套且至少一间卧室朝南，八成新，一般装修，通过对四个小区标准房屋的平均价格水平计算，得出房屋均价为4125元$/m^2$，单位面积平均月租金为12元，南京市当年人均居住面积为$35m^2$，见表6-12。

表6-12　周边房产情况 *

楼盘名称	与QQ村距离（km）	房产类别	开盘时间	房产均价（元/m^2）	租金均价（元/m^2/月）
大明花园	1.594	商品住宅	2003年	5200	11
银龙花园	3.796	经济适用房	2005年	2100	10
宇秦园	2.5	商品住宅	2005年	4600	14
万达小区	1.526	商品住宅	2005年	4600	13

*信息来源于搜狐焦点南京站：http://nj.focus.cn/。

由于评估房屋所处区位为住宅六级，基准地价为 1600① 元/ m^2，容积率为 1.1，因此，从比较案例的城市房屋均价中剥离出国有土地价格，即 $\frac{1600}{1.1}$ = 1455（元），可得置换前 QQ 村住宅房屋单位面积的居住价值为：

$$L = (P - 1455) \times \frac{R_1}{R_2} \times \frac{A_1}{A_2} = 2670 \times \frac{7}{12} \times \frac{51}{35} = 2270（元）$$

②保障价值计算。

置换前，QQ 村居民住宅房屋的保障价值（S）由租赁功能和经营功能带来的收入保障价值（S_1）和经营保障价值（S_2）组成，由于房屋租赁亦可以当成一种利用房屋非居住功能进行的经营，因此其租金收益还原率以及经营和生产的资本化率均可以用 r 表示，为 5.54%，月租金收益率 i 即可用 $r/12$ 表示。利用收益还原法可得房屋保障价值为：

$$S = S_1 + S_2 = \frac{a}{im} + \frac{1}{r}\left(\frac{a_1 b_1}{m_1} + \frac{a_2 b_2}{m_2}\right) = \frac{12a}{rm} + \frac{1}{r}\left(\frac{a_1 b_1}{m_1} + \frac{a_2 b_2}{m_2}\right)$$

根据对 40 户受影响户的抽样调查结果分析，39 户有房屋出租，平均每户用于出租的面积占房屋总面积的 57%，平均月租金为 7 元/m^2，另外有 6 户从事"前店后房"连家店经营，2 户从事"家庭作坊"经营，其对应的平均数据如表 6 - 13。

表 6 - 13　住宅房屋从事经营用途的统计数据

指标	单位	指标值	指标	单位	指标值
a/m	元/m^2/月	7	b_1	—	6/40
r	%	5.54	b_2	—	2/40
a_1	元/年	12667	m_1	m^2	30
a_2	元/年	40000	m_2	m^2	150

---

① 该基准价格按照 2004 年南京市公布的标准，自 2004 年发布以来，直到 2009 年才进行了调整，而本案例发生在 2006 年，因此选择 2004 年的标准，下同。

通过计算，得出置换前 QQ 村居民住宅房屋的保障价值为：

$$S = \frac{12a}{rm} + \frac{1}{r}\left(\frac{a_1 b_1}{m_1} + \frac{a_2 b_2}{m_2}\right)$$

$$= \frac{1}{5.54\%}\left(12 \times 7 + \frac{12667 \times 6}{30 \times 40} + \frac{40000 \times 2}{150 \times 40}\right) = 2900(\text{元})$$

③宅基地价值。

QQ 村集体建设用地出租给企业建设厂房，租金的平均标准为 7000 元/亩/年，土地还原率为 4.23%，于是，宅基地价值计算公式如下：

$$T = \frac{R}{r \times 666.7} = \frac{7000}{4.23\% \times 666.7} = \frac{7000}{4.23\% \times 666.7} = 248(\text{元})$$

可见，单位面积宅基地价值为 248 元/m²。

因此可得，房屋置换前，单位面积住宅房屋的价值为：

$$V_{\text{住}} = L + S + T = 2270 + 2900 + 248 = 5418(\text{元})$$

2）置换后住宅房屋价值。

拆迁后，QQ 村居民集体土地上住宅房屋置换为国有土地上的经济适用房，安置小区与 QQ 村在同一个区，直线距离 3 千米，均处于两区交界的边缘地带，在住宅用地等级上也没有区别。然而在土地性质上发生了转变，从宅基地上的农村房屋转变为国有土地上的城市楼房，其价值也发生了相应的改变。置换后住宅房屋由于不能够立即上市交易，因此无法直接用市场评估法来衡量房屋价值，可以用两部分价值的组合来代替，一部分是国有土地价值，另一部分是房屋结构重置价。按照南京市土地储备中心网站上有关 2006 年该地区一桩二类居住用地的成交信息，可知国有土地出让价为 1269 元/m²，可看作国有土地价值。经济适用房申购价为 3440 元/m²，可看作房屋结构重置价，因此可以得出单位面积住宅房屋置换后的价值为 4709 元/m²，用 $V_{\text{住}}'$ 表示。

住宅房屋置换前后价值变化见表 6-14。

表 6 – 14 住宅房屋置换计算总表

内 容		符号	单位	数值
置换前价值	居住价值	L	元/m^2	2270
	保障价值	S	元/m^2	2900
	土地价值	T	元/m^2	248
	小 计	$V_{住}$	元/m^2	5418
置换后价值	国有土地价值		元/m^2	1269
	建筑物价值		元/m^2	3440
	小 计	$V_{住}{}'$	元/m^2	4709

可见，置换前，城市郊区住宅房屋的保障价值在总价值中所占比重最大，为 53.5%，居住价值其次，土地价值最小，占 4.6%；置换后，国有土地上安置用房的建筑物价值占 73.1%，土地价值有所提高，占总价值的比例也提高到 26.9%。之所以出现置换后房屋价值有所下降，是由于城市郊区农村房屋的特殊性，一方面所处区位有巨大的升值空间，另一方面房屋的多元化功能带来了额外收益。

（2）住宅房屋置换收益成本变化。

①收益。

QQ 村住宅房屋中，全部为砖混结构，其中有证房屋占 36.7%，连体超建房屋占 10.0%，临时建筑占 53.3%，搬迁过渡期为 2～3 年，货币补偿总额为 6031 万元。购买的经济适用房均价为 2999 元/m^2，根据 QQ 村被拆迁居民购买经济适用房的情况，总支出购房款为 4878 万元。因而支付房屋申购费用之后，剩余拆迁补偿费即直接货币收益为 1153 万元，平均每户收益为 43183 元，按照户均 1.6 人计算，可得人均获得的直接货币收益（Y_2）为 26989 元。

一方面由于补偿标准与经济适用房房价之间存在差距，另一方面经济适用房户型有限，可申购的经济适用房面积最小为 45m^2，最大 80m^2，因此被拆迁农村居民并不能够置换到同样大小房屋。但是由于拆迁房屋面积较大，能够利用拆迁补偿款申购大于 1 套的经济适用房，可以视作由单独的财产权置换到多个财产权。此外，被拆迁居民被纳入到城市住房保障体系，获得一定的保障收益。例如南京市 QQ 村拆迁补偿协议签订时经济适用房定价为 2999 元/m²，但建成后由于建材成本增加价格涨至 3440 元/m²，其中的 441 元/m² 就由该项目的业主单位负责承担，虽然次收益无法变现，但已融入置换后的房屋价值当中。因此，房屋置换过程中的间接收益可以用经济适用房的价值来表示，换算成人均收益，为：

$$Z = f(Y_1 - Y_2) = V_{住}{}' \times A_2 = 4709 \times 35 = 164815(元)$$

因此，住宅房屋置换过程中人均获得的收益为：

$$Y_{住} = Y_2 + Z = 26989 + 164815 = 191804(元)$$

②成本。

住宅房屋置换过程中损失的成本由三部分组成，即财产损失（$X_{住1}$）、迁移成本（$X_{住2}$）和机会成本（$X_{住3}$）。计算时，财产损失和机会成本是由于失去房屋产生的直接功能损失和间接收益损失而造成的，因此可以用置换前住宅房屋价值（$V_{住}$）代替。QQ 村拆迁时，安置小区刚刚开工，这就使得受影响村民必须想办法自行过渡，直到安置小区建成交房。所以，除了失去房屋财产所带来的损失之外，受影响村民还需要负担一定的迁移成本，计算时用置换后房屋价值的 9% 表示。从移民视角出发，人均所需要担负的成本可以用人均居住面积与单位面积房屋价值乘积来表示，置换前和置换后人均居住面积分别为 A_1 和 A_2，则人均付出的成本为：

$$X_{住} = A_1 \times V_{住} + A_2 \times 9\% \times V_{住}{}' = A_1 \times V_{住} + 9\% \times f(Y_1 - Y_2)$$
$$= 51 \times 5418 + 9\% \times 164815 = 291151(元)$$

住宅房屋置换过程中的成本收益模型计算结果如下：

$$I_{住} = \frac{Y_{住}}{X_{住}} = \frac{191804}{291151} = 0.66 < 1$$

可见，住宅房屋置换过程中，农村居民获得的收益小于付出的成本，利益受到了损害。

6.3.3 店铺置换

（1）置换前后店铺价值变化。

①置换前店铺价值。

置换前，城市郊区农村店铺的价值由经营价值和无形价值构成。本案例所拆迁的 18 家店铺全部为村委会利用集体建设用地建造并用于出租，其土地所有权和房屋所有权归 QQ 村集体。由于店铺位于村内通往市区的马路两旁，来往车辆较多，因此从事汽车修理、配件经营的较多，此外还有理发、餐饮和日用百货，店铺统一为 40m^2，月租金 400 元 ~ 500 元。拆迁时有 17 家店铺租赁合同已经到期，并由村委会提前通知其搬迁。另有 1 家理发店仍在经营，尚未搬迁，本书将以此店铺作为分析对象，该店铺基本情况如下。

理发店产权人从事理发行业 10 年，5 年前开始在 QQ 村租赁店铺从事理发店经营，独立经营，无员工，顾客主要是本村和周边村民，以及过往的流动客人。冬季为淡季，日营业额平均可达 75 元，其余季节日营业额平均达到 120 元，年总收入达到 41400 元。每月租金 400 元，水电费 300 元，购买工具和理发用品花费 300 元，由于店主家中有残疾人，免税，年纯收益为 29400 元。当地美容美发行业一般利润率为 25%，商业用房收益还原率 r 为 5.54%。

$$B_{铺} = \frac{\sum_{i=1}^{n} \frac{a_{铺i}}{(1+r)}}{m} = \frac{a}{rm} = \frac{400 \times 12}{5.54\% \times 40} = 2166（元）$$

归属店铺产权人的单位面积无形资产价值计算如下：

$$N_{铺} = \frac{b_{铺1} - b_{铺2} \times q}{qm} = \frac{29400 - 41400 \times 25\%}{25\% \times 40} = 1191（元）$$

因此，置换前店铺单位面积总价值为：

$$V_{铺} = B_{铺} + N_{铺} = 2166 + 1191 = 3357（元）$$

②置换后店铺价值。

店铺拆迁后，房屋不复存在，土地置换为国有用地，其价值与置换后农地价值一样，为1781557元/亩，即2671元/m²。

作为出租人的村集体获得征地拆迁补偿收益，并将其与其他补偿款一起用于在剩余土地上修建厂房出租，因此，置换后店铺的价值不再以店铺的形式出现，而是转化为现金资本。拆迁补偿标准与企业的一致，并且不分店铺经营类型，补偿项目分别为专项补偿款、停产停业损失和搬迁补助。专项补偿款根据砖混结构、营业用房的标准实施，即770元/m²，共计30800元；停产停业损失和搬迁补助分别按照专项补偿款的5%和8%补偿；搬迁奖励费26000元。单位面积店铺获得的补偿包括：

$$V_{铺}' = \frac{18000}{666.7} + 770 + \frac{30800 \times (5\% + 8\%) + 26000}{40} = 1547(元)$$

与店铺密切相关的无形价值因顾客群体的解散、地点的变换而消失。

店铺置换前后的价值变化见表6-15。

表6-15 店铺置换计算总表

	内　容	符号	单位	数值
置换前价值	有形价值	$B_{铺}$	元/m²	2166
	无形价值	$N_{铺}$	元/m²	1191
	小　计	$V_{铺}$	元/m²	3357
置换后价值	土地价值		元/m²	2671
	现金补偿		元/m²	1547
	小　计	$V_{住}'$	元/m²	4218

可见，置换前，店铺具有一定的无形价值，并且占总价值的35.5%，置换后，店铺搬迁或者不再经营，原有的无形价值不复存在，但是土地价值有所上升，并且可以将置换过程中获得的现金补偿看作对建筑物价值的一次性投资收益。

（2）店铺置换收益成本变化。

①收益。

村集体在店铺置换过程中获得的收益（$Y_{铺1}$）即为店铺拆迁补偿和征地补偿，本案例中单位面积店铺获得收益为1547元。

店铺产权人与村集体协商搬迁补助和对店铺装修的补偿，村集体除了提前通知店铺搬迁并终止合同以外，还对每间店铺给予500元的搬迁补助和装修赔偿。本案例中理发店并未对店铺装修，其获得收益 $Y_{铺2}$ 即为500元搬迁补助。于是店铺置换过程中单位面积获得的总收益为：

$$Y_{铺} = Y_{铺1} + Y_{铺2} = V_{铺}' + \frac{500}{40} = 1560(元)$$

②成本。

村集体在店铺置换过程中付出的成本为房屋和土地的价值，即置换前店铺的有形资产价值 $B_{铺}$，为2166元/m^2。

店铺产权人付出的成本不仅有置换前的无形资产（ $N_{铺}$ ），还有搬迁重建需要花费的迁移成本 $T_{铺}$，包括"盘铺"成本和"养铺"成本。本案例理发店在拆迁前后花费2个月时间进行选址，最后决定在隔壁村重新开店，仍然利用原有的工具设备，搬迁花费200元，因而付出的"盘铺"成本相当于置换前2个月的利润与搬迁费用之和。由于QQ村拆迁导致附近村租金上涨，新租赁店铺租金为700元/月，但是由于没有跨区域，一系列开店必需的手续如营业执照等可以不用重新办理，省去一笔费用。当地已经有2家理发店，因此店铺开张的前6个月生意并不好，几乎是维持成本经营，有时甚至亏本，付出的"养铺"成本相当于置换前6个月的利润。因此，店铺产权人在置换过程中付出的成本为：

$$X_{铺} = X_{铺1} + X_{铺2} + X_{铺3} = B_{铺} + N_{铺} + T_{铺}$$

$$= 2166 + 1191 + \frac{\frac{29400}{12} \times (2+6) + 200}{40} = 3852(元)$$

置换过程中店铺所有人村集体和店铺产权人的成本收益模型计算结果依次如下：

$$I_{铺1} = \frac{Y_{铺1}}{X_{铺1}} = \frac{1547}{2166} = 0.74 < 1$$

$$I_{铺2} = \frac{Y_{铺2}}{X_{铺2} + X_{铺3}} = \frac{12.5}{1686} = 0.01 < 1$$

可见，店铺置换过程中，村集体和店铺产权人获得的收益均小于付出的成本，特别是店铺产权人，损失的无形资产没有得到补偿，利益受到极大的损害。

6.3.4 企业置换

（1）置换前后企业价值变化。

①置换前企业价值。

城市郊区企业通过租赁获得房地产使用权，从而获得承租人权益，同时，集体土地所有权人获得出租人权益，但在占有、使用、收益和处置权上受到了一定限制。因而，置换前城市郊区企业价值分为两类，一类是对于出租人的价值，即建设用地的价值（V_1），另一类是对于承租人的价值，包括企业建筑物价值（V_2）和无形价值（V_3）。由于工业用地的容积率与商业用地和住宅用地不同，一般较低，因而其租金收益还原率应当通过对商业用地和住宅用地收益还原率修正来获得。通过对受影响企业的调查得出，企业平均建筑物面积为 $2828m^2$，平均租赁土地面积为 $3000m^2$，因而 QQ 村集体建设用地容积率为 0.94，按照当年南京市区商业住宅用地平均容积率为 1.4，可得 QQ 村集体建设用地收益还原率修正系数为 1.4/0.94，即建设用地收益还原率是市区商业住宅用地的 1.49 倍，为 8.25%。

拆迁时点企业用地价值可以用收益还原法计算出，并且分为有租约情况下的价值和无租约情况下的价值。在无租约情况下，直接按照市场价格计算；在有租约的情况下，租约合同有效期内一般按租约规定的租金价格计算收益，合同期后一般按市场租金价格计算收益。第二种算法是适用于计算本案例中农村集体土地作为企业用地的价值。两种方法之间的差额即为企业租赁权价值，该价值属于承租人，即企业。可见，企业无形资产价值不仅来自自身拥有的人力资源、供销渠道等关系类无形资产，还来自包括租赁权价值在内的承租人权益等契约类无形资产。

企业建筑物价值评估采用成本法计算，即对厂房、仓库、门面、职工宿舍、水泥厂地等建筑物和各种机器设备在内的一切地上空间的附着物重置计算所需花费的成本。

企业无形价值中除了租赁权价值以外，其他价值评估亦可采用成本法计算，即企业重新选址，并重建供销渠道、社会网络、商誉所需花费的成本。

下面以本案例中某个企业为例，计算企业置换前价值。

某木器厂，1996 年 3 月与村集体签订租赁协议，租赁 QQ 村集体土地 1300m^2，并约定使用年限为 15 年，前 3 年租金为 15000 元/年，从第 4 年开始，每年租金递增 750 元，企业水电费自理。企业在租赁土地上共修建厂房 1800m^2，包括 3 间厂房和 1 间警卫室，并约定合同期满后，企业有权将其设施作有偿转让。企业主营业务为家具制造，由于工艺质量较高，主要加工制作外贸订单，通过网络联系接订单、发货，其供货渠道也是在网上联络进行，因此对交通条件和地理位置没有特别的要求，而对租金较为敏感。企业共有职工 10 人，平均每年为每人投入的培训费用为 500 元，目前都是固定熟练工人，月基本工资为 1200 元，年底还有分红。主要设备为器械车床，共有 7 个，价值 70 万元。拆迁时，企业运营良好，年产值 100 万元，其中利润 30 万元，职工工资 20 万元，上缴利税 1 万元。

到 2006 年拆迁时，企业已经租赁村集体土地 10 年，合同租金增长为 20250 元/年，合同期限还剩余 5 年。自 1996 年起，市场租金增长率（i）平均为 5%，市场租金为 15000 元，到拆迁时，市场租金价格已经涨至 24433 元。企业用地的资本化率采用集体建设用地资本化率（r）8.25%。设第 i 年的租金为 a_i，则企业用地的价值为：

$$V = \sum_{i=1}^{n} \frac{a_i}{(1 + r_1)^n} \qquad 式(6.10)$$

当没有租约限制时，按照市场价格租赁，无租约情况下企业用地价值为：

$$V_{企0} = \sum_{m=1}^{n-10} \frac{15000 \times (1 + i)^{m+10}}{(1 + r)^m} = 24433 \times \left(\frac{1 + i}{r - i}\right) \times \left(1 - \left(\frac{1 + i}{1 + r}\right)^{n-10}\right)$$

由于农村集体土地没有使用时间的限制，因而 n 趋于无穷，上式可以简化为：

$$V_{\text{企}0} = 24433 \times \left(\frac{1+i}{r-i} \right) = 24433 \times \left(\frac{1+5\%}{8.25\% - 5\%} \right) = 789387(\text{元})$$

当有租约限制时，以拆迁时点为基准时间，剩余合同年限按照租约上的租金价格，合同以外的年限按照市场价格计算并将其折现到基准时间，两者之和即为企业用地价值。

$$V_{\text{企}1} = \sum_{t=1}^{15-10} \frac{20250 + 750 \times t}{(1+r)^t} + \frac{1}{(1+r)^{(15-10)}} \sum_{s=1}^{n-10} \frac{15000(1+i)^{s+15}}{(1+r)^s}$$

$$= \sum_{t=1}^{5} \frac{750(t-1)}{(1+r)^t} + \frac{20205}{8.25\%} \left(1 - \frac{1}{(1+8.25\%)^5} \right) +$$

$$\frac{31184}{(1+8.25\%)^5} \times \frac{(1+5\%)}{(8.25\% - 5\%)} \left(1 - \left(\frac{1+5\%}{1+8.25\%} \right)^{(n-10)} \right)$$

$$= 9253 + 80144 + 677793 = 767190(\text{元})$$

因此，QQ 村集体拥有的这块土地的所有权价值 $V_{\text{企}1}$ 为 767190 元，承租企业的租赁权价值为：

$$V_{\text{租赁权}} = V_{\text{企}0} - V_{\text{企}1} = 789387 - 767190 = 22197(\text{元})$$

该企业共拥有包括厂房、仓库、门面、职工宿舍在内的建筑物 1800m²，使用年限 10 年，九成新，此外，还修建了 189m² 的厂房对外出租，使用年限 5 年，全新，目前由一个小型模具厂租赁使用，月租金 500 元，为典型的厂中厂。根据建造时建筑材料的市场价格和相应的区位，单位面积相同结构的建造成本为 620 元/m²。根据评估，其余的地上附属物包括机器设备、水泥平台等共计 533788 元，于是可得建筑物价值 $V_{\text{企}2}$ 为：

$$V_{\text{企}2} = (1800 \times 0.9 + 189) \times 620 + 785776 = 1121580 + 533788 = 1655368(\text{元})$$

本案例中，企业的主要业务通过互联网电子商务进行，与其他无形资本相比，良好的商誉容易建立但也更容易失去。阿里巴巴的一项调查表明，网上交易虽然极大地降低了企业的信息搜寻成本、谈判成本和签约成本，但增加了信息鉴别成本和合同实施的监督、惩罚成本。[①] 良好的商誉不但可以使企业获得超额利润，而且不会随着

---

① 孙敏：《电子商务与我国中小企业流通渠道拓展——以阿里巴巴公司的电子商务业务发展为例》，《科技情报开发与经济》2007 年第 17 卷第 1 期。

时间流逝而产生磨损和消耗，反而会使其价值越来越高。根据 2007 年南京市统计年鉴，2006 年南京市家具制造的行业平均利润为 8%[①]，本案例企业当年实际净收益为 30 万元，其中企业采用网络营销而节省的搜寻成本、谈判成本和签约成本为企业带来的非商誉因素净收益占总收益的 10%，而且该企业上半年的外贸订单由于汇率变动总体上为企业带来 1.5% 的额外收益。此外，郊区企业所占土地并未获得国土局颁发的土地使用权证，但是仍属于开征土地使用税的范围，所占用的土地虽然没有土地使用税，但企业作为实际使用人，占用了应纳税土地，所以应由企业申报缴纳城镇土地使用税。未缴纳的土地使用税为 6500 元[②]，同样可以被看作非商誉因素净收益。因而，根据公式 4.23 商誉价值计算如下：

$$V_{商誉} = \frac{R_{超}}{p'} = \frac{R_{实} - p' \times R_{总} - R_{非}}{p'}$$

$$= \frac{30 - 8\% \times 100 - (11.5\% \times 100 + 0.65)}{8\%}$$

$$= \frac{9.85}{8\%} = 123.125(万元)$$

企业经营期间为人力资本投入的培训总费用可以看作企业人力资源价值，计算如下：

$$V_{人力} = 500 \times 10 \times 10 = 50000(元)$$

因而，可得该企业的无形资产价值 V_3 为：

$$V_{企3} = V_{租赁权} + V_{商誉} + V_{人力} = 22197 + 1231250 + 50000 = 1303447(元)$$

于是，该企业置换前单位面积房地产的总价值为：

$$V_{企} = \frac{V_{企1} + V_{企2} + V_{企3}}{1989} = \frac{767190 + 1655368 + 1303447}{1989} = \frac{3726005}{1989} = 1873(元)$$

②置换后企业价值。

土地置换后，原集体建设用地置换为国有土地，并划拨用于

---

① 据行业平均利润率 = 利税总额/主营业务收入 = 40975/513273 计算。

② 根据《南京市政府办公厅关于调整城镇土地使用税税额标准的通知》，本案例所在地属于南京市六级地，需要缴纳土地使用税为 5 元/m²/年。

湿地公园建设，其价值与农用地价值相同，为 1781557 元/亩，即 2671 元/m²。

该企业搬迁至溧水县开发区，并利用补偿款扩大规模继续经营。新选址交通便捷，环境清净，厂区宽敞，厂房已经建好，办公室、职工宿舍、厨房等齐备，并配有单独变压器。该企业直接租赁 2000m² 的厂房，年租金 8 万元，由于搬迁停产 2 个月，原来的员工有 60% 随企业一起搬迁，搬迁后重新招聘 4 名员工。搬迁过程中花费的成本包括设备搬迁、员工流失损失、员工维持费用，停产停业损失，以及新选址增加的运输成本。

设备搬迁需要起重队，所有设备搬迁共需费用 14000 元；停产 2 个月造成一份 45 万元的合同无法完成，损失利润 13.5 万元，并且需要给对方违约金 10 万元；自企业宣布搬迁起，有员工准备离开找其他工作，为了留住员工，企业承诺停业搬迁期间工资照常发放，并且在搬迁后每人工资上涨 200 元，即使如此，还是有 4 位员工离开，为此，企业重新招聘、培训员工花费 10000 元，原有员工停产停业期间发放工资共计 24400 元；此外，企业因租赁合同终止而失去租赁权价值 22197 元，重新选址花费搜寻成本与维系现有客户资源花费成本占商誉总价值的 10%，即 123125 元。因此，过渡期间的损耗（L）为 418722 元。

企业搬迁后新建筑物和土地一起租赁，因此可利用租金和收益还原法将房地产综合价值即土地价值和建筑物价值之和计算出来。由于租金是土地和建筑物的综合价格，因此 r 也应当取土地和建筑物的综合还原率。设新选址的土地还原率为 r_1，建筑物还原率为 r_2，土地价格为 p_1，建筑物价格为 p_2，P 为厂房综合价值，则：

$$r = \frac{r_1 p_1 + r_2 p_2}{p_1 + p_2} ①$$ 式(6.11)

由于新选址溧水是南京的远郊县城，因此其工业用地的土地还原率和建筑物还原率相比于近郊都要低。由于评估集体农用地

---

① 刘卫东、段洲鸿：《工业用地价格标准的合理确定》，《浙江大学学报》(人文社会科学版)2008 年第 7 期。

时还原利率一般比国有出让农用地还原利率高 1 个百分点左右[①]，房屋配套设施资本化率比土地资本化率可以略高出 0.5 ~ 1 个百分点[②]，取中间值 0.75 个百分点，又农地还原率为 4.23%，于是该区域土地还原率为 3.23%，建筑物还原率为 3.98%。当地工业用地基准地价为 210 元/m^2，厂房售价为 1000 元/m^2，又年租金为 8 万元，于是厂房土地和建筑物综合价值为：

$$P = \frac{a}{r} = \frac{80000}{\dfrac{3.23\% \times 210 + 3.98\% \times 1000}{210 + 1000}} = \frac{80000}{3.85\%} = 2077922(元)$$

可见，企业置换后单位面积总价值为：

$$V_{企}' = \frac{P + (V_3 - L)}{2000} = \frac{2077922 + (1303447 - 418722)}{2000}$$

$$= \frac{2962647}{2000} = 1481(元)$$

企业置换前后的价值变化见表 6-16。可见，置换后，企业价值有了较大提升。一方面是由于土地价值的提升，另一方面企业无形资产在置换过程中的损失比例为 44.3%，即仍有大于一半的无形资产能够为企业带来超额利润。

表 6-16　企业置换计算总表

	内　容	符号	单位	数值
置换前价值	土地价值	$V_{企1}$	元/m^2	386
	建筑物价值	$V_{企2}$	元/m^2	832
	无形价值	$V_{企3}$	元/m^2	655
	小　计	$V_{企}$	元/m^2	1873
置换后价值	土地价值		元/m^2	2671
	企业价值		元/m^2	1481
	小　计	$V_{住}'$	元/m^2	4152

① 王强：《国有农用地取得方式影响评估价格》，《中国国土资源报》2008 年第 4 期。

② 何芳：《企业改制中土地资产处置与权益明晰》，《中国房地产》2006 年第 4 期。

（2）企业置换收益成本变化。

①收益。

企业和村集体在置换过程中获得的收益即为拆迁补偿和征地补偿。本项目中，企业拆迁按照南京市补偿标准，补偿项目分别为专项补偿款、停产停业损失和搬迁补助。其中，1800m² 按照有证房屋补偿，专项补偿款根据砖混结构、非营业用房的标准实施，其余 189m² 按照附属物补偿结构重置价，建筑物补偿 $Y_{企1}$ 共计 1186029 元；停产停业损失和搬迁补助 $Y_{企2}$ 分别按照专项补偿款的 5% 和 8% 补偿；其他补偿 $Y_{企3}$ 包括地上附着物和设备按照评估价为 533788 元，搬迁奖励费 26000 元。因此，企业单位面积获得的收益为：

$$Y_{企} = Y_{企1} + Y_{企2} + Y_{企3}$$
$$= \frac{1186029(1 + 5\% + 8\%) + 533788 + 26000}{1989} = 955(元)$$

村集体获得征地补偿按照农地标准 18000 元/亩进行补偿，单位面积获得土地收益即为 27 元/m²。

②成本。

企业产权人在置换过程中损失的不仅是有形资产，还包括一部分无形资产，此外，还要付出搬迁过渡、恢复重建的成本。其中有形资产损失 $X_{企1}$ 用置换前企业建筑物价值 $V_{企2}$ 表示，无形资产 $X_{企2}$ 在搬迁过渡中发生损耗，与搬迁过渡成本一起用过渡期间损耗（L）表示，企业单位面积的成本可以表示为：

$$X_{企} = \frac{X_{企1} + X_{企2}}{1989} = \frac{V_{企2} + L}{1989} = \frac{1655368 + 418722}{1989} = 1043(元)$$

村集体在置换过程中损失的是集体建设用地所有权，其成本可以用置换前集体建设用地价值 $V_{企1}$ 来表示，损失土地面积为 1300m²，则村集体单位面积土地损失成本为 590 元。

置换过程中，土地所有人村集体和企业产权人的成本收益模型计算结果如下：

$$I_{企1} = \frac{27}{590} = 0.05 < 1$$

$$I_{企2} = \frac{Y_企}{X_企} = \frac{955}{1043} = 0.92 < 1$$

可见，企业置换过程中，村集体和店铺产权获得的收益均小于付出的成本，特别是村集体，失去建设用地使用权，利益受到了极大的损害。

6.3.5 拆迁补偿安置方案评价

（1）拆迁补偿标准偏低，无法实现拆一补一。

本案例参照 2004 年《南京市征地拆迁补偿安置办法》进行补偿，最佳结构的住宅房屋拆迁补偿标准为 2220 元/m^2，在项目实施阶段提高了 10%，达到 2442 元/m^2，而经济适用房平均价格为 2999 元/m^2，无法满足对原有面积的拆一补一。而且即使农村居民愿意贴补中间差价，根据"按人头"申购的原则，也不能申购同样大小的房屋。随后，南京市在 2007 年出台了新的《南京市征地拆迁补偿安置办法》和实施细则，采取拆迁安置房保障政策。新办法将供应被拆迁农民的经济适用房从全市经济适用房体系中剥离出来，专门为被拆迁农民配建拆迁安置房。新的办法是建立一个联动机制，使购房补偿款与项目的拆迁安置房基准价挂钩，即购房补偿款是拆迁安置房基准价格的 70% 到 80%。新办法一方面使拆迁补偿价格的确定更加合理，解决了过去经济适用房供应价格与拆迁补偿标准脱节的问题；另一方面基本平衡了新老政策之间以及以后被拆迁农民因为安置地点的不同可能造成的所得实际利益的差别。2004 年经济适用房安置政策下，同一户籍家庭人均最多可购建筑面积 30 平方米，总面积不超过 220 平方米。然而，这样的做法对于发挥房屋经营和租赁功能也有一定的局限。根据此规定，即使补偿款足够，也有可能无法购买与原来面积同等的房屋。可以用以下方法计算验证。

$$m(370 + 150 + 70\%P) = m' \times P \qquad \text{式}(6.12)$$

式中，m 表示房屋拆迁面积，m′ 表示将购房补偿款、区位补偿款和原房补偿款三项全部用来购买安置房的最大面积，370 和 150 分别是普通结构原房补偿款和区位补偿款标准，P 表示安置房定价。

上式还可以表示为：

$$\frac{m'}{m} = 0.7 + \frac{520}{P} \qquad \text{式}(6.13)$$

等式左边表示可购安置房最大面积与原有被拆迁房屋面积之比，令其为 q，与安置房定价成负相关，随着安置房定价 P 的提高，q 随之降低。

当 P 为 1733 元/m² 时，q 为 1，即可购安置房面积与拆迁房屋面积相同，实现 1∶1 置换；

当 P 小于 1733 元/m² 时，q 大于 1，即可购安置房面积大于拆迁房屋面积；

当 P 大于 1733 元/m² 时，q 小于 1，即可购安置房面积小于拆迁房屋面积。

按照 2007 年开始实施时的定价，预计基准价在 2600 元/左右，即 P 为 2600，将此定价代入到方程式，可以计算出 q 为 0.9，即可购安置房最大面积占被拆迁房屋面积的 90%。剩下 10% 的面积所需花费的购房费用利用拆迁时对附着物等设施的补偿也足够买得起，但是根据规定，用于安置的经济适用房只能够使用拆迁补偿款中的购房补偿款、区位补偿款和原房补偿款三项专项补偿金来购买，封闭操作，因此，新政策仍然限制了被拆迁农村居民可购房屋的面积和数量。

（2）安置房建设滞后，增加搬迁过渡成本。

本项目中从拆迁发生到安置小区建成历时将近 3 年，增加了 QQ 村被拆迁居民的过渡成本，造成二次搬迁，对就业、上学等造成不便。特别是在过渡期间，南京市集体土地征地拆迁补偿安置政策发生了一定的改变。首先，不再使用经济适用房安置，而是专门建设拆迁安置房进行集体土地上房屋拆迁安置，并且申购价格略低于经济适用房，可以直接上市交易，可以用作租赁用途。相比之下，经济适用房居住 5 年后才能够上市交易，出租受限，其价值大打折扣。其次，由于新政策刚开始执行，最早规划的安置房仍需 2～3 年才能够建成使用，于是近期拆迁安置的农村居民就被安置到经济适用房，并且适用于一切拆迁安置房的政策，包括申购价格、交易和租赁。因而，还未搬迁的 QQ 村被拆迁居民感觉不公平，"同样都是拆迁，同样搬入一个安置小区，而后拆迁的（适用新政策拆迁安置的居民）就可以获得较高的拆迁补偿，购买更多的拆迁安置房，并且可以将房屋直接上市交易"。于是，由于过渡时间的增加，政策变动的风险又增加了被拆迁居民的隐形成本。

此外，在住宅房屋置换过程中，虽然申购经济适用房可以产生较大的未来收益，并且绝大部分被拆迁农村居民选择了用拆迁补偿款申购经济适用房，但仍有 9 户被拆迁农村居民选择了直接现金补偿，占总数的 3.4%，户均获得拆迁补偿直接收益为212464 元。主要原因在于，首先这 9 户居民搬迁前已经拥有其他住房，不存在居住的基本需求；其次，户主均属于第二年龄段，在选择购买经济适用房作为固定资产未来投资还是直接现金补偿收益时，考虑到前者需要在 5 年后才能够出售变现，而且有一定的限制和政策性风险，而后者可以直接投入目前的生产经营中，能够在短期内实现更高的时间价值；最后，有一定经济基础的居民将现金补偿购买房产，并且认为购买经济适用房不如购买商品房投资见效快，前者虽然不在郊区农村，但是仍处于城市边缘位置，并且是该区域农村拆迁户集中居住小区，后者可以自由选择区位，并且在社区环境、房屋质量、交通设施等方面都优越于前者，具有较高的无形价值。因此，无论是土地置换安置还是房屋置换安置，对不同年龄段和不同收入水平的家庭来说，其保障价值是不同的。

（3）拆迁补偿内容不全，企业、店铺恢复重建困难。

企业和店铺拆迁过程中损失的无形资产价值、搬迁过程中的迁移成本以及搬迁后的重建成本都未考虑在非住宅房屋拆迁补偿当中。如店铺拆迁补偿中，对店铺产权人的补偿只有搬迁补助，占无形资产损失和过渡成本的总和不到 1%，无法满足店铺搬迁重建的需要。企业在搬迁重建过程中，存在场址难求、人员流失、客户撤单、原料涨价等一系列风险，而且不同生命周期、不同类型和不同规模的企业面临的风险大小也各不相同。本案例中企业由于对地理位置要求不高，可以搬迁至较为偏远的郊县，利用低价土地继续经营，因而在置换过程中收益比较接近成本，且置换前企业价值与置换后企业价值也相差不大。然而对于高运输成本、高渠道要求、员工人数众多的大型企业来说，虽然选址容易，但搬迁并不仅仅是人和厂的迁移，还包括供销链的断裂到重建，以及众多不确定因素的增加。对于小型企业来说，由于规模限制，无法进入工业园区享受低廉土地租金和稳定的服务，而附近郊区农村租金价格也因拆迁水涨船高，郊县又无法依托城市，无法发挥产业集聚效应，因而选址成为最大难题。这类小企业在拆迁谈判中缺乏话语权，与大型企业相比角色微不足道，为了尽早找到合适场址，也无力花费时间精力去争取更高的补偿，因而拆迁往往对这类企业造成致命的打击。

6.3.6 基于 VR–RT 理论的拆迁补偿安置政策改进建议

（1）房屋价值重置。

①充分认识城市郊区农村房屋价值，建立市场化拆迁补偿机制。

从 QQ 村被拆迁农村房屋的价值来看，农村住宅房屋置换前的价值是置换后经济适用房价值的 1.2 倍，且住宅房屋保障价值占到总价值的 53.5%。可见，城市郊区农村房屋在地理位置上与城市房屋没有太大差距，并且在对农村居民的生活保障方面起到了巨大的作用，具有很高的价值，因而，城市郊区农村房屋应当与城市房屋拆迁一样通过市场评估进行补偿。建立市场化拆迁补偿机制的前提是承认农村房屋的财产价值，承认农村房屋是一项重要的家庭资产；原则是等价有偿；方法上，运用房地产市场评估法，根据被拆迁农村房屋的区位、用途、建筑年限等因素综合评判房屋在拆迁时点的价值。此外，还应该建立对被拆迁人权利的司法保障，解决在拆迁中发生的纠纷，必要时给予司法救济。

②规范"无证房屋"的认定，保护被拆迁人的财产权利。

置换前，起到巨大保障作用的房屋往往是在原有宅基地上翻盖和搭建的附属建筑。本案例中，QQ 村被拆迁居民房屋中的 63.8% 都是无证建筑，其比例已经超过有证房屋，而且这种现象在城市郊区非常普遍。这类房屋没有登记在册，虽然国土和建设部门没有相关法规约束和明令禁止，但也没有明确的、使新建房屋合法化的相关法规程序可走。此外，郊区农村企业往往因为没有相关规定而未取得建设许可证，有些甚至在租赁协议上也没有注明建筑面积，于是在拆迁时出现房屋面积认定难，房屋属性和功能模糊不清，发生扯皮，纠纷不断。因而，应当从规范农村房屋建设规模和办理合法手续的程序入手，让"无证房屋"通过合法程序转为"有证房屋"。对于已经存在多年的"无证房屋"，应根据年限、功能用途和获得的收益给予合理评估。

③完善拆迁补偿内容，有针对性地补偿。

不同的被拆迁企业，在建筑物价值、设备价值、员工工资、搬迁重建成本、过渡成本等各方面都有所不同，因而应当针对不同企业的情况对有形资产和无形资产进行评估，并将企业搬迁过渡期间可能发生的费用都考虑在补偿范围之内，降低企业损失的风险。此外，提前通知企业和店铺搬迁，并提供选址信息，帮助其尽快完成新的选址恢复生产经营，这样同样可以减少企业过渡期间的损失。

（2）房屋功能重置。

①安置小区建设，重置居住功能。

居住是被拆迁农村居民最基本的生存条件之一。第一，建设专门拆迁安置房，对小区合理布点和规划。拆迁安置房的建设与城市经济适用房一样是享受政府优惠政策的。但是后者主要的安置对象为城市低收入家庭，而城市郊区被拆迁农村居民转变为城市居民后，并非属于低收入行列，且经济适用房受到租赁和交易的限制，往往为节约成本而统统选址在城市边缘，不利于农村居民的角色置换。因而，应当建设专门针对集体土地房屋拆迁的安置小区，且小区选址应当与区域经济和社会发展规划结合起来，才能够有利于农村居民融入城市生活。第二，合理设计拆迁安置房的户型和结构。现有的拆迁安置房在套型设计上偏重中、小套型，虽然满足了紧凑和舒适的居住需要，但不利用家庭养老模式的延续，因而，应当增加一些大户型的设计，以满足不同的家庭安置需要。在小区设计上，还要考虑建设必要的文化娱乐设施，通过社区活动增强社区凝聚力，引导农民向市民转变。第三，先安置后拆迁，补偿资金封闭运作。安置工作事关拆迁工作的顺利进行，提前安置不仅避免了农民二次搬迁之苦，同时也为政府节约了巨额的拆迁过渡费。拆迁补偿资金来源于政府的土地出让收益，实行封闭运作，有利于加快推进安置房的建设。政府还应建立安置房购买价格和拆迁房屋补偿标准的联动机制，确保被拆迁农民购得起房，安居乐业。

②发展"房东经济"，重置保障功能。

租赁功能是住宅房屋置换前一项重要的功能。本案例中97.5%的家庭都拥有租金收入，特别是对于其中的老年人来说，租金收入已经成为土地之外的一项养老保障。一方面，应当在安置房申购上合理安排，使每户至少能多出1套房屋用于出租，弥补房租收入的损失。本案例中，户均申购1.5套安置房说明仍有部分家庭因为人数限制只能申购到1套安置房，满足了基本的居住需要，但不能够用于出租。另一方面，加强安置小区周边基础设施和服务设施建设建设，提高小区的交通便利程度，从而吸引更多的人气，活跃房屋租赁市场。

③拆迁安置多元化，重置经营功能。

除了租赁功能以外，置换前住宅房屋还具有经营功能。因而在拆迁安置房的设计和安排上除了可以建造多种户型的房屋以外，还可以建造多种用途的房屋，如商住两用类安置用房，其价格可以高于一般居住类安置用房。此外，拆迁安置小区的商铺应当采用多样化方式租售，从而使被拆迁居民有能力租赁和经营。在本案例中，拆迁安置用的经济适用房小区商铺，平均面积为 $70m^2$，售价为10000元/m^2，租赁价格也到了2.5万元/年，原本打算租赁店铺继续经营的村民只能望而却步。在拆迁安置小区商铺的租售方式上，常州市的做法值得借鉴，即征用整村或者整组土地时，村民整体搬迁，村集体用获得的30%土地补偿费和其他集体资产损失的补偿以成本价格购买安置小区的商铺，然后由村集体将商铺租赁出去或者自己经营，租金作为分红发放给整体搬迁的村民。这种做法不仅延续了村民分享集体资产的权益，还为村民低成本进行个体经营提供了条件。

6.4　角色置换及补偿安置

　　QQ 村受征地影响村民的角色置换经历了名义上的转变和实质上的转变。事实上，2004 年南京市就出台了《南京市户籍准入登记暂行办法》，在全市范围内取消了农业户口、非农业户口、地方城镇户口等各种户口性质，按照实际居住地登记户口，统称为"居民户口"，农业、非农等户口性质消失，有关部门以实际居住地登记户口，分别称为城镇人口、乡村人口。户籍统一后的城镇和乡村人口比例从原来 72∶28 变为 73∶27①，从名义上看人口城市化的程度提高了。这一做法取消了户口性质，从名义上改变了农民的角色，然而并未在实质上消除农村居民与城市居民的差距。首先，农村居民虽然有城市户籍，但是无法享受城镇居民养老保险，仍然被限制在农村养老保险和农村合作医疗的范围内；其次，原来与户口相关的各种制度，从计生政策、妇幼保健到教育、就业、社保、医疗、失业、意外伤害等，仍以城乡二元户口为依据来区别对待，涉及多个政府部门，并未在实质上实现城乡统一、"同命同价""同票同权"。因而，这种户籍改变只能看作一种剥离了资源分享后的名义统一，只具有象征意义。土地征收时，QQ 村受征地影响的村民纳入到被征地农民基本生活保障体系，同时归入城市社区，享受城镇职工就业培训相关政策，是一种实质性的角色置换。第一，被征地农民基本生活保障是与城镇社会保障体系相衔接的过渡保障，并将逐步实现完全对接；第二，并入城市社区后，不再以村集体为单位，而是以个体家庭为单位，享受社区居民应有的选举、教育、就业、医疗、失业等保障。然而，虽然能够有享受同等待遇的机会，但是农民到市民转变的主观和客观条件限制了权益的充分实现。例如，可以享受城镇居民养老保险，但是若没有固定工作单位，单凭个人能力很难负担起每个月固定的缴纳金额，只能按照自由职业人口缴纳，即使在征地后找到工作并缴纳相关保险费用，也要从头缴

---

① 南京市统计局：《南京统计年鉴》，2005，南京统计网，http：//www.njtj.gor.cn/2004/2005/index.htm。

纳，没有积累，而且未找到工作之前也无法享受失业保险。

在角色置换的同时，农民还进行了土地置换和房屋置换，与农村居民相关的生活水平、居住条件、劳动力结构、教育和养老情况都发生了一定的变化，对角色置换起到一定的推动或者阻碍作用。本案例中，对 40 户的跟踪调查分为三个阶段——搬迁前、过渡期和搬迁后，并且分别以 2006 年 7 月、2008 年 1 月和 2009 年 6 月的调查数据为准分析三个阶段的生产、生活变化。

6.4.1　身份转变引起的角色置换

（1）从农村社区到城市社区的居住转变。

根据对 40 户受影响户的抽样调查，搬迁前受影响村民户均拥有房屋 10 间，户均房屋总面积 175m²，主要为砖混结构。由于有大量外地务工人员在本村租房居住，因此，每户都有房屋出租，平均每户用于出租的面积占房屋总面积的 57%，平均月租金为 7 元/m²。另外有 6 户从事"前店后房"连家店经营，平均经营面积为 30m²，还有 2 户从事"家庭作坊"经营，平均用于生产的房屋面积为 50m²。

搬迁后，根据南京市政策，经济适用房分为大、中、小、最小四个户型，最大 80m²，最小 40m²。三口之家小孩成年（大于或等于 18 岁）的，可以申购一套中户型和一套最小户型或者小户型，若三口之家孩子未成年则只能申购一套大户型。户均 1.5 套房，人均居住面积从搬迁前的 51m²，下降到 35m²，但是与南京市居民的人均居住面积水平相当。该小区与 QQ 村同属于南京市"南部新城"规划范围，且分别属于规划范围的核心区和边缘区，距离小区 5 千米左右将新建南京火车站南站，并新建一系列居民住宅、商业广场等设施，届时将提升周边的地价，并且带动周边商业、服务业、房地产发展，形成另一个"新街口"商圈。对于安置小区的居民来说，房地产有巨大的升值空间，不仅可以带来更多租赁客源，还为他们从事服务行业的个体经营提供了便利的条件。

搬迁前后居住条件的变化，虽然在一定程度上使农村居民的

"房东"角色难以恢复,但是促进了农村居民向城市社区居民的转变,是农村居民改变生活习惯、适应城市生活的基础,有利于农村居民分享城市化带来的文明成果。搬迁前后居住条件变化见表 6 – 17。

表 6 – 17 搬迁前后居住条件变化情况表

居住条件	居住地点	人均居住面积（m²）	基础设施	交通状况	卫生状况	社区环境
搬迁前	QQ 村	51	水电基本设施都具备,但是没有排水系统,污水直接排放到秦淮河	无直达道路,无公交车站,出村要绕行 Y 村	无排污系统和垃圾处理系统,造成河流污染;燃烧煤球造成空气污染,卫生状况较差	外来人口管理混乱,治安状况较差
搬迁后	JG 经济适用房小区	35	供水、排水、电力等基础设施齐全	有公交车	排污系统和垃圾处理系统齐备,卫生状况较好	小区绿化率达到 30%,环境卫生整洁,治安良好

（2）从农民养老到市民养老的转变。

①养老压力。

搬迁后,养老方式发生了变化,不同年龄段人口对养老压力问题的态度也发生了改变。由表 6 – 18 可知,第一年龄段仍属被抚养对象,没有养老这方面的需求,本身在失地农民保障设计时就没有将这个年龄段的人群划入保障范围,而是给予一次性补助,待将来成为劳动力就业后直接加入城镇职工养老保险。第二年龄段和第三年龄段的养老压力在搬迁后都增大了,搬迁后第二年龄阶段中认为养老压力很大的人比搬迁前增加了 1.7 倍,第三年龄阶段中认为养老压力巨大的人所占比例比搬迁前增加了 14 个百分点。第四年龄段在搬迁后的养老压力有所降低,甚至有 8% 的人感觉没有压力。这是由于第四年龄段的受影响人在纳入被征地农民基本生活保障后,可以直接开始按月领取所选档次的保障金,并且每年标准都根据物价水平增长,与原来的土地收益相比，按月领取保障金让其感觉稳定可靠，并且对自己的市民身份认同有所加强，认为自己像城市退休老人一样领"退休金"。然而，这种状态只在搬迁后初期存在，由于城市生活成本高于农村，老年人会逐渐发现保障金水平不足以平衡城市生活成本，因而开始为未来担忧，养老压力会有所上升。降低受影响人的养老压力可以通过增加第二、三年龄段受影响人就业，普遍享受城镇职工养老保险来实现；对于老年人，可以通过利用房屋财产获得租金收益或者向银行"倒按揭"来实现。

表 6 – 18　不同年龄段养老压力问题的调查结果

单位：%

年龄段	无压力		有点压力		压力很大		压力巨大	
	搬迁前	搬迁后	搬迁前	搬迁后	搬迁前	搬迁后	搬迁前	搬迁后
一	100	100	0	0	0	0	0	0
二	23	13	60	40	17	47	0	0
三	0	0	15	6	54	49	31	45
四	0	8	9	48	35	34	56	10

②养老方式。

决定郊区农村养老方式的主要因素是农村养老体制的现状。穆光宗认为，"养老涉及三个方面，即经济或物质的供养、生活照料、精神慰藉"。从这三种"养老支持力"的来源可以将养老方式分成家庭养老、社会养老和自我养老。

搬迁前，在调查的样本家庭中，家庭养老的情况占75%，自我养老的占20%，还有5%属于孤寡老人由国家抚恤养老。现行的农村养老保险制度社会保险特点不明显、保障覆盖范围小、待遇水平低、保障能力弱，实际上是农村居民自我储蓄式的商业性保险，达到不了让农村居民"老有所养"的根本目的，已不能担当农村社会养老的重任，因此郊区老年人以家庭养老为主，辅以自身养老。根据调查统计，第三年龄段的准老年人从事个体经营的占该年龄段总人数的14.8%，在企事业单位工作的占11.1%。除此以外，通过房屋的衍生功能获得房租收入的人占100%，占总收入的比例为37%。房租是重要收入来源，不仅可以使自己生活比较宽裕，还可以给家庭总收入作贡献，维持自己在家庭中的地位，在家庭中能对大事有话语权，因而生活自理能力很强的老年人和准老年人以自身养老为主。随着年龄增长和健康状况变差，老年人逐渐从该状态发展到依赖子女供养，不再给家庭创造任何收入，特别是步入高龄的老年人，失去生活自理能力，往往依靠家庭养老。

搬迁后，养老主要方式由家庭养老加自身养老变成了家庭养老加社会养老。QQ村失地老年人使用部分土地补偿金缴纳失地农民保障，每月领取260~280元的保障金，并且保障金随物价水平上涨而上涨。该保障金作为养老收入的主要来源，可以看成土地征收后一种变相的利用土地进行的保障。该保障金标准低于城镇居民最低生活保障的水平，因此与土地在征收前的保障功能相比，失地农民保障并未起到更强的保障作用。经济适用房政策使经济适用房申请套数受到限制，因此老年人在征地前作为养老收入重要来源的房屋租金，也难以恢复。

一个地区的养老模式在很大程度上决定了其养老水平。费孝通①提出中国父母和子女之间的关系是一种"反哺模式"，子女未成年的时候由父母养育，父母年老时由子女负责养老，这在农村地区的影响是极为深刻的。未成年子女可以尽情地享受父母提供的生活资助、教育资助，甚至子女成年时，在盖房子、娶亲等重大个人行为上，也需要全部依赖父母。而父母在这些方面的投资，尤其是在儿子的投资上可谓是鞠躬尽瘁，因为盖房子、娶亲这些不仅关系到子女的终身大事，还关系到父母以后在村里是否有面子。同时，更多的父母认为在这些事情上做好了，不仅自己在村里有面子了，子女也满意了，以后自己也能安心养老，享受子女的孝敬。从某种意义上来说，父母做这些是有潜在意义的——为今后养老作铺垫。因此，农村习俗、身份认同是对郊区

① 费孝通:《家庭结构变动中老年赡养问题——再论中国家庭结构变动》,《北京大学学报》(哲学社会科学版)1983年第3期。

农村家庭养老方式起到决定作用的另一个重要因素。在城市社区，家庭结构零散化的特点导致家庭养老实现的硬件条件受到限制，加上城市社区并不具有以亲缘为基础的庞大社会关系体系，缺乏相应的道德约束，使家庭养老实现的软件条件受到限制，但又不能完全抛开。在这种情况下，将养老希望寄托于社会成为另一种解决渠道，一方面城市人口是社会福利分配的直接受益人群，另一方面城市居民没有土地作为保障，因而需要通过社会统筹养老。从农村居民到社区居民的转变，不仅是个人身份和职业上的，还有整个家庭养老模式的转变。

6.4.2 职业转变引起的角色置换

（1）搬迁前后职业对比。

搬迁前，被调查的40户中，家庭成员中有从事农业生产经营的共24户，从事养殖业的有3户，39户有房屋出租等非农业生产经营，有5户除了房屋租金收益以外没有其他非农业收入，且有2户4人除了租金收入以外没有其他收入。尽管97.5%的被调查户都拥有房租收入，但是房屋出租作为一种非正规就业渠道不体现在搬迁前职业分布情况的统计当中。被调查的40户中，劳动力101人，搬迁前后职业分布情况见图6-1。

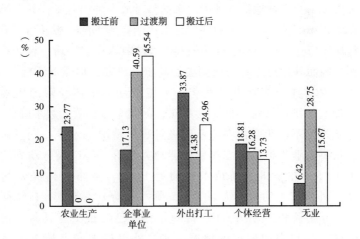

图6-1 搬迁前后受影响居民家庭劳动力就业情况比较

由上图可见，搬迁前的劳动力就业结构中，所占比例最高的是外出打工，为 33.87%，无业劳动力所占比例最低，为 6.42%；过渡期的劳动力不再从事农业生产经营，企事业单位就业和无业人员所占比例都有所上升，分别增加了 23.46% 和 22.33%；搬迁后，与过渡期相比，无业人员所占比例下降，企事业单位就业和外出打工所占比例都有所提高，分别增加了 4.95% 和 10.58%。搬迁前后劳动力就业结构中，呈逐渐增长趋势的为企事业单位工作人员的比例，呈现递减趋势的为个体经营的比例，呈现先增后减和先减后增的分别是无业人员和打工所占比例。主要原因有如下几点。①搬迁前，尽管只有 20% 的劳动力纯粹从事农业生产，但是只要拥有土地，作为农民就不存在失业，房屋出租也作为一项非正规就业模式吸纳了大量劳动力；过渡期，劳动力忙于料理保障金领取、经济适用房选房等事务，加上搬迁前未经过培训，难于在短期内找到工作，造成无业劳动力比例上升；搬迁后，受影响居民逐步在城市就业，实现了从农民到工人的角色转变，失业人口比例有所降低。②受影响农村居民角色置换后，就业机会增多，同时观念也在转变。搬迁前，虽然受影响村有很多企业，但是郊区农民更愿意成为房东、雇主的角色，即使打工，也到周边更为发达的城市比如上海，可以获得更高的经济收益；过渡期，一部分劳动力为了征地拆迁补偿的事情暂时放弃外出打工，并开始筹划在南京市区找工作，因而外出打工比例有所下降；搬迁后，有些农村居民思想发生转变，认为较高的经济收入不如一份市区的稳定工作，因而外出打工者的比例虽然高于过渡期，但是低于搬迁前。③失去农村连家店经营的优势，在城市从事个体经营的成本增加，加上经济适用房小区人气不旺，因此个体经营人数下降。

此外，不同年龄段在职业转换过程中情况也不尽相同。搬迁前，从事农业生产的第二年龄段劳动力与第三年龄段劳动力的比例为 1:5，在企事业单位工作的为 14:3，从事个体经营的为 15:4，外出打工的全部为第二年龄阶段劳动力，无业人口也同样为第二年龄阶段劳动力。QQ 村的年轻人已经很少有具备农业生产技能、参与农业生产的情况，多数外出打工或者从事个体经营，有些暂时没有工作，赋闲在家。而准老年人依然将种地看作一种职业，虽然土地不多，但能够自给自足。企事业单位工作人员中包括以前征地"农转工"安置人口及其子女（在其退休后接替上班）和村委会下属单位工作人员，对于年龄不占优势的准老年人来说，在农民身份的前提下通过在劳动力市场竞争找到一份稳定的企事业单位工作是非常困难的。

搬迁后，原来从事农业生产的人员通过职业中介、职业培训、街道帮扶和湿地公园建成后岗位招聘等渠道纷纷转换职业，在企事业单位工作的第二年龄段劳动力与第三年龄段劳动力的比例为13:9，与搬迁前相比第三年龄段劳动力所占比例有所提高。这是因为，南京市政府为了保障就业困难群体，对于用人单位当年招用女45周岁及以上和男55周岁及以上（第三年龄段）、市区户籍、就业困难的被征地农民就业，并签订一年以上期限合同、缴纳社保费的，可按实际招用人数，给予每人每月200元岗位用工补贴①。而原本在年龄方面有就业优势的第二年龄段人员，由于招工后企业需要为其缴纳社会养老保险，其比例占工资的12%，在中小企业看来是一笔不小的负担，企业在招聘时会慎重考虑培训成本和养老负担，因而在同等条件下，第三年龄段的准老年人反而成为企业争抢对象。但并非所有第三年龄段劳动力都这么幸运，第三年龄段与第四年龄段中无业的劳动力比例增加到5:11，由于岗位毕竟有限，加上征地前准老年人的主要工作是收取房租和耕种土地，或者将土地出租给别人收取分红，相比于正规就业来说，这是一种潜在失业状态，他们缺乏职业技能，也不愿意参加培训提升人力资本，有些人已经十几年没有工作过，因此要重新找工作，竞争力较弱。

搬迁前后从农业到非农业的职业转变，对农村居民的角色置换起到了促进作用，也有利于提升人力资本。但是"房东"和"雇主"到"雇员"的职业转变存在一定的难度，不仅造成农村居民心理上的不适应，丧失正确的职业观，也使失业人口有所增加。

（2）搬迁前后家庭收支对比。

①搬迁前后家庭收入对比。

居民"可支配收入"由工资性收入、转移性收入、经营性收

---

① 南京人才网：《被征地农民同享城镇职工待遇》，www.25job.cn。

入和财产性收入四部分构成①，其中财产性收入是指利用居民的
土地、房屋和资金所获得的收益，包括征地补偿、拆迁补偿、存
款利息、证券投资收益等。搬迁前后，农村居民转变为城市居民
时不仅发生了身份变化，还发生了职业变化，从而使收入结构和
收入水平也产生了相应的变化，如表6-19所示。

表6-19　搬迁前后收入类型变化情况表

收入类型	工资性收入	转移性收入	经营性收入	财产性收入
搬迁前	企事业单位工资、打工收入	惠农补贴	蔬菜种植、禽畜养殖、个体经营收入	房租收入、福利分红
过渡期	企事业单位工资、打工收入	被征地农民基本生活保障金、生活补助费	个体经营收入	征地补偿、拆迁补偿、过渡费
搬迁后	企事业单位工资、打工收入	养老金收入、被征地农民基本生活保障金、生活补助费	个体经营收入	征地补偿、拆迁补偿、房租收入

　　通过对QQ村40个受影响户搬迁前、过渡期和搬迁后三个阶
段的跟踪调查，得到家庭收入变化情况如图6-2所示。可见，
三个阶段中家庭收入总和呈现先低后高的趋势。在四种类型收入
中，增长最多的是工资性收入，平均增长率为52.3%；降低最
多的为财产性收入，搬迁前后相差3.2倍；变化不大的为经营
性收入；转移性收入从搬迁前到过渡期跳跃性增长了17倍，而
从过渡期到搬迁后略有降低。收入呈现以上变化趋势的主要原
因有以下四点。第一，搬迁前受影响农村居民拥有稳定的房租
收入，虽然周边有很多工厂，不缺就业机会，但是愿意打工的
人并不多，而且工资水平低于城市企事业单位；搬迁后，失去
家庭经济支柱，农村居民不得不去找工作，并且不愿意接受流

① 陈晓东：《江苏省农民家庭财产性收入分析研究》，《产业与科技论坛》2008
年第7期。

动性的临时工作和不稳定的岗位，而是选择到城市企事业单位就业，工资水平高于打工收入。第二，失去房屋收入，使农村居民家庭财产性收入迅速减少，取而代之的征地拆迁补偿投资收益和过渡费具有风险性和短暂性，其中过渡费在过渡期的财产性收益中所占比重超过 70%，于是在搬迁后没有过渡费的情况下，财产性收入再次降低。搬迁后虽然增加了房租收入，但是由于房屋出租面积有限和租赁市场不够活跃，财产性收入与搬迁前相比大幅降低。第三，搬迁前经营性收入主要来自农村居民从事个体经营获得的收益，被调查的 40 户中，6 户拥有"前店后房"连家店，经营日用百货、理发、棋牌室等，2 户拥有"家庭作坊"，经营搬家公司。过渡期"前店后房"获得补偿后暂时停止经营，搬迁后有 3 家利用自己居住房屋恢复经营，搬家公司在过渡期间仍然租赁房屋经营，并且由于经营的特殊性在过渡期和搬迁后的营业额大幅度提高。第四，土地征收后，受征地影响的农村居民被纳入到被征地农民基本生活保障体系，第二年龄段领取 2 年生活补助，第三年龄段领取 10 年生活补助，第四年龄段直接领取保障金，因而获得的转移性收入大大高于搬迁前。搬迁后，第二年龄段停止领取生活补助，并且未达到领取保障金和养老金的年龄，因而转移性收入略低于过渡期。

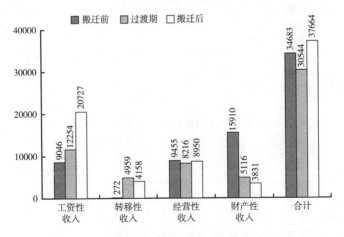

图 6-2　搬迁前后受影响居民家庭收入情况比较

②搬迁前后家庭支出对比。

家庭支出由生活消费支出、生产性支出、财产性支出、转移性支出构成。其中，生活消费支出包括食品、衣着、水电、燃料、医疗、教育、娱乐等维持日常生活的开销；生产性支出包括家庭经营支出、购置生产设备支出、经营性税费等因家庭从事生产经营而产生的费用；财产性支出是指家庭为购买和维护财产所支付的利息等有关费用，包括非生产性利息支出和其他财产性支出；转移性支出是与转移性收入相对应的用于获得转移性收入所付出的费用，对城镇居民来说包括非储蓄型保险支出、个人收入所得税等支出。搬迁前后，家庭支出结构也发生了一定的变化，如表6 – 20所示。

表6 – 20　搬迁前后家庭支出类型变化情况表

支出类型	生活消费支出	生产性支出	财产性支出	转移性支出
搬迁前	副食品开销、水电燃料费用、医疗费用、教育费用、娱乐衣着开销	农药、化肥等种植业支出、饲料、兽药等养殖业支出、家庭经营支出、生产设备支出、经营性税费	购买宅基地费用、房屋维修费用、土地使用权转让金	礼金支出
过渡期	食品开销、水电燃料费用、医疗费用、教育费用、娱乐衣着开销	家庭经营支出、生产设备支出、经营性税费	租赁房屋费用	被征地农民基本生活保障费、礼金支出
搬迁后	食品开销、水电燃料费用、医疗费用、教育费用、娱乐衣着开销	家庭经营支出、生产设备支出、经营性税费	房屋装修费用、购买家具费用、物业费	被征地农民基本生活保障费、个人收入所得税、养老保险费、礼金支出

通过对QQ村40个受影响户搬迁前、过渡期和搬迁后三个阶段的跟踪调查，得到家庭支出变化情况如图6 – 3所示。可见，三个阶段中家庭支出呈递增趋势，无论哪个阶段，生活消费支出

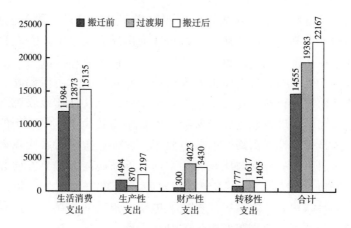

图 6 - 3　搬迁前后受影响居民家庭支出情况比较

在家庭总支出中所占比例都是最大的，平均值为 52.6% 。在四种支出类型中，生活消费支出与总支出一样呈增长趋势，平均增长率为 12.5% ；生产性支出呈现先减后增趋势；财产性支出从搬迁前到过渡期跳跃性增长了 12 倍，而从过渡期到搬迁后略有降低；转移性支出呈现先增后减的趋势。支出呈现以上变化趋势的主要原因有以下四点。①农村的生活方式和有限资源决定了农村生活成本低于城市生活成本，不仅仅是在食物支出方面。调查中发现，有 40% 的家庭拥有水井，70% 的家庭综合使用煤气罐和煤球，25% 的家庭没有安装固定电话，使用手机联系或者直接登门拜访，这些居住条件和生活方式都降低了农村生活成本。搬迁后，城市居住条件和生活方式使生活成本相应增加。此外，生活环境突然改变，特别是对于老年人来说，非常难以适应，容易产生身体疾病，从而增加了医疗费用，整体生活成本上升。②搬迁前从事"前店后房"经营的连家店在过渡期关闭，因此生产性支出减少，而 2 户作为"家庭作坊"经营的搬家公司继续经营。搬迁后，由于场地和房屋需要租赁，生产性支出增加。③农村不存在房地产市场，土地也是在严格限制用途的前提下有条件地流转，所以搬迁前财产性支出并不多。在过渡期内，为了基本居住需要而租赁房屋、获得房屋财产的使用权是要付出一定成本的。搬迁后，并非所有新房都进行了装修，用于出租的房屋一般不进行装修，有些老年人对居住的房屋要求不高，只进行简单装修，也不购买新家具，因而搬迁后财产性支出反而减少了。④农村居民并未在二次分配中获得转移性收入，因而没有相关支出。土地征收后，受影响农村居民被纳入到被征地农民基本生活保障，并逐步开始职业转换，在城市企事业单位就业，从被征地农民基本生活保障转为城镇职工养老保险，由企业为其代缴一定比例的费用，这是转移性支出降低的一个原因。此外，搬迁后居住在楼房的农村居民，一方面与原来的关系网络逐渐脱离，另一方面并未适应城市生活，人际关系变得相对冷漠，减少了礼金支出。例如，装修新房后，农村居民养成了进屋换拖鞋的习惯，来访客人觉得很不方便，原来随意串门的习惯受到了打击。难怪有村民感慨，搬迁后亲兄弟都很少串门见面了，最多电话联络下。

从农村居民到城市居民的角色置换过程中，收入水平虽然有所提高，但是与城市平均水平仍有一定的差距，且家庭支出大幅增加，身份转化与生活水平转变并不同步。

然而，土地置换并不一定伴随房屋置换。本案例中有49人受到间接征地影响却没有受到房屋拆迁影响，依然居住在QQ村，可以获得房屋租金、经营、生产性收益。但是其角色发生了变化，失去土地就失去了作为农民的职业身份，由于被纳入被征地农民基本保障，就不再享受本村的福利分红，也就意味着失去村民权益。但是对于城市郊区农村居民来说，单位面积土地价值要远低于房屋价值，如本案例中计算的置换前单位面积土地价值为272324元/亩，即408元/m^2，而房屋价值为5418元/m^2，是土地价值的13倍。虽然在征地拆迁时，许多农民的固定资产只剩下房屋，但是由于房屋的价值较高，他们仍然可以获得高额的补偿，这样就不难理解为何一个城中村拆迁可以造就许多富翁。

企业搬迁后，虽然能够选址继续经营，但是面临许多隐形成本的增加。首先，企业用于生产经营的原材料采购成本增加，用于销售的运输成本增加；其次，新选址往往造成企业员工流失。一方面，企业为了节约用地成本选择较为偏远的工业园区，配套的休闲娱乐设施跟不上，造成年轻员工的流失；另一方面，较为年长的熟练工人是同行争抢的对象，在企业发生变动、其他企业高薪诱惑下，这部分员工也容易流失。因此，为了留住员工，企业要花费的成本增加了。

6.4.3　角色置换过程中存在的问题

（1）收入增长水平小于支出上升水平。

搬迁后，被征地农民的户均年收入比搬迁前增长了 2981 元，户均年支出则增长了 7612 元，可见被征地农民的消费已经达到城市化水平，而收入却未大幅提高，从而使身份转化与生活水平转化不同步。

（2）职业转化并未带来社会地位的上升。

搬迁后，企事业单位工作人员所占比例上升了 28%，外出打工下降了 9%，无业人员上升了 10%。在企事业单位工作与外出打工相比更稳定，离家近，更易发展社会关系网络，社会地位理应更高。然而在实际调查中发现，事实并非如此。由于通过街道找工作一直没有消息，只能通过付费中介或者熟人，而利用原有社会资本寻找工作的过程中，原本平等的朋友地位被打破，降低到"求人办事"的地位。原来从事个体经营的雇主和"职业房东"在找工作过程中心理落差更大，认为社会地位有所下降，认为"做市民没什么好处，不如做村民来得实惠"。

（3）搬迁引起家庭分裂和道德无序。

房屋置换导致家庭结构发生了变化。搬迁前，农村家庭习惯老少同堂，因而家庭以"大户"存在，老年人在家庭中处于核心地位，除非迫不得已，是不会"分家立户"的。拆迁时，由于拆迁奖励费按户发放，且经济适用房按户申购，在户口冻结前符合分户条件的家庭可以自愿分户，促使农村家庭"分家立户"提前进行。有些甚至为了获得更多的奖励费而"假离婚"，或者为了申购更大的经济适用房而"假结婚"，因而家庭结构呈现畸形。首先，以亲缘为基础的社会关系网络由家庭的分裂引起破裂；其次，以地缘为基础的村内社会关系网络因为拆迁过程中补偿分配的流言蜚语而破坏，加上对新社区缺乏归属感，拆迁安置小区处于道德无序状态。

6.4.4 基于 VR – RT 理论的政策干预方向

（1）通过项目各个阶段的公众参与，实现社会资本转变。

通过项目准备阶段的社会评价，识别开发中可能存在的社会问题，如失地农民、弱势群体等，在利益群体之间建立一种协商机制，赋予弱势的一方协商权、发言权，确保他们的利益不受侵犯；通过项目准备实施阶段对受影响人以座谈会形式开展公众参与，以伙伴形式商讨问题，以求最大限度地减少受影响人的损失和满足他们的补偿要求，受影响人可以提出自己的疑问和顾虑，并对安置补偿方案提出意见，不仅可以发挥其主观能动性，还能够为其积累一定的社会资本；通过项目实施运营阶段的社区参与，成立业主委员会，建立与社区相关的地缘性社会关系，有助于实现社会资本的转变。

（2）通过具有针对性的教育培训，提高人力资本水平。

有针对性的教育培训是指有郊区特色的职业培训和社区教育。首先，职业培训的内容应当是城市需求量大的包括电脑、财会、经营、服务业等在内的技能培训，这类工作比较稳定，对被征地农民更有吸引力。其次，培训形式不应当拘泥于授课式，还应当有实践和互动。由于参与培训人员可能缺乏耐心，单纯授课式不能够真正起到作用，生动的实践和灵活的互动才能够带动听课人的积极性。再次，社区教育，不仅要对被征地农民进行政策、法律和法规教育，增强其法制观念，还要给予社区居民在思想意识层面上的指导，引导社区居民融入社区生活，并且引导其建立相互信任、文明和谐的人际关系，从而提高综合的人力资本水平。

（3）认可农民多样化角色，增大权益资本范围。

应当尊重和认可农民的多样化角色，让农民特色经济收益获得保障。城市郊区农民特有的"瓦片经济""前店后房""家庭作坊"等经营模式在提高家庭收入的同时，解决了一大批农村剩余劳动力的就业问题，繁荣了郊区二、三产业，并在一定程度上得到社会的理解和认可。但是征地拆迁时，农民的"房东""雇主"角色并不被认可，停产停业损失无法得到赔偿，机器设备按照附属物标准补偿，家庭资产也无法按照生产、经营类资产进行补偿，只能按照其基本用途以居住类资产进行补偿，于是有关这部分资产的补偿和安置往往成为拆迁矛盾冲突的焦点。一方面，从中央到地方法规上没有关于如何使农民家庭资产用作经营用途合法化的规定，而且即使缺乏合法手续也没有相关部门负责监管；另一方面也没有涉及这类资产拆迁补偿的法律法规。于是在具体实施过程中认定作为居住类资产的理由往往是"这类经营本来就没有正当手续"。制度上的"空白"加上法律意识的薄弱，使郊区农民在拆迁时为争取权益只能靠做"钉子户"来碰碰运气。因此，对于郊区农民的多元化经营模式应当给予规范指导，对于其中存在时间较长、已经具备一定规模的经营模式给予法律法规上的认可，并在拆迁实施中将其停产停业损失、搬迁重建成本也考虑在内，制定合理的补偿方案。

6.5 本章小结

本章在前文理论分析的基础上，运用城市郊区移民补偿安置研究框架，对南京市某湿地公园工程引起的移民补偿安置进行研究。

（1）运用成本法和收益法等方法对置换前后土地价值和房屋价值进行评估，并对置换过程中的成本收益进行计算，借助计算结果对移民安置补偿方案进行评价，发现现行政策的不足，提出基于 VR – RT 理论的政策和相关措施的改进建议。

（2）通过对搬迁前后农村居民在居住、养老、职业和家庭收支四方面进行对比，发现在农村居民角色置换过程中存在的问题，并提出基于 VR – RT 理论的政策干预方向。

第7章
总结与展望

7.1 主要结论

　　城市化过程中的农村集体土地征收补偿问题、集体土地上房屋拆迁补偿问题和农村人口非农化问题，都是现阶段中国转轨与经济发展到一定阶段必须面对的问题。在每个问题上，学术界已经分别进行了相当多的研究，然而在城市郊区移民过程中，以上三个方面构成一个整体，相互之间紧密关联，需要用整体思路进行分析，更需要在此基础上给出具有可操作性的解决方案。本书首先对移民补偿制度演变及其趋势进行了分析，并对现行制度的合理性进行了评价，指出现行制度的缺陷和遇到的挑战，揭示出城市郊区移民补偿制度改革在我国社会转轨与经济发展中的特殊性，进而提出将置换概念引入解决移民补偿问题的理念，构建了置换理论，以期系统性地解决移民补偿问题。

　　城市化进程中因为征地拆迁产生的社会问题逐步增多，并且有恶化的趋势，在社会转型的今天尤为突出。本书选取城市郊区作为研究地点，农村居民、企业、店铺整个移民群体作为研究对象，是因为城市郊区作为城乡衔接带，在城市化进程中不断更新交叠，为城市化提供了发展空间和城市化的人口，是城市化进程中变换最为频繁的地区。城市郊区移民问题带有一定的特殊性，本书通过对移民补偿安置制度历史变迁的考察，分析了制度缺陷，以土地置换、房屋置换、角色置换作为研究分析方法，构建城市郊区移民补偿安置研究框架，在置换理论的基础上提出政策改进建议。同时，城市郊区移民问题也是工程移民问题的一部分，具有一定的代表性，本书所提出的思路和框架同样可以应用于其他工程的移民补偿安置政策的改进。

具体地说，本书通过对城市郊区移民补偿安置的研究，得出以下结论。

（1）城市郊区移民问题具有特殊性。首先，城市郊区移民类型具有复杂性、多样性，不仅包括征地移民、拆迁移民，还包括只征地不拆迁、只拆迁不征地以及既征地又拆迁移民，还包括间接征地移民。其次，城市郊区移民群体多样化，不仅包括农村集体、农村居民，还包括企业和店铺，其中虽然农村居民居住在农村，但由于多次征地农转非，有些家庭已经成为包含农业和非农业人口的混合家庭。再次，城市郊区移民补偿对象分散化。由于城市郊区农村建筑物与土地的产权分离，补偿对象不一。除农户承包的土地以外，包括宅基地、集体建设用地在内的农村集体土地所有权属于村集体，征地补偿对象为村集体，住宅、厂房、店铺等建筑物所有权属于建造者，因而拆迁补偿对象分别为农村居民、企业负责人和村集体。最后，城市郊区房产价值大于土地价值。郊区农村家庭资产中，房屋价值要高于土地价值，即使土地具有一定的保障作用，但是房屋作为租赁和经营用途所带来的直接经济收益具有更为明显的保障价值，并且在征地拆迁过程中，拆迁时获得的补偿收益要远远大于征地时。

（2）现有的移民安置补偿制度，无法体现郊区农村房产和土地的价值，使移民群体的利益受损。

本书首先以征地制度和拆迁制度为线索，全面梳理了城市化进程中移民补偿安置的过去、现在，并对现行政策的合理性进行评价。由于制度及其实施，城市化过程中土地和房屋置换后价值发生了变化，产生巨大的增值收益，而为此作出牺牲的移民群体却无法参与分配。一方面，现有的补偿不足以弥补移民损失，利益分配机制失衡，动摇了社会公正原则；另一方面，现有的安置不足以恢复或者替代土地、房屋的原有功能，从而增加了移民可持续发展的风险。此外，由于身份转换与生活水平的不同步、职业转换与权益获得的不同步，以及居住转换与社区融合的不同步，城市郊区移民群体从一个社会网络中退出，却无法融入新的社会网络，从而游离在社会边缘。

（3）在对郊区移民问题特殊性和移民补偿安置政策演变分析的基础上，构建基于 VR – RT 理论的移民补偿安置研究框架。主要分析步骤为：第一，对置换前后价值变化进行分析；第二，对置换过程中发生的成本收益进行分析；第三，发现置换过程中因利益失衡引起的矛盾和冲突；第四，在 VR – RT 理论的基础上对补偿安置政策提出改进建议。

（4）运用该研究框架对土地置换过程进行分析，提出基于 VR – RT 理论的征地补偿安置政策改进建议，即通过市场化征地补偿机制和增值利益分享机制实现土地价值重置，通过构建新型失地保障体系、与城市社会保障对接、商业保险参与等方式实现土地功能重置。

（5）运用该研究框架对房屋置换过程进行分析，发现忽视对住宅房屋经营价值和保障价值的补偿以及对企业和店铺无形资产价值的补偿，导致农村居民、企业、店铺在拆迁后可持续发展出现困难，进而提出基于 VR – RT 理论的拆迁补偿安置政策改进建议，即通过充分认识置换前农村房屋价值，并实行市场化征地拆迁补偿机制实现房屋价值重置，通过安置方案创新对置换前郊区农村房屋的多样化功能进行恢复和再造。

（6）运用该研究框架对角色置换过程进行分析，得出角色置换过程中移民群体在人力资本、权益资本、社会资本所发生的隐性损失不容忽视，现行政策对此不作为将导致这种隐性损失难于弥补和恢复，从而成为移民群体搬迁后生产生活的巨大隐患。因而提出基于 VR – RT 理论的政策干预方向，即通过培训教育、给城市郊区农民和企业赋权、加大公众参与力度等方法来恢复和提高移民群体的资本。只有这样，移民群体才能够加快角色转换的速度，加深角色认同，并最终融入新环境。

（7）以南京市某湿地公园工程为案例研究对象，对该工程影响的土地和房屋置换前后的价值和移民群体在置换过程中的收益损失进行了计算，并且对移民群体角色在置换前后的变化进行分析，根据计算分析对补偿安置方案进行评价，最后提出基于 VR - RT 理论的政策干预方向。

7.2 研究展望

（1）征地拆迁制度市场化机制。

城市郊区移民补偿安置是一项涉及面广、政策性强的工作，而且城市郊区移民补偿问题有特殊性，不同地区补偿标准差异巨大。囿于笔者水平和篇幅的限制，本书难以针对我国不同地区的具体特点进行补偿安置制度多层次、多方位的研究，只能提出一个有普遍意义的制度改进框架。而且，由于本书置换理论的提出尚处于初级阶段，虽然在此文档中已经初步应用，但是仍需要更多的实证研究进行完善。随着国家推进征地拆迁制度市场化改革的力度不断加大，征地拆迁补偿制度的研究尤其是对于市场化改革模式的研究，将会有所突破，值得我们进一步关注。

（2）移民群体角色置换的补充研究。

第一，本书在移民角色置换过程中定性地阐述了移民群体角色置换前后价值的变化和置换过程中的成本和收益分析，然而并未进行定量计算。由于目前资料有限，相关研究也比较少，因此有待于在今后的知识积累中进一步完善。

第二，角色置换过程并不仅仅是当事人主观认知的问题，角色置换最终的目标也不仅仅是达到角色认同。角色置换的过程中的影响因素不仅包括主观方面的个人素质和对原来角色的认同程度，还包括客观方面保障政策、就业政策等对移民群体的影响，周围社区的经济环境、人文环境等。这些因素将加速或者阻碍角色置换到认同的过程。然而，角色认同并非角色置换过程的最终状态，要实现符合自身特点的角色再造，才能算作成功的角色置换。

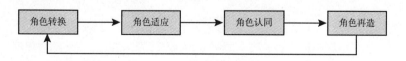

表 7 - 1　成功角色置换过程

第三，角色置换过程中发生的成本和收益说明应当重视置换前角色的价值，由于置换前没有赋予移民群体相应的权利，因此产权不明晰。然而，城市郊区企业在现有的模糊产权、隐性产权下生存，已经成为默认的规则，而要明确这类产权，企业和政府双方都要花费巨额的成本。因而，城市郊区企业的补偿安置问题值得关注和研究。

后　记

　　从我国整个城市化进程来看，在城市化初期，通过土地的低成本外延扩张，城市完成了资源的原始积累。为了促进经济高速增长，城市化逐步进入了快速发展阶段，国家通过行政手段低成本获得农村土地，强制性迁移农村人口，为更大规模的工业低成本发展和城市低成本扩张储备了物质基础和人力资本。城市郊区，是距离城市最近的农业区域，具有随时转变为城市区域的基础条件，因此天然地成为城市化的发生地点，与城市化相关的变化都在这里发生。城市郊区移民是城市化不可避免的过程，也是一个整体的过程。在此过程中，受到移民影响的不仅是农村居民，还包括从事生产经营的企业和店铺。对农村居民来说受影响的是一个家庭，而对企业来说受影响的是企业全部员工，可能会间接影响到员工家庭的经济收入。然而现行的移民补偿安置政策以及学术讨论并未将移民群体当作一个整体来对待，几乎都聚焦在农村居民的利益得失上，忽视了企业和店铺在移民过程中的得失。这种实质上以牺牲移民群体利益换来的城市化，造成社会贫富差距拉大、阶层差距显化，严重阻碍了社会公正的实现，于是就发生了一系列的移民问题，社会不安定。

　　城市郊区移民过程不仅包括有形的土地置换和房屋置换，还包括无形的移民群体角色置换。然而，由于现行移民补偿安置政策不足，郊区移民群体在置换过程中付出的成本大于获得的补偿安置收益，失去土地和房屋的同时也失去了可持续发展的手段，难以实现收入恢复和角色转变，生产、生活状态堪忧，这是城市化过程中不可回避的问题。

对城市郊区征地拆迁补偿，已经有相当多的理论文献研究，还有一些城市的实际探索经验，但是尚未形成对城市郊区移民补偿完整的、系统的分析与解决思路。基于此，本书以城市郊区移民群体的利益为基点，提出置换理论，综合运用经济学、管理学、社会学等相关知识，构建基于置换理论的移民补偿安置研究框架，在框架内分析移民群体在土地置换、房屋置换和角色置换过程中的成本和收益，充分认识城市郊区土地、房屋的价值，对补偿安置制度的合理性进行评价，并提出基于置换理论的制度创新的路径。

城市郊区移民补偿安置是一项涉及面广、政策性强的工作，而且城市郊区移民补偿问题有特殊性，不同地区补偿标准差异巨大。囿于笔者水平和篇幅的限制，本书难以针对我国不同地区的具体特点进行补偿安置制度多层次、多方位的研究，只能提出一个有普遍意义的制度改进框架。而且，本书置换理论的提出尚处于初级阶段，虽然在此文档中已经初步应用，但是仍需要更多的实证研究进行完善。近年来，中央不断释放深化土地制度改革的积极信号，各地纷纷实行"同地同价"，促进城乡统筹，推动城镇村一体化建设，并引入市场机制，探索城乡土地集约高效配置。2011年，《国有土地上房屋征收与补偿条例》出台，将物权平等和物权至上精神融入到国有土地上房屋拆迁补偿当中，对于集体土地上房屋征收补偿问题的解决有重要意义。我们相信，随着国家推进征地拆迁制度市场化改革的力度不断加大，征地拆迁补偿制度的研究尤其是对于市场化改革模式的研究，将会有所突破，值得我们进一步关注。

王慧娟　施国庆
2012年10月8日

图书在版编目（CIP）数据

城市郊区征地拆迁移民置换与补偿安置/王慧娟，施国庆著. —北京：社会科学文献出版社，2013.10
（移民研究文库. 城市化移民系列）
ISBN 978 - 7 - 5097 - 4970 - 8

Ⅰ.①城… Ⅱ.①王… ②施… Ⅲ.①土地征用 -
移民安置 - 研究 - 中国 ②土地征用 - 补偿 - 研究 -
中国 Ⅳ.①D632.4 ②F321.1

中国版本图书馆 CIP 数据核字（2013）第 194202 号

移民研究文库·城市化移民系列
城市郊区征地拆迁移民置换与补偿安置

著　　者／王慧娟　施国庆

出 版 人／谢寿光
出 版 者／社会科学文献出版社
地　　址／北京市西城区北三环中路甲 29 号院 3 号楼华龙大厦
邮政编码／100029

责任部门／社会政法分社（010）59367156　　责任编辑／毕海英　胡　亮
电子信箱／shekebu@ ssap. cn　　　　　　　　责任校对／白桂华
项目统筹／童根兴　　　　　　　　　　　　　责任印制／岳　阳
经　　销／社会科学文献出版社市场营销中心（010）59367081　59367089
读者服务／读者服务中心（010）59367028

印　　装／三河市尚艺印装有限公司
开　　本／787mm×1092mm　1/20　　　　　印　　张／14.8
版　　次／2013 年 10 月第 1 版　　　　　　　字　　数／230 千字
印　　次／2013 年 10 月第 1 次印刷
书　　号／ISBN 978 - 7 - 5097 - 4970 - 8
定　　价／69.00 元